ORCHESTRATING
EXPERIENCES
CHRIS RISDON
PATRICK QUATTLEBAUM

エクスペリエンス・オーケストレーション

複雑な環境下における共創デザインのためのメソッドとワークショップ

クリス・リスドン/
パトリック・クワットルバウム 著
篠原稔和 監訳
ソシオメディア株式会社 訳

This translation of ORCHESTRATING EXPERIENCES: Collaborative Design for Complexity
Copyright@2018 by Chris Risdon & Patrick Quattlebaum

Translation Copyright@Tokyo Denki University Press, 2024.
All rights reserved.

Japanese translation rights arranged with ROSENFELD MEDIA
through Japan UNI Agency, Inc., Tokyo.

クリス
最愛の人 Kathy と美しき娘 Lucy に捧げる——愛とやさしさを
絶やさないすばらしい人たち
おかげで私もよりよい人間になれる

パトリック
人生のパートナー Katie に捧げる——愛しみ，
支え，我慢してくれてありがとう

本書の使い方

本書の読者

　本書の著者はデザイナーだが，本書の読者には，複雑な環境で機能する製品やサービスを発想・開発していくプロセスでもっと影響力を発揮したいと思っているすべての人を想定している。複雑性とは，ここでは，多数の構成要素から成るカスタマーエクスペリエンス（CX，顧客体験）のことを意味する。多数のチャネル，多数のタッチポイント，多数の文脈があり，部署ごとに分かれたばらばらな組織でそれを達成しなければならない状況だ。自分のことだと思った方は，次の3つのグループのいずれかに属しているのではないだろうか。これらは，私たちが本書を書くに当たって想定した読者層だ。

- **あらゆるレベルの実践者**：CX，サービス，製品，マーケティング，技術の戦略を定義する人。物理的なモノ，デジタルのタッチポイント，プロセス，コミュニケーション，システムをデザインする人。価値創造を可能にする物体，インターフェース，プラットフォーム，無形のインタラクションを実現する人。これらの活動の管理を支援している人。本書を読むことで，自分のツールキットを充実し，よりコラボレーティブなデザインのプロセスを支えるための新しいアプローチが見つかるだろう。
- **リーダーおよび未来のリーダー**：部署横断的なプログラムに携わって，心に残るエクスペリエンス（体験価値）を多数の人に届けるような製品やサービスを作ろうとしている人。本書を読むことで，一定の語彙やモデル，またはメソッドを手に入れて，ほかの人と一緒に未来を作っていくための活動をうまく支えられるようになるだろう。
- **エグゼクティブ**：差別化された顧客中心のエクスペリエンスを創造する一方で，戦略の焦点を絞り込んでリーンな（無駄のない）業務体制を作りたいと考えている人。本書を読むことで，部署横断的なコラボレーションを促進し，顧客への共感を構築し，より効果的なカスタマージャーニーを実現するのに役立つ概念が見つかるだろう。

　どんな立場であるかにかかわらず，本書は，皆さんと同僚が一緒になってよりよいエクスペリエンスをデザインできるようになるための実用情報をもたらすはずだ。全体として一貫性と継続性の感じられるエクスペリエンスを実現するには，新しい概念とメソッドが必要になる。幅広い共感を生み出すということは，皆さんの同僚が真に顧客と

つながれるよう助けることを意味する。洞察からビジョンへと飛躍し，さらに行動へと飛躍するには，今までよりも関与度合いを深め，コラボレーションを活性化する必要がある。

本書の内容

　本書は，3つのパートに分かれていて，基本的な概念を理解するところから，エクスペリエンスのハーモニーを奏でるところまでの歩みを紐解いていく。

　パートIでは，「共通の基礎」と題して，チャネル，タッチポイント，エコシステム，ジャーニーといった重要な概念について考察していく。これらは，製品やサービスのエクスペリエンスのアーキテクチャを理解し，向上させるうえで欠かせない概念だ。また，これらの用語の使い方を組織内で統一する意義についても触れ，その実践を開始するためのツールも提供する。

　パートIIの「洞察と可能性」では，部署横断的なチームの活動を支える方法を取り上げる。顧客のニーズをよく理解し，改善の機会を特定し，エクスペリエンスを全体として再構想してみることが，その手段となる。

　パートIIIの「ビジョンと行動」では，コラボレーションでアイデアを発想し，ステークホルダーを1つにまとめ上げるようなビジョンを打ち出し，行動を起こさせるための方法について解説する。また，タッチポイントのデザインに意図を注入し，組織を動かして，もっと意図的にエクスペリエンスを調和させていくためのテクニックも紹介する。

解説

　部署横断的なコラボレーションは，エクスペリエンスを全体として改善し，再構想していくうえで，決して欠くことができない。このため，本書では，正しいステークホルダーを正しいタイミングで巻き込み，調和の取れた製品やサービスのエクスペリエンスを構想するためのワークショップの例をいくつか紹介していく。

併用できるリソース

　本書には，連動するウェブサイトがある（ 🐘 rosenfeldmedia.com/books/orchestrating-experiences）。本書に掲載された図解やイラストは，可能な限りクリエイティブコモンズのライセンスとして提供しているため，プレゼンテーションなどの目的であれば，ダウンロードしてお使いいただける。これらは Flickr から入手できる。www.flickr.com/photos/rosenfeldmedia/sets/

よくある質問（FAQ）

オーケストレーションを実践して調和の取れたエクスペリエンスを作るには，この本に書かれたことをすべて実践する必要があるのか？

　本書では多数のフレームワークやツールを紹介するが，読者の皆さんは，自分の抱えている固有のニーズを満たすアプローチに引かれていくはずだ。例えば，エコシステムマップ（第3章）とストーリーボード（第8，9章）は役に立つが，タッチポイントインベントリー（第2章）や即興（第8章）は自社の文化にはそぐわないといったことが分かってくるかもしれない。重要なのは，様々なアプローチを試してみて，自分にとって役に立つツールキットを取り揃えることだ。

作らなければならないものが多すぎるのではないか？

　そんなことはない！　同僚とのコラボレーションは，オーケストレーションを実践して調和の取れたエクスペリエンスを実現するうえで**欠くことができない**。努力とスキルが必要とされる。エクスペリエンスマップ（第5章）であれ，エクスペリエンス原則（第6章）であれ，はたまた機会マップ（第7章）であれ，これらは皆，**ツール**としてアプローチすべきだ。これらのツールを使って，共感を構築し，アイデアを刺激し，整合性を生み，行動を取っていくことになるが，目指す結果は同じだ。

私がよく使っているツールが言及されていないが，今後は使うべきでないということなのか？

　私たちは，自分たちのツールキットに入っているデザインメソッドを常に変更し，追加したり削除したりしている。本書で提案したものは，複雑なエコシステムのために部署横断的なチームでデザインする際に有効性を示すことが実証されてきたツールだ。場合によっては，これらのツールを使うことで，皆さんのツールキットに入っていたものが必要なくなることもあるかもしれない。とはいえ，たいていの場合本書で紹介するツール群が，よく使われている一般的なメソッドやツールをうまく補完することが分かるだろう。また，本書を読んだ結果として，エクスペリエンスのオーケストレーションに役立つさらなるアプローチを自分でも発見・発明してみようという気持ちになっていただければ嬉しい。

これを実践するには，かなりの時間がかかるのではないか？

　一般論として，大規模な組織で，デザイン問題が複雑であればあるほど，かかる時間

は長くなる。しかし，すばやくリーンに行動する必要があるときにこそ，本書で紹介するアプローチを活用できることが分かっていくだろう。例えば，ワークショップの例（第2，3，5，6，7，8章）を部分的に活用して，小規模な作業セッションをデザインすることができる。また，少人数のチーム内でアイディエーション（アイデア生成）のテクニック（第8章）を使ってみることもできる。

これはサービスデザイン（または UX デザインか，CX）の話なのではないか？

　その答えは，「はい」であり，「いいえ」でもある。本書は，どんな"部族"のメンバーにも役に立つベストプラクティスの統合版を作るという意図の下に執筆された。サービスデザイン，ユーザーエクスペリエンス（UX），カスタマーエクスペリエンス（CX），さらに他のコミュニティが，「オーケストレーション」というマインドセットの成長に寄与してきた。これらの実践方法は，様々な場所に散りばめられている（例えば，第1，2，7，10章）。その核心にある共通点が，人間中心デザイン（HCD: Human Centered Design）だ。UX デザイン，サービスデザイン，インタラクションデザインなど，名称は異なるかもしれないが，皆さんがどの分野の専門家であっても，これらの実践方法をすべてまとめて活用する方法を，本書では紹介していく。

まえがき

この本をたった今購入された方へ

皆さんのような方のことを，私は少し心配している。

その理由は後できちんと説明するが，最初にまず，これだけは約束しておこう。**これはよい本だ**。デザイン，マネジメント，そしてイノベーションのシステム的な見方という複数のフロンティアがすべて融合した，数少ない本の１つだ。

デザインの世界がシステム的な見方と関係的な見方を取り入れるようになっていて，これがマネジメントにも起こりつつあることは，すでにご存じかもしれない。これらの新しい実践方法には，オーケストレーションが必要になる。すなわち，役割，部署，社内と社外といった古い境界線をまたぐクリエイティブな協力だ。

この本で説明されているトランスフォーメーションの例をいくつか見てみよう。

- これまでは会社と顧客を「私たち」と「彼ら」という区分けで見てきたが，これからは私たちの世界が彼らの世界と絡み合うエコシステムととらえていく。
- これまでは製品を重視してきたが，これからは人々の瞬間，日，週，年に私たちが参加していく方法を重視していく。
- これまでは優れたコンセプトを追求してきたが，これからはコンセプトを実現する人たち全員にとって重要なストーリーを重視していく。
- これまでは専門的なチームが専門的な結果を出してきたが，これからは連携し協調するチームが人と組織の間のすべてのタッチポイントに優れた品質をもたらしていく。
- これまでは技術的な指標やユーザビリティの指標だけを使用してきたが，これからは品質の新しい規準として価値や原則を含めていく。

実際に運用するとなると，これらはほとんどの組織にとって大きな変化を意味する。この種の発想に対して抵抗があるだけでなく，「我が社のやり方」を変えるというのは往々にして居心地の悪いことだからだ。これらのアプローチは，役割を新たな目で見るよう促し，「よい仕事」の定義を変え，成功する組織とは何を意味するかを変えていくだろう。これは，エキサイティングであり，恐ろしくもある。

あなたのことを心配していると言った理由はそこにある。

この本を購入されたということは，ここに書かれていることへの期待感があり，これを実践してみたいと思っていることだろう。けれども，この本の蒔く種が芽を出して探索を開始し，あなたの組織で完全に開花するまでには時間がかかるだろう。忍耐と粘り

強さが求められ，小さなステップを喜び祝福する習慣も必要になる。説得しても伝わらない場合は，別のツールが必要になる。ストーリー，ビジョン，サンドボックスへの招待状などだ。陳腐に聞こえるのを承知のうえで言うと，ジャーニーに喜びを見つける必要がある。これは容易なことではない。

　そこで，私は考えてみた。私からのアドバイスは，次のとおりだ。

1. 協力者を1人か2人，見つけてほしい。1人でやろうとしないこと。
2. ワークショップに直行しないこと。**第11章を使ってほしい**。これを1年かけて使用した後，この本の他の部分を実践していくことをおすすめしたい。私たちのオフィスでは，よく次のような問いかけをしている。「次の2週間にどんなことを話し合えば，アイデアを実現するのに役立つだろうか。誰に参加してもらう必要があるだろうか。その会話をサポートするために，何かを作る必要があるだろうか。居酒屋で話すべきか，ホワイトボードの前で話すべきか，それとも外に出て散歩でもしながら話すべきか」。

　これらのアイデアが，重要かつ長期的な結果を出す力につながるだろう。でも，この本を最初に手に取った時点で，それがあなたの仕事でどのように根を張っていくかを予測する術はない。変化のプロセスを経験してみて，見つけるしかない。これには勇気がいるし，根気強さも必要だ。でも，慎重を期すばかりでいれば，いったいどんな実りが期待できようか。

　それにもちろん，あなたは1人ではない。この本には，大勢の人たちの知識と経験が詰まっている。これだけ多くの人が開拓してきた道であって，これらのアイデアをめぐるコミュニティオブプラクティス（CoP：実践コミュニティ）も拡大しつつある。情熱的な探究と想像がこのような本にこれだけまとめられているのだから，私のような人間が心配する必要などないというわけだ。きっと成功できる。

Marc Rettig
Fit Associates プリンシパル
SVA Design for Social Innovation 教職員

はじめに

　私たち——パトリックとクリス——が出会ったのは，かなり前のことだ。これまでに3つの会社で一緒に働いた。広告制作会社，コンサルティング会社，そして大手の金融サービス会社だ。会議やAdaptive Pathのイベントで一緒にプレゼンテーションをしたこともある。数千人という人たちに，デザインをもっとヒューマンなエクスペリエンスにする方法について，一緒に教えてもきた。

　そうするなかで，組織が抱えている課題についての話やそれを解決するために組織が取ってきたアプローチについての話も，絶えず続けてきた。例えば，イノベーションを起こさせるためのデザイン思考，製品開発をスピードアップするためのアジャイル，オペレーション効率を組織的に高めるためのリーンなどのアプローチがある。これらの方法論はすべて，時には「宗教」と言われることもあるほど熱心な信奉者がいるが，それぞれに長所がある一方で，今日の組織が直面している次の3つの重大な課題には対応できていない。

- ばらばらな製品とタッチポイントをすばやく出荷するという現状から進化して，時間と空間のなかで優雅に展開していくエンドトゥエンドのエクスペリエンスを創造するにはどうすればよいか。
- 縦割りの業務体制を打破して，効果的で効率的な人間中心デザインのコラボレーションを実現するにはどうすればよいか。
- 曖昧模糊としたフロントステージの戦略（「私たちは何をすべきなのか？」）と現実的な実践（「私たちがしたこと」）の間にある溝を橋渡しするにはどうすればよいか。

　本書は，これらの課題に目を向けている。私たちはこれまで，サービスデザインやユーザーエクスペリエンス（UX）に携わるなかで，才能豊かなコラボレーターから知恵とインスピレーションを授かってきた。それを活かして本書では，組織の様々な部署にいる人たちが一緒になってカスタマーエクスペリエンス（CX，顧客体験）を構想し，計画し，デザインしていけるようになるための語彙や概念，アプローチを共有していくつもりだ。これを読んだ皆さんが，周囲の人たちを助けて，顧客のジャーニーを理解し，そのニーズをもっと上手に満たせるようにしていきたい。皆さんのツールキットを充実し，よりよいアイデアを考案し，魅力的なビジョンを打ち出せるよう，お手伝いしていきたい。そうするなかで，皆さんにそれぞれの組織のオーケストレーターとして飛躍していただくのが，私たちの願いだ。

> ## パトリックとクリス
>
>
>
> パトリック　クリス
>
> 本書は2人の共著であり，時に2人の見方が異なることもある。そこで，囲みコラムに必要に応じて著者のイラストを付けた。著者の似顔絵が入ったコラムでは，これまでの経験に基づく重要な情報やケーススタディを紹介し，そのトピックについての個人的な見方を解説している。

　本書を通じて，私たちは「オーケストレーション」や「オーケストレーター」という言葉を使っていく。この言葉の1つの意味は，ばらばらな各部をデザインして提供する活動から，これらの各部を整合させ相互に調和するものとしてデザインする活動へと組織を変化させていくためのアプローチだ。このアプローチを実践するには，1つのシステムとしてチャネルやタッチポイントを意図的に作り上げ，顧客とそのすべてのエクスペリエンスを複数の文脈で長期にわたりサポートしていく必要がある（第1〜4章）。また，オーケストレーションのもう1つの意味は，こうした結果を達成するためにコラボレーションを促すことを意味する。製品，デザイン，IT，マーケティング，業務推進など，様々な部署の担当者が同じ部屋に集まって，ますます複雑化する問題を解決しようとするケースが，昨今とみに増えている。オーケストレーターは，共感を生み，コラボレーションを引き出し，クリエイティビティを刺激し，整合性を作る人としてこのプロセスに貢献し，結果としてよりよいエクスペリエンスや結果を可能にする（第5〜11章）。

　どちらの意味を使うにせよ，現実を直視すると，オーケストレーションは，現時点ではほとんどの組織の動き方にそぐわない。目指す目標はそれぞれに異なるかもしれないが，私たちは，読者の皆さんが自分の組織を後押しして，もっと思慮深くコラボレーティブにエクスペリエンスをデザインすることで真の価値を創造できるよう，手助けしたいと思っている。そこで，この目標を達成するため，デザインのプロセスを効果的に進めるのに役立つワークショップのテンプレートを紹介する。これらのテンプレートは，そのまま使用してもよいし，使う人のニーズに合わせて調整することもできる。

　また，主な制作物の例も提供していく。タッチポイントインベントリー，エコシステムマップ，ビジョンストーリーボードなど，新しいものと古いものの両方だ。これらの多くは，壁に貼り出して皆で一緒に見ながら，ツールとして使用し，様々な情報をコミュニケーションするためにデザインされている。ただし，様々な制作物の要件を課すつもりはなく，皆さんが影響力を発揮するためのツールを提供したいというのが，私たちの考えだ。

　本書の後半は，リサーチからプロトタイピングまでの様々なアプローチについての解

説だが，これもこのとおりにしなければならないという固定的な道のりではない。紹介するメソッドを使うことが必須ではなく，これ以外に有効なツールがないという意味でもない。製品を出荷する，サービスを提供するということは，継続的な活動だ。チームや組織のニーズを満たすメソッドを選んでほしい。プロセスで遊んでみて，自分のツールを発明してほしい。

　デザイナーは，幾通りもの見方がある不明瞭な問題にかかわる職業だ。製品やサービスに形状やフォルムを与えるべく奮闘するが，その世界がますます複雑化している。デザイナーであるか否かにかかわらず，部署横断的なチームをまとめる要になる機会は存在していて，その中心部を支えるのが共通のビジョンであり，共感という基礎で支えられた調和のある行動だ。よりよいカスタマーエクスペリエンスを創造しようとして悪戦苦闘している組織には，マップ制作者以上の存在が必要だ。オーケストレーターが必要だ。正しい語彙とフレームワークを持ち合わせ，ソフトスキルも兼ね備えて，「森を見て，木を作る」ことのできるリーダーが必要だ。あなたに，その人になってほしい。

目　次

本書の使い方 ii

本書の内容 iv

併用できるリソース v

よくある質問（FAQ） vi

まえがき viii

はじめに x

パートⅠ　共通の基礎　　　　　　　　　　　　　　　　　　　　　　1

第1章　チャネルを理解する 3

1.1　理論から現実へ 4

1.2　チャネル別の構造 5

1.3　チャネルは孤立して存在するわけではない 8

1.4　チャネルはインタラクション，情報，文脈を反映する 11

1.5　チャネルは瞬間をサポートする 12

1.6　チャネル中心のマインドセットを変える 13

まとめ 17

第2章　タッチポイントを確実に押さえる 19

2.1　統一するためのアプローチ 21

2.2　2つの実用的なフレームワーク 27

2.3　タッチポイントを特定する 30

2.4　タッチポイントをカタログ化して共有する 37

まとめ 40

　　　▨ワークショップ─第2章：タッチポイントインベントリー

WS 2.1　ワークショップの目標 41

WS 2.2　参加者（とその上司）への提案の例 42

WS 2.3　アジェンダ 42

WS 2.4　ワークショップの準備 44

WS 2.5　ワークショップの進め方 45

WS 2.6　ワークショップの後にすること 48

第3章　エコシステムを探究する 49

3.1	事業のエコシステムからエクスペリエンスのエコシステムへ	51
3.2	エクスペリエンスのエコシステムを分解する	53
3.3	エコシステムマップの作り方	60
3.4	エコシステムマップの使い方	64
3.5	センスメイキングの他のアプローチ	65
まとめ	....	69

▊ワークショップ—第3章：ランドスケープ整合

WS 3.1	ワークショップの目標	70
WS 3.2	参加者（とその上司）への提案の例	71
WS 3.3	アジェンダ	71
WS 3.4	ワークショップの準備	72
WS 3.5	ワークショップの進め方	72
WS 3.6	ワークショップの後にすること	75

第4章　ジャーニーについて考える 77

4.1	ジャーニーとは何か	78
4.2	ジャーニーは瞬間で作られる	79
4.3	様々なタイプのジャーニーがある	80
4.4	ジャーニーは誰にとっても価値がある	82
4.5	ジャーニー：共感と理解のハブ	84
4.6	エンドトゥエンドのエクスペリエンスを分解する	87
4.7	ジャーニーを使い始める	91
まとめ	....	91

パートII　洞察と可能性　　　　　　　　　　　　　　　　　　93

第5章　エクスペリエンスをマップ化する 95

5.1	エクスペリエンスマップとは何か	96
5.2	自信を持ってマップを作成する	97
5.3	顧客のストーリーから学ぶ	104
5.4	学んだことから意味を形成する	115
5.5	重要なことをコミュニケーションする	115
まとめ	....	120

▊ワークショップ—第5章：エクスペリエンスマッピング

WS 5.1	ワークショップの目標	121
WS 5.2	アジェンダ	121
WS 5.3	ワークショップの準備	123
WS 5.4	ワークショップの進め方	123
WS 5.5	ワークショップの後にすること	129

第6章	エクスペリエンス原則を定義する	131
6.1	共通の DNA	132
6.2	一緒に奏でる	134
6.3	原則を暫定的に定義する	136
6.4	実用的な原則を策定する	138
まとめ		141

■ワークショップ―第6章：エクスペリエンス原則の改良

WS 6.1	ワークショップの目標	142
WS 6.2	アジェンダ	142
WS 6.3	ワークショップの準備	144
WS 6.4	ワークショップの進め方	144
WS 6.5	ワークショップの後にすること	147

第7章	機会を特定する	149
7.1	機会はソリューションではない	150
7.2	機会とは何か	151
7.3	機会，意図，タイミング	155
7.4	機会についてコミュニケーションする	165
まとめ		167

■ワークショップ―第7章：機会の特定と優先順位の決定

WS 7.1	ワークショップの目標	168
WS 7.2	参加者への提案の例	168
WS 7.3	アジェンダ	169
WS 7.4	ワークショップの準備	170
WS 7.5	ワークショップの進め方	170
WS 7.6	ワークショップの後にすること	177

パート III　ビジョンと行動　　179

第8章	アイデアを生成して評価する	181
8.1	アイデアの探究を率いる	182
8.2	構造と焦点	183
8.3	インプットと制約	185
8.4	表現と形式	187
8.5	評価と優先順位	193
まとめ		200

■ワークショップ―第8章：アイデアからストーリーへ

WS 8.1	ワークショップの目標	202
WS 8.2	アジェンダ	202
WS 8.3	ワークショップの準備	204

WS 8.4　ワークショップの進め方 204

WS 8.5　ワークショップの後にすること 207

第 9 章　具体的な未来のビジョンを打ち出す 209

9.1　意図の重要性 210

9.2　ビジョンを定義する 213

9.3　進路を決めて進んでいく 226

まとめ 233

第 10 章　瞬間をデザインする 235

10.1　オプションをプロトタイプで試す 237

10.2　プロトタイプ価値提案 242

10.3　すべてをまとめ上げる 244

まとめ 247

第 11 章　指揮棒を手にする 249

11.1　文脈を理解する 251

11.2　変化をオーケストレーションする 254

11.3　自分から始める 265

11.4　ここから先へ前進させる 268

謝　辞 269

監訳者あとがき 271

索　引 283

パート I
共通の基礎

　組織は，顧客に製品やサービスを使ってもらおうとして，絶えず努力している。この努力が多数の部署や社員に振り分けられていて，顧客とのポジティブなインタラクションを創造しようとする有形・無形の様々なものを生み出している。マーケターは，コマーシャルやバナー広告を制作し，マイクロサイトを開設し，メールやダイレクトメールを送り出している。デジタルチームは，モバイルアプリやウェブサイトのほか，デジタル看板やキオスクなどを開発している。カスタマーサービス担当者は，オンラインのヘルプガイドや AI チャットボット，さらには音声自動応答システムなどを使っている。現場の社員は，リアルタイムで顧客をサポートしている。小売事業の担当者は，店内，レジ会計，ヘルプデスクなどを設計し，看板や店頭のデザインにも目を光らせている。

　いかに多くの人が，多くの場所で，多くのことをしているかが分かるだろう（これでも表面をかすったにすぎない）。

　組織内の様々な領域や機能が，カスタマーエクスペリエンス（CX，顧客体験）に直接的・間接的に影響している。しかし，管轄責任や意思決定の権限をこれらのグループに分配することには問題もある。様々なスキルと理念を持った実践者がパズルのピースをそれぞれに管理しながら，なおも自分の責任範囲外で起こる他の顧客インタラクションと調和させるには，どうすればよいのか。個別のインタラクションごとに予測可能性を高めながら，顧客との関係をもっと強化していくには，どうすればよいのか。

　社内のパートナーシップや部署横断的なコラボレーションを構築するには，同じ言葉を話し始める必要がある。同じセンスメイキング（意味形成）のアプローチを使って，これらのばらばらな業務がいったい何を作り上げているかを理解し始める必要がある。共通の基礎に立つうえで重要な 4 つの

概念が，チャネル，タッチポイント，エコシステム，ジャーニーだ。チーム内，グループ内，あるいは組織全体でこれらの概念を一貫して定義しておくことが，エクスペリエンスのオーケストレーションにとって欠かせない。これが結合組織のように機能して，時間と空間をまたいで，効果の高い統合的なエクスペリエンスを生み出すのに役立つだろう。では，チャネルから始めよう。これは，顧客インタラクションのイネーブラー（成功要因）だ。

第1章
チャネルを理解する

1.1	理論から現実へ	4
1.2	チャネル別の構造	5
1.3	チャネルは孤立して存在するわけではない	8
1.4	チャネルはインタラクション，情報，文脈を反映する	11
1.5	チャネルは瞬間をサポートする	12
1.6	チャネル中心のマインドセットを変える	13
まとめ		17

チャネルという概念は，近代の組織に完全に浸透している。チャネル担当チーム，チャネル戦略，クロスチャネル，マルチチャネル，オムニチャネル，チャネル選択行動，チャネル管理などだ。チャネルとは，理想的には，人々がコミュニケーションしたりインタラクションしたりするためのつながりをもたらすものだ。しかし，これが排他的なトンネルのようになってしまい，人，チーム，優先事項の間に垣根を作って分断してしまうこともある。

1.1　理論から現実へ

古典的な意味のチャネルとは，情報を伝達するためのルートで，水路のようなものと考えることができる。パナマ運河が2つの大洋間の船舶の行き来を可能にしているように，コミュニケーションチャネルは，情報の送り手と受け手をつなぐ。

サービスデザインの世界におけるチャネルは，**顧客またはユーザーとのインタラクションの媒介物**だ（図 1.1）。一般的なチャネルには，実店舗，コールセンター（電話），メール，ダイレクトメール，モバイルなどが含まれる（表 1.1）。そしてこれらの背後に，人，プロセス，技術が置かれている。チャネル責任者は，これらのリソースが顧客に到達して価値を届け，競合との差別化をもたらすことを期待している。

また，チャネル責任者はしばしば，個別のチャネルを測定するメトリクスに基づいて評価され，それに応じた報酬を受けているため，これが組織内の様々なチャネルを結び付けるという流れに逆らう効果を生み出している。

図 1.1　ほかの人のチャネルを理解して自分のチャネルとの整合性を生み出していくことは，エクスペリエンスのオーケストレーションに向けた基本的なステップだ

エンドトゥエンドのエクスペリエンスをデザインするには，このチャネル別の組織構造から踏み出る必要がある。オーケストレーターであるあなたには，深いレベルにまで完全に浸透してきたチャネル別の考え方（**縦向きのオーナー思考**）がいかにイノベーションと価値創造をできなくし得るかを理解することが求められる。あなたの目標は，チャネルの枠組みを改変して，カスタマージャーニーを支えるという大きなストーリーのなかで役割を演じる協調的なロールプレイヤーにしていくことだ（**横向きのサーバント思**

表1.1　一般的なチャネル

実店舗	デジタル	カスタマーサービス	マーケティング
看板	ウェブ	コールセンター	放送
キオスク	モバイル	音声自動応答システム	印刷物
店内画面表示	モバイルウェブ	ライブチャット	メール
ディスプレイ	ネイティブアプリ メール ライブチャット SMS・メッセージング	チャットボット	ダイレクトメール デジタルマーケティング ソーシャルメディア SMS・メッセージング

考)。この難題に向き合ううえで，次の4つの概念が武器になるだろう。

● 組織は，チャネル別の構造になっている。
● チャネルは，孤立して存在するわけではない。
● チャネルは，インタラクション，情報，文脈によって定義される。
● チャネルは，瞬間をサポートすべきである。

1.2　チャネル別の構造

　どんな企業にも，最初に製品やサービスを顧客に向けて販売し，提供し，業務を行った場所がある。米国のホームセンター大手のLowe's Home Improvementは，小さな町の小さな店から始まった。百貨店のSearsは，通販カタログで時計を販売した。運輸大手のUPSは，3枚綴りの記入用紙を使って，小荷物を引き取り，輸送し，配達した。Netflixは，郵便でディスクを送っていた。Amazonは，ウェブで書籍を販売した。

　やがてこれらの企業は，時代に順応し，事業を拡大して，新しい方法，新しいチャネルで顧客とかかわるようになった。Lowe'sの軌跡を例にすると，同社は数十年にわたり，主に数百という店舗で数千という店員が顧客とインタラクションし，それをテレビ，ラジオ，新聞，屋外やダイレクトメールなどを通じたマーケティングと広告でサポートしてきた。1990年代になると，同社（とその競合）は，オンラインと店内の両方でデジタルの世界に足を踏み入れるようになった。20年後の現在，同社のデジタルのフットプリントは非常に大きく，ウェブサイト，アプリ，キオスク，店員のタブレット，さらには店内を動き回るロボット（図1.2）までが，創業以来のチャネルと並んで存在している。顧客の質問に答える場面も，オンラインチャット，Twitter，店内，電話と様々だ。販促は，ラジオ，Google AdWords，ダイレクトメール，それに紙とデジタルの領収書で展開する。DIYの住宅リフォームのやり方を，ワークショップ，YouTube，iPadマガジンで教えている。実にたくさんのチャネルだ。

図 1.2 Lowe's Innovation Labs が開発した LoweBot は，新しいチャネルを開いた。店内で顧客に商品の場所を案内するほか，陳列棚の在庫管理もしている

プレスリリース写真：HTTPS://NEWSROOM.LOWES.COM/NEWS-RELEASES/LOWESINTRODUCESLOWEBOT-THENEXTGENERATIONROBOTTOENHANCETHEHOMEIMPROVEMENTSHOPPINGEXPERIENCEINTHEBAYAREA-2/

　Lowe's はオンラインに進出した。Sears は小売店を開店した。UPS は従業員の手にデジタルタブレットを，顧客のブラウザにセルフサービスのウェブサイトをもたらした。Netflix はストリーミングに転じた。Amazon は今や，自社の配送ドライバー（とドローン！）で顧客のドアまで商品を届けている。組織は時代の変遷とともに，どのチャネルの投資を増やし，どのチャネルの投資を減らせば，事業目標を達成できるか，ターゲット顧客のニーズや行動の進化と歩調を合わせられるかを見極めていく。

　この進化のパターンを示す好例が，マーケティングだ。過去 100 年間にコミュニケーションチャネルの数が増加したのに伴って，マーケティンググループ（と社外のエージェンシー）は，新しいチームを設置して，ウェブ，メール，検索エンジン，ソーシャルメディア，モバイルなどの担当を割り当ててきた。結果として，マーケティングキャンペーンを展開するには，通常，かなりのコーディネーションが必要になる。それぞれのチャネルを専門とする担当者が，共通の戦略の下に集結し，チャネルミックスの戦術を考え，目標とする潜在顧客に向けて正しいメッセージを正しいタイミングで送り出していくための計画を練らなければならない。そのうえで，社内外のパートナーと協力して，それぞれのチャネルにおける顧客とのタッチポイントを定義し，デザインし，開発する必要がある。

　これは大勢の間で多大なコーディネーションが行われることを意味するが，マーケティングは，これらのチャネルを使って顧客に価値を創造しようとしている数あるグループの 1 つにすぎない。

解説　タッチポイントとは何か

これは重要な問いかけだ。その定義は，マーケティングからサービスデザインまで，様々な領域によって様々に異なる。当面は，製品またはサービスと人の間のインタラクションをチャネル内またはチャネル全体にわたって促進するものと考えておくとよいだろう。ただし，実際にはもう少し複雑だ。第2章の「タッチポイントを確実に押さえる」で，タッチポイントをどのように理解すべきか，どのように定義すべきかを詳しく解説する。

このような業務のあり方は，過去30年間でますます浸透するようになった。ウェブ，メール，モバイル，バーチャルリアリティなどの新しいデジタルチャネルが出現して，新しいコミュニケーション，インタラクション，製品やサービス提供の方法をもたらしたからだ。この光り輝くデジタル世界はしばしば，以前からあるメディアやチャネルに影を落とす。とはいえ，企業は今も，実店舗，ダイレクトメール，コールセンター，屋外広告，テレビ，ラジオなどに投資している（Amazon が2017年に食品スーパーの Whole Foods を買収したことに表れている）。デジタルが重視されているからといって，他のチャネルがなくなるわけではない。むしろ，対応しなければならないチャネルが今まで以上に増えたことを意味する。

解説　製品か，サービスか

本書全体を通じて，「製品やサービス」という表現が見られるのは，これらのアプローチがマルチチャネル，マルチタッチポイントのシステムに当てはまることを示している。航空会社，ホテル，病院などが提供するサービスには多くの製品が含まれていて，またデジタルカメラや車のような製品は多くのサービスでサポートされている。呼び名はともあれ，複数のチャネルを介して多数のタッチポイントが存在するものを提供しているのであれば，該当すると思っていただいてかまわない。

事業の発祥がどのチャネルであったかにかかわらず，企業の組織図はしばしば，このタイプのチャネルや事業成長の軌跡を反映している（図1.3）。よくあるパターンとしては，新しいチャネルが出現するたびに，当初は社外のエキスパートに頼るが，後にそのチャネルが長期的な事業の成功にとって欠かせないことが明らかになると，その機能やスキルを社内に構築していく。新しいグループが設立されて，既存のチャネルの担当チームと並列の立場に置かれ，CX を創造するための独自の戦略，ビジョン，計画，インセンティブを持つようになる。この重複の結果として，統一感のないチャネルエクスペリエンスが生じるだけでなく，複数の機能やチャネルにわたるタッチポイントの結び付けが複雑になる。

チャネルの拡散（とそれが組織構造に及ぼす影響）は，比較的小規模な企業においてすら，厄介な日常を生み出してきた。それぞれのチャネルに，どれだけ投資すべきか。新

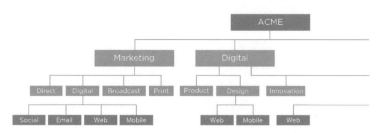

図1.3　一般的な組織図は，チャネルの拡散に伴って作られた機能の分離を示している

しいチャネルに移行する一方で，どうすれば従来のチャネルを維持できるのか。これだけのチャネルすべてを，どうすれば管理できるのか。どのチャネルを誰が管理しているのか。どうすれば自分のプロジェクトをそのチャネルの優先事項に入れてもらえるのか。

　これだけのことを考える間にも，1つ忘れてはならない事実がある。顧客は，チャネルなどどうでもよいと思っている。

1.3　チャネルは孤立して存在するわけではない

　では，顧客は何を気にかけるのか。それは，自分が目指すゴール（明示的な目標）を達成し，自分でも意識していないかもしれないニーズ（暗示的なニーズ）を満たしてくれる製品やサービスであることだ。組織が自分にどのように対応してくれるか，自分の時間がどのように費やされるか，いつどこで製品やサービスとインタラクションするかだ。このなかにあって，チャネルは目的のための手段にすぎない。

　これまで組織は，顧客とのインタラクションを見て，そのインタラクションをサポートするチャネル，すなわち電話や店舗やウェブを，1対1でとらえる視点から眺めてきた。個別のチャネル担当チームが，それぞれのチャネルで顧客のタスクをサポートするソリューションを提供してきた。しかし，これはもはや現実を反映していない。現実には，顧客が複数のチャネルを動き回って，製品やサービスとつながっている。

　人は毎日多数のチャネルでインタラクションしている。チャネル間を切り替え，その切り替えは自由意志で行われることもあれば，そうでないこともある。メガネをオンラインで注文できるという広告をポッドキャストで聞いて，ウェブサイトに行って確かめ，サンプルキットを注文して，数日後に受け取り，カスタマーサービスとのオンラインチャットを試したうえで，フリーダイヤルに電話してようやく質問に対する答えが見つかるかもしれない（図1.4）。この種のシナリオは，ありとあらゆる製品やサービスで毎日何百万回も繰り返されている。

　それでも，顧客はチャネルのことなど考えていない。使えるオプションを，自分の知識と好みと文脈に応じて使っているだけのことだ。特定のチャネルに留まってもらう，または移動してもらうべく，順路をデザインすることはできるが，人間というものは，

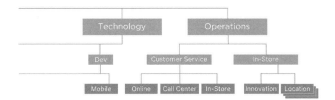

自分にとって魅力があり，役に立ち，好都合な順路を独自に描くものだ。

　顧客にこれらの好みがあることは全般論として知られているが，組織はなお，チャネルへの投資を最適化し，低コストのチャネルへと顧客を誘導するために多くの時間と労力を費やしている。デジタルトランスフォーメーションの努力（過去20年間に多くの企業が進めてきた取り組み）を受けて，それまで従業員がしてきた仕事の多くが顧客の仕事（つまりセルフサービス）になった。

　また，顧客は，自分のエクスペリエンスをサポートしているチャネルをどのグループが管理しているかも，まったく気にかけていない。IKEAの顧客がオンラインストアで問題にぶつかった後，店舗に行ってこの苦情を店員に申し立てる。顧客にしてみれば，**どれも同じIKEA**だからだ。実店舗のチームはおそらく，オンラインエクスペリエンスにはほぼまったく関与していないだろう。それでも顧客は，エクスペリエンスに一貫性と継続性があることを期待している。

　過去20年間にわたり，組織がいかにオムニチャネルになるべきかを，アナリストやコンサルタントは説いてきた。複数のチャネルで調和を図って顧客に対応することを意

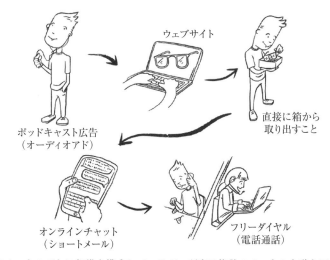

図1.4　企業はチャネルごとに組織を構成しているが，顧客は複数のチャネルを動き回っていて，その動き方は予測可能な場合とそうでない場合がある

味する。ブランドチームは，統一的なルック，ボイス，トーンをすべてのチャネルに浸透させようとしている。マーケティングチームは，発信するメッセージに一貫性を持たせ，またチャネルの影響力を高めるべく最適化しようとしている。技術チームは，アーキテクチャを定義して，すべてのチャネルにわたるデータを共有し，顧客の行動を把握しようとしている。これらの結果として，どのチャネルに投資すべきかだけでなく，人とプロセスと技術をどのようにコーディネートしてこれらをサポートしつなげるかに，多くの議論と努力が費やされている。

　しかも，複数のチャネルをミックスしたり組み合わせたりする機会を追求し始めると，さらに興味深いことが起こる。単純な例が，セキュアな認証のエクスペリエンスだ。図1.5に示したのは，オンラインバンキングでユーザーがパスワードを忘れたときの画面だ。典型的なパターンでは，ユーザーに何らかの情報を入力するよう求める。社会保障番号の下4桁や銀行口座の番号などだ。これで正しい情報を入力すると，メール，テキストメッセージ，音声，または（アンラッキーな場合は）郵送でパスコードを受け取るためのオプションが提示される。このセキュリティでは，ユーザーが2つのチャネルでインタラクションする必要がある。ウェブとテキストメッセージ，ウェブとメール，モバイルアプリとテキストメッセージ，モバイルアプリとメール，ウェブと郵送といった具合だ。ここでエンドユーザーがしようとしているのは，パスワードを回復するという，ある1つのことだ。しかし，セキュリティのために複数のチャネルが使われていて，ユーザーの好みに合わせてどのチャネルを使いたいかのオプションが提示されている。

　企業はチャネル別に業務を整理して，投資，人員，プロセスを最適化しようとしているが，チャネルが孤立して存在するわけではない。顧客は複数のチャネルの間を動き回っている。そこでこれらをスマートに組み合わせれば，イノベーションが生まれ，顧

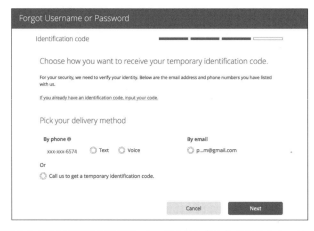

図1.5　ほとんどのオンラインバンキングでは，ウェブのチャネルとテキストメッセージ，音声，メール，音声自動応答システムを使って，パスワード回復のプロセスを完了できるようにしている

客に喜んでもらえるエクスペリエンスになる可能性がある。ただし，多数のチャネル間でエクスペリエンスをオーケストレーションするには，それぞれのチャネルの独自の材料を理解する必要がある。

1.4　チャネルはインタラクション，情報，文脈を反映する

　製品やサービスの優れたエクスペリエンスをデザインするには，使える様々なチャネルの能力と限界を知っておく必要がある。モバイルチャネルで提供するためのフォームのデザインは，印刷物で提供するフォームのデザインとは非常に異なる。広告を制作すると言っても，ウェブか，屋外か，テレビかによって異なるスキルとノウハウが求められる。つまり，組織は，それぞれのスペシャリストを擁して，これらを定義し，デザインし，実行できなければならない。これらのスペシャリストは，通常，チャネルごとに区別されて（例えばデジタル），さらにチャネル内でも専門分野に分けられている（例えばウェブ，モバイルなど）。しかし，技術に基づいた階層構造のチャネル分類法は，顧客のエクスペリエンスを総合的に定義して実行しようとすると，その線引きがすぐに不明確になる。

　例として，あなたの事業に存在する一般的なチャネルをメディア別にリストアップしてみるとよい。重複や競合があるのに気付くだろう。チャネルのなかには，使用する文脈によって定義されているもの（モバイル）もあれば，インタラクションの手段によって定義されているもの（タブレット）もある。さらに，配信のための技術的手段によって定義されているもの（ウェブ），配信するコンテンツや情報によって定義されているもの（ソーシャルメディア）もある。

　このような分類法ではなく，もっとよい方法でチャネルを定義することができる。それが，インタラクション，情報，文脈という3つの品質上の側面を使って定義することだ。

- **インタラクション**：顧客がどの手段を使って，あなたとインタラクションしているか。例としては，タッチデバイス，マウス，キーボード，キーパッド，音声が挙げられる（図1.6）。

図1.6　チャネルの物質性は，機会と制約の両方をもたらす

- **情報**：どのような性質のコンテンツを，顧客に提供しているか，または顧客と交換しているか。例えば，ソーシャルメディアなど。
- **文脈**：どのような文脈で（環境から感情まで幅広い），インタラクションが起こっているか。例えば，実店舗など。

これらのうち1つまたは複数の側面を使って，チャネルを定義することができる。これらのレンズを使ってそれぞれのチャネルについて意識的に考えていくと，あるチャネルに特有の材料を見落とすことがなくなり，それをどのように有効活用すれば顧客のニーズを満たせるかを考えられるようになる。

1.5 チャネルは瞬間をサポートする

チャネルの概念は，あくまで概念だ。チャネルは機能を支え，マーケティング，業務推進，製品などの目標を達成するのをサポートする。

しかし，ここでまた，チャネルの醜さが見えてくる。チャネルのスペシャリストは，自分の守備範囲内で孤立して仕事をしているため，顧客が他のチャネルをどのようにエクスペリエンスしているかを俯瞰する視野を持っていない。自分のチャネルが顧客にとって主な（場合によっては唯一の）インタラクションのポイントであると考えていて，顧客のニーズを満たすための数あるイネーブラー（成功要因）の1つとは考えていない。

つまり，チャネルを目的地として定義すると，様々な文脈の顧客の瞬間を可能にして支えるというサポートの役割が見えにくくなる。実店舗で買い物しながら夫と携帯電話で会話し，同時にアプリでオンラインの価格を見比べている顧客は，3つのチャネルの3人のユーザーではない。意思決定の瞬間にある1人の人間だ。個別のチャネルは，その瞬間に顧客のエクスペリエンスを助けることもできれば，邪魔になる可能性もある。

ライドシェアサービスで配車を予約した顧客に，確認のメッセージを送るとしよう。このメッセージは，テキストメッセージ，アプリ内のプッシュ通知，またはドライバーからの電話で配信することができる。それぞれのチャネルがそれぞれのオプションを提供しているが，ここで重要なのは，車が向かっていることを顧客に知らせることだ（図1.7）。

顧客の瞬間をサポートするものとしてチャネルを見るようになると，顧客のニーズからスタートして，そのニーズを満たすためにどのチャネルがベストかを考えるという，逆向きの思考ができるようになる。デジタルという1つのチャネルからスタートするのではなく，顧客のニーズ，文脈，ジャーニーからスタートする。印刷物，モバイル，ウェブ，環境，音声，また従業員は，このニーズをサポートするためにどのような役割を果たせるだろうか。これらのチャネルをおもしろい方法で組み合わせることはできないだろうか。チャネル間を橋渡しするものを構築して，顧客が楽に前進できるようサポートすることはできないだろうか。

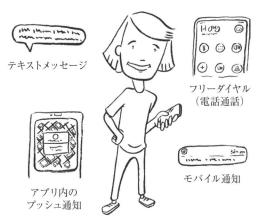

図 1.7　複数のチャネルで確認メッセージを配信できる。顧客がどのチャネルを使うかは，顧客のニーズ，文脈，それに顧客が使っているモバイルデバイスの機能によって異なる

そして，問うべき最も重要な点として，次の質問がある。これらのチャネルは，顧客にとってすばらしい瞬間をどのようにサポートしていけるだろうか。

1.6　チャネル中心のマインドセットを変える

　チャネルをこのように評価していくと，個別のチャネルの関係やそれらが一緒になってどのように機能し得るかを再考する機会が見えてくる。チャネルを定義する方法や顧客のエクスペリエンス全体において各チャネルが果たす役割を考え直せるようになる。最低でも，チャネルを目的地と見なすのではなく，瞬間のイネーブラー（成功要因）としてとらえる視点への移行が起こるだろう。この概念的な基礎は，チャネル中心のマインドセットを変えるうえで重要な第一歩だ。

　すでに説明したとおり，チャネル中心のマインドセットは，概念的にも組織構造的にもバリアや垣根をもたらしてしまい，全体として優れた CX を定義しデザインする作業を難しくする。チャネルや機能に基づいた人の配置（顧客やジャーニーに基づいていない）を組織内で変えていくのは，時間のかかる作業だ。しかし，図 1.8 のように，同僚への働きかけはすぐにも始められる。世界の見方を 90 度回転させて，顧客の視点から見始めることだ。

　顧客は 1 つのチャネル内で行動するわけではない。これを同僚に口で説明しても，花火が打ち上がることはないだろう。が，視覚的に見せれば，電球が点くはずだ。次の章では，タッチポイントインベントリーという単純なフレームワークを使って，顧客が製品やサービスとどのようにインタラクションするかを詳細に把握し視覚化する方法を紹介していく。ただし，このインベントリー（目録）を作るには，まずチャネルを定義する必要がある。

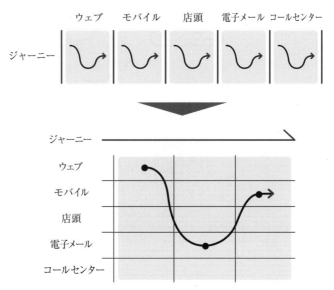

図1.8 下のフレームワークは，チャネルをエンドトゥエンドのCXのイネーブラー（成功要因）と位置付けている。パラレルワールドを生み出しているわけではない

チャネルを定義する

　おそらくあなたの組織には，顧客チャネルが複数存在していると分かっているはずだ。ウェブサイト，モバイルアプリ，コールセンター，実店舗などだ。製品やサービスによっては，これらをすべて使っているものと，一部のみを使っているものがあるかもしれない。また，チャネルによって，市場での存在感にも大小の差があるかもしれない。そこで，手始めとなる方法を紹介しよう。一般論として，先に話した3つの側面，インタラクション，情報，文脈は常に念頭に置いてほしい。

1. **明快なことから始める**：サポートしている主なチャネルは何か。主にどこで顧客とインタラクションしているか。例えば，大型小売店のTargetとドラッグストアのCVS Pharmacyは提携関係を結んでいて，Targetの店内にCVS Pharmacyの薬局コーナーを設置している。この薬局コーナーで顧客を登録したり，処方箋薬を出したりするには，2社が持っている複数のチャネルがかかわる可能性がある（表1.2）。

表1.2 チャネルの比較

Target	CVS
Target.com ＞ Pharmacy	CVS.com ＞ Target
店舗―代表電話	薬局―直通電話
物理環境 （駐車場，看板，ディスプレイなど）	物理環境（看板，ディスプレイなど） SMS・メッセージング
Target モバイルアプリ	CVS モバイルアプリ ダイレクトメール メール

2. **適切な詳細度で定義する**：チャネルを特定する際は，「ウェブ」や「印刷物」のような大きなカテゴリーに留まらず，もっと踏み込む必要がある。詳細に理解することで，個別のチャネルの使い方を戦略的に考え，新しいチャネルが必要な部分を特定しやすくなるだろう。例えば，保険会社のState Farmは，モバイルチャネルに複数のネイティブアプリケーションを持っている（図1.9）。これらを別のチャネルとして区別することで，様々な顧客のニーズと文脈をサポートするうえでそれぞれのアプリケーションが現在果たしている役割や将来果たすべき役割を明確にしやすくなる。

図 1.9 大規模で分散化された製品やサービスのエコシステムでは，チャネルをより詳細に定義することで，サブチャネルが顧客に何を提供しているのか，他のサブチャネルとどうかかわっているかを把握しやすくなる

3. **具体的に定義する**：場合によっては，デバイスの技術的なアフォーダンスに基づいて異なるエクスペリエンスを提供していることもあるかもしれない。モバイルデバイスと想定される小さな画面かコンピュータと思われる大きな画面かによって，ウェブサイトで異なる機能やタッチポイントを提供しているのであれば，別々に定義すべきだ。例えば，「標準のメインウェブサイト」と「モバイルのメインウェブサイト」を区別することができるかもしれない。これにより，技術的なアフォーダンスと顧客の文脈によって様々なインタラクションをどのようにデザインすべきかを分解し，あらためて構想するのに役立つだろう。

4. **チャネル管理者の情報を注記する**：関連するチャネルを「棚卸し」して目録を作る際には，組織内のどのグループがどのチャネルを管理していて，どのエグゼクティブの管轄になっているかも注記すべきだ。Target店内のCVS Pharmacyのよ

うに，チャネルの意思決定に関与している外部のベンダーやパートナーを把握しておくべきケースもある。後の章で見ていくが，これらの人にいずれ連絡してコラボレーションする必要が生じるだろう。

5. **変化に順応させる**：明快なことから始めるとしても，それ以外の部分に踏み込んでいくうちに，おそらく新しいチャネルが見つかるだろう。あなたやほかの人の取り組みの結果として，チャネルミックスは時間をかけて変化していく。このため，確実な基礎を固めたら，ともあれ掘り進んでみて，適宜調整していくことだ。

オーケストラを構築する

目的地としてのチャネルから，エクスペリエンスを総合的に支えるイネーブラー（成功要因）としてのチャネルへと，理解を変化させ，さらにその理解をほかの人に説明する際に役に立つのが，オーケストラの喩えを使うことだ（本書のタイトルからして驚きではない）。

オーケストラには多くの楽器があるが，すべてが互いに調和して音楽を奏でている。指揮者は，（楽譜を見ながら）どの楽器がどの部分で楽曲に息吹を吹き込むかを決定する。それぞれの楽器が，どの役割を果たすべきか。ソロパートをいつ演奏すべきか。どこで他の楽器とハーモニーを作るべきか。

エクスペリエンスのオーケストレーションとは，このような思慮深さや意図を持ってチャネルにアプローチすることを意味する。ウェブ，モバイル，メール，環境，コールセンターなどの幅広いカテゴリー内にどのチャネルが存在するかを見極める。チャネルのそれぞれの役割は何か。チャネルの音が外れているのはどこか。不協和音を出しているのはどこか。個別のチャネルから視野を広げて，チャネルがサポートしている顧客の瞬間を見始めると，エンドトゥエンドのエクスペリエンスをオーケストレーションし，あらためて構想する新たな機会が開かれるだろう。

次の章では，楽器が奏でる音，すなわちタッチポイントについて見ていこう。

リサーチは必要ないのか？

新しいフレームワークを探究し始めるには，1人で，または同僚と一緒に，発見してみることだ。これにより，チャネルをどのように定義していくべきか，チャネル内のタッチポイントをどのように特定していくべきかが，感覚的に分かり始めるだろう。

しかし，これは序曲にすぎない。第1楽章で顧客や他の参加者と直接的にかかわる前の準備だ。第5章「エクスペリエンスをマップ化する」で，チームとして定性的リサーチを実施することの重要性について取り上げる。人々のニーズを理解し，人々があなたの組織とどのようにインタラクションしているか，またそのインタラクションをどのように向上させられるかを理解するうえで，この種のリサーチが重要な役割を果たす。

まとめ

- チャネルとは，顧客やユーザーとインタラクションするための媒介物である。
- チャネルは，思っている以上に複雑だ。人と人のインタラクションを可能にする一方で，組織内に垣根を作ってしまい，複数のチャネルをデザインするのが困難になることもある。
- チャネルは，インタラクション，情報，文脈という3つの側面で定義することができる。
- ほとんどの組織に浸透しているチャネル中心のマインドセットを変えるには，孤立した目的地としてではなく，瞬間のイネーブラー（成功要因）としてチャネルを定義し始める必要がある。
- 指揮者がオーケストラにアプローチするように，チャネルにアプローチする必要がある。意図を持って，選択し，調和させ，指示を出すことだ。

第2章
タッチポイントを確実に押さえる

2.1	統一するためのアプローチ	21
2.2	2つの実用的なフレームワーク	27
2.3	タッチポイントを特定する	30
2.4	タッチポイントをカタログ化して共有する	37
まとめ		40

■ワークショップ—第2章：タッチポイントインベントリー

WS 2.1	ワークショップの目標	41
WS 2.2	参加者（とその上司）への提案の例	42
WS 2.3	アジェンダ	42
WS 2.4	ワークショップの準備	44
WS 2.5	ワークショップの進め方	45
WS 2.6	ワークショップの後にすること	48

タッチポイントは，チャネルと同様，主にマーケティング部門を介して組織の語彙に徐々に浸透してきた。マーケティングとは従来，顧客セグメントをターゲットにしたキャンペーンを展開して製品やサービスの需要を生み出す機能だ。キャンペーンには，しばしば複数の戦術が含まれる。コマーシャル，ダイレクトメール，バナー広告などで，これらが一緒になって作用することで，ブランドや製品の認知度を高める。マーケティングコミュニケーションと顧客とのインタラクションが**タッチ**であり，そのコミュニケーション自体が**タッチポイント**だ。

マーケティング部門は，科学的な方法でタッチポイントを創造し，配置し，測定するようになっている。CRM（顧客関係管理）のようなアプローチのおかげで，どのような頻度で，どのチャネルを使って，何のために顧客と接するかという戦略を定義する手段がもたらされた。今ではカスタマーエクスペリエンス（CX，顧客体験）の管理者がタッチポイントのパフォーマンスをモニターし測定するためのツールも存在する。このため，「タッチポイント」という用語がブランディングやCXの世界でも使われるようになった。顧客がブランドに接する様々な方法を数量化し，詳細に把握するためだ。

さらに，サービスデザインのような他の領域でも，タッチポイントを定義し，互いに結び付けてみる作業が行われている。レストランのスタッフが食事中の顧客のテーブルに行くタイミング，リムジンサービスの運転手が空港ターミナルの前で顧客を降ろす際のドアの開け方，さらにはマッサージセラピストが顧客の肌に触れる文字どおりのタッチが，サービスの瞬間をリアルタイムで作り出す。タッチポイントには無形のものも多数ある。例えば，会話はいつまでも記憶に残る可能性があるが，あらかじめ製造された物体ではない。また，サービス事業体が有形のエビデンスを作って，ブランドや目に見えない行動をサポートすることもある。例えば，ホテルの客室の枕元にカードやキャンディを置いておけば，ベッドメイキングのサービスがいかに上質かに注目してもらえるかもしれない。

製品やサービスのデジタル化（と顧客中心のアプローチに対する関心の高まり）の結果として，マーケティング，CX，サービスデザインの言語が，デジタルや物理的な製品のデザインでも使われるようになった。こうして「タッチポイント」は広く知られるようになったが，一方であまり厳密でなくなってきたのも事実だ。曖昧さの原因の多く

サービスデザインとは何か

サービスデザインとは，サービスの価値提案とデザインインタラクション，それにオペレーションモデルを定義するための人間中心デザイン（HCD）のアプローチだ。サービスデザインによって，より意図的で調和の取れたサービス要素（タッチポイント，情報，人など）が作られ，すべてのサービス参加者（顧客，従業員，他のステークホルダー）にとってよりよい結果がもたらされる。本書で推薦しているメソッドやツールのなかには，サービスデザインのコミュニティや関連する領域にルーツを持つものがいくつかある。

は，様々な専門領域の実践者が同じ言葉をわずかに（あるいは劇的に）異なる意味で使っているからだ。同僚の言う「タッチポイント」とは，デジタル製品（例：モバイルアプリ）を指しているかもしれないし，機能（例：パスワード回復）やチャネル（例：メール），場合によっては役割（例：コールセンター担当者）を指していることもあるかもしれない。

　エクスペリエンスをオーケストレーションするには，様々な専門領域の調整が必要だ。タッチポイントを基礎単位として使用して，時間，空間，チャネルをまたぐカスタマージャーニーのためのサポートを構築することができる。このため，タッチポイントに共通の定義とアプローチを確立することで，コーディネーションを向上させ，ひいてはよりよいCXを導くことができる。

解説　カスタマージャーニーとは何か

　ジャーニーは概念的なフレームワークで，長期にわたるCXを理解しデザインする目的で使われる。文脈によっては，ジャーニーを作ることで，顧客が明示的な目標（家を買う）を達成したり暗示的なニーズ（住む場所を持つ）を満たしたりするために何をするか，何を考えるか，何を感じるか，さらには製品やサービスとどのようにインタラクションするか（住宅ローンを組む）が見て取れるようになる。この種の洞察は，製品やサービスを改善し，新しい価値提案と提供物を生み出すための機会の特定に役立つ。第4章「ジャーニーについて考える」と第5章「エクスペリエンスをマップ化する」で，これらの概念について詳述する。

2.1 　統一するためのアプローチ

　ものごとが複雑になるのはここからだ。エクスペリエンスをオーケストレーションするには，タッチポイントについて2つの方法で考える必要がある。異なってはいるが，関連性のある2つの方法だ。

　第一に，顧客は具体的な文脈で組織やサービスや製品と出合う。この出合いは，予定されている場合と予定されていない場合があり，デザインされていることもあれば，デザインされていないこともある。とにかく，出合いが起こる。この出合いを観察して，何が起こっているかを描写し，どのような効果をもたらしているかを評価することができる。これらの出合いはタッチポイントで，ブランディングの専門家らが言うように，ブランドや製品やサービスに対する顧客の見方にポジティブまたはネガティブに影響する。

　第二に，組織は具体的な顧客の瞬間を予期して，あらかじめデザインすることができる。顧客に提供したい価値を考え，インタラクションのためのチャネルを選択し，デザインを使って顧客のニーズを最善のかたちで満たすことが可能だ。これら一連の選択の結果は，タッチポイントのファミリーを生み出す。あらかじめプロデュースされた，あ

るいはその瞬間に顧客と共創されるタッチポイントのファミリーだ。例えば，小売店の入口を担当する店員に研修を施して，顧客に挨拶しながら週替わりセールのクーポンを手渡す方法を教えることができる。オンラインストアであれば，トップページのコピーで顧客を迎え，その下に今週のおすすめを表示できる。これらは，顧客を迎えて毎週のおすすめを知らせるという同じタッチポイントが，2つのチャネルを介して2つの方法で提供されている例だ（図2.1）。

図2.1 顧客を迎えて毎週のおすすめを知らせるというタッチポイントが，異なるチャネルで提供されるときに異なる形式を取る

タッチポイントは，複数のチャネル，空間，時間にまたがるエクスペリエンスを構築するうえで重要な概念だ。組織は，相互に接続するシステムを**ホリスティック**（俯瞰的・全体的）に創造して，多くの文脈で予期したとおりに顧客のニーズを満たすことができる。このシステムは，新しいチャネルやインタラクションのタイプが出現するのに合わせて順応し，拡張できるべきだ。

このように顧客のエクスペリエンスを全体として体系化し，システム的にアプローチしていくには，組織内で首尾一貫してタッチポイントを定義する必要がある。例えば，先ほど紹介したケースでは，次のような疑問が出るかもしれない。「挨拶する店員がタッチポイントなのではないか」。「今週のおすすめはウェブサイト上の機能ではないか」。その答えはイエスだ。店舗運営と製品管理というそれぞれの専門領域では，そう説明されている。しかし，エクスペリエンスをオーケストレーションするからには，この種の言葉の違いを解消しておかなければならない。そこで，タッチポイントは次の次元を持つものと定義することができる。

- 特定されたニーズに基づく明確な意図を持っている。
- 個別に，または組み合わせによって，顧客の瞬間を創造する。
- 多岐にわたるが，いずれも具体的な役割を果たす。

- 適切さと有効性を評価・測定することができる[†1]。

意図を見極める

　タッチポイントは，チャネル，文脈，インタラクションによって様々な形式を取り得る。注文ステータスを確認するためのカスタマーサービス担当者との会話は，電話，オンラインチャット，ビデオ，テキストメッセージ，メールですることが可能だ。これらのタッチポイントは，全体的なエクスペリエンスのなかで明確かつ共通の意図を共有しているべきだ。また，定義，作り方，測定方法の指針となる共通の原則も共有しているべきだ。表 2.1 に示したように，製品やサービスのエコシステムでは，通常，複数のチャネルが別々にデザインされて，類似したタッチポイントを提供している。その底辺にある意図を定義すると，異なるチャネルに存在する同じタイプのタッチポイントを特定できるようになる。その結果として，部署横断的なチームが，チャネルエクスペリエンスの上位集合を比較し，つなぎ，一貫性を高められるようになる。

表 2.1　チャネルごとの意図

意図	ウェブサイト	モバイル	コールセンター	店舗
顧客を迎える。	ウェルカムコピー	なし	電話番号の入力（音声自動応答システム）	会話
今週のおすすめを知らせる。	特別な表示	プッシュ通知	保留音の間の告知	クーポン

意図と実行の区別

　「なぜ」や「何」（意図）と「どのように」（様々なチャネルでの実行）を区別しておくことは重要だ。私は図書館の案件をいくつか引き受けたことがあり，コミュニティに新しい価値を提供するためのプログラムやアプローチの実験をいくつも見てきた。しかし，図書館はなおも，コミュニティが情報を見つけ，知識を構築できるようサポートするという伝統的なミッションに忠実でなければならない。図 2.2 が示しているように，図書館員に質問するというタッチポイントは，多数のチャネルでこのミッションを実現するが，その基本にある意図は不変だ。

[†1]　これはほとんどの場合に当てはまるが，必ずというわけではない。クチコミのように間接的なタッチポイントも重要なため検討すべきであり，影響力を発揮すべきだが，これらは例外だ。

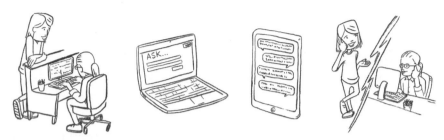

図 2.2　図書館員に質問するというタッチポイントは，多くのチャネルに存在し，どれも同じ意図を持っている

瞬間を作る

　個別のタッチポイントの背後にある意図は，それだけを切り離して検討すべきではない。タッチポイントの有効性は，その独自の役割をどのように果たすかだけでなく，そのタッチポイントが全体的なエクスペリエンスにどのようにつながり，どのように調和するかによって決まってくるからだ。文脈によって複数のタッチポイントが様々な組み合わせで出現する可能性があるため，作りたい顧客の瞬間に立ってみて，ロールプレイヤーとしてタッチポイントを眺めてみるとよい。

　その概念的なフレームワークを示したのが図 2.3 だ。顧客は製品やサービスのエクスペリエンスのなかで，ある瞬間から別の瞬間へと移動していき，そのジャーニーを様々なタッチポイントが支える。このうちいくつかが真の特長として機能して，顧客の記憶に残る瞬間を創造するのに役立つ。一方，顧客の具体的なアクションを支えるタッチポイントもあれば，雰囲気的な役割を果たすもの，特定の顧客グループに対してのみ使われるものもある。

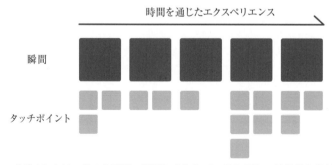

図 2.3　タッチポイントは，様々な顧客の瞬間に参加して，それぞれの具体的な役割を果たす

　例として，空港のチェックインカウンターでの瞬間を考えてみよう。この瞬間のタッチポイントには，カウンターの場所を示す案内表示，挨拶して迎える係員，手順を踏む間の会話，モバイルアプリと印刷物の搭乗券，預ける荷物を置くためのベルトコンベアなど，実に多くのものが含まれる（図 2.4）。このとおり，タッチポイントには，有形

のもの（案内表示）と無形のもの（会話）がある。アナログなもの（ベルトコンベア）とデジタルなもの（モバイル搭乗券）がある。前もって作られたもの（チェックインカウンター）とその瞬間に作られるもの（行列の長さ）がある。個別のタッチポイントがそれぞれの役割を果たしているが，それらが集合的にその瞬間のCXを創造している。

写真：KANCHI1979, HTTPS://COMMONS.WIKIMEDIA.ORG/WIKI/FILE:KOREA-INCHEON-INTERNATIONAL-AIRPORT-DEPARTURE-LOBBY-CHECK-IN-COUNTER.JPG　ライセンス提供：HTTPS://CREATIVECOMMONS.ORG/LICENSES/BY-SA/3.0/DEED.EN

図2.4　チャネルや担当部署が何であれ，タッチポイントは，同じ意図の上に立つ1つのものとしてオーケストレーションする必要がある

異なる瞬間，異なる役割

タッチポイントの様々な定義を理論的に考え始めると，タッチポイントそれぞれの役割と特徴を説明するのも容易になる。タッチポイントの役割としては，**特長的**，**橋渡し的**，**修正・回復的**といった役割が考えられる。

- **特長的**：製品やサービスのすべての側面が，ユニークな価値を顧客にもたらすわけではない。しかし，特長的なタッチポイントは，顧客にとって記憶に残る瞬間を生み出す役割を果たす。例としては，金融サービス会社のUSAAが業界で初めて導入したモバイルアプリからの口座入金サービス，オンラインストアのZapposが導入した便利な返品手続き，Amazonが特定の商品を再注文できるようにした「Amazon Dash」ボタンなどのタッチポイントがある（図2.5）。

図2.5　Amazon Dashは，印象的なショッピングの瞬間だ。美しくデザインされたタッチポイントが，これを可能にしている

- **橋渡し的**：ある瞬間から別の瞬間へ、またはあるチャネルから次のチャネルへと移動する顧客を助けようとするのであれば、橋渡し的なタッチポイントが重要だ。この種のタッチポイントは、「引き継ぎ」の役目を果たす（図2.6）。例えば、あるカスタマーサービス担当者が別の担当者に通話を転送して、会話が見事につながる場合などだ。橋渡しを実現するには、複数のタッチポイントのコーディネーションが必要になることもある。例えば、コンサートのチケットをPDF形式でメールの添付ファイルとして受け取り、それを自宅のプリンター（これも1つのタッチポイントだ）で印刷して、コンサート会場に持っていくと、入口の係員が印刷されたバーコードをスキャンする。これらすべて、チケット購入とコンサート鑑賞という2つの瞬間を橋渡しするタッチポイントだ。

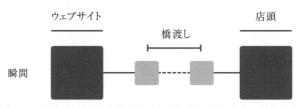

図2.6　橋渡し的なタッチポイント（引き継ぎが含まれる）は、個別のチームが自分のチャネルだけに専念していると見落とされがちだ

- **修正・回復的**：このタッチポイントは、顧客がハッピーな順路を外れてしまった場合にレスキュー隊として出動する。パスワードを思い出せないときは、「パスワードをお忘れの場合」タッチポイントを使うことになる。注文品が破損した状態で届いた場合は、一連のタッチポイントが用意されていて、顧客の希望するチャネルで交換品の再発送を助けることになるだろう。修正・回復的なタッチポイントは、多くの場合、手順的な特徴を持っている。

これらは、タッチポイントが果たす役割のなかで最も一般的な3種類にすぎない。あなたの組織にどんな瞬間とそれを支えているタッチポイントがあるかを調べて、製品やサービスのエクスペリエンスで果たしている役割を考えておくとよいだろう。後にエクスペリエンスマップやサービスブループリント（第5章、第9章）を使って主な瞬間を見る段階で、これが役に立つはずだ。

タッチポイントを正しく機能させる

タッチポイントを調整されたシステムとしてとらえ、エクスペリエンスという舞台の上で主役と脇役がそれぞれの役割を果たすのだと理解するようになると、自然と次の疑問が湧いてくる。「すべてが各自の役割をきちんと果たしているのか」。測定という点では、特にデジタルのタッチポイントは、実績を記録して報告することができる。例えば、ショッピングカート離脱率、メールキャンペーンのクリックスルー率、モバイル搭

乗券と紙の搭乗券の利用者割合，コールセンター担当者との通話後にアップグレードしたユーザーの割合などがある。

他のタッチポイントは，顧客に直接質問するかあるいは調査票を使って質問することで評価できる。機内安全ビデオを楽しんでもらえたかどうか。コールセンター担当者の問題解決にどの程度満足できたか。新しいパッケージのエクスペリエンスを10段階でいくつに評価するか。この種のフィードバックは，特定のタッチポイントや複数のタッチポイント間の流れを改善するのに使うことができる。

後の章で見ていくが，すばらしい製品やサービスのエクスペリエンスとは，これらのタッチポイントの優れたオーケストレーションで成り立っている。

2.2 2つの実用的なフレームワーク

タッチポイントを正確に把握するということは，必ずしも簡単なことではない。タッチポイントは，それを実現するチャネルの形式を取ることがあるが，それら複数のタッチポイントが調和することでエクスペリエンスの創造に寄与する（実際にはエクスペリエンスを悪化させていることも多い）。同じタッチポイント（例えば発送ステータスを見る）が，多数のチャネルで同時に提供されることもある。一方，1つのチャネルのみに存在するタッチポイントもある。このため，タッチポイントを理解するには，2つの異なる，ただしいずれも有益なフレームワークを使う必要があるかもしれない。

- 瞬間別のタッチポイント
- チャネル別のタッチポイント

瞬間別のタッチポイント

タッチポイントが顧客の瞬間を作るうえで重要な役割を果たすというのは，言うまでもないだろう。タッチポイントは，インタラクションを可能にし，情報を提供し，感情を引き起こし，ある瞬間から次の瞬間へと橋渡しする。図2.7で示すように，単純ながら効果的なフレームワークを使って，サポートする全体的なCXという文脈のなかに

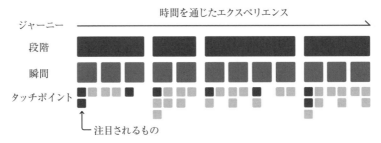

図2.7　タッチポイントは，顧客が長期にわたり複数のチャネルで製品やサービスとかかわる間のカスタマージャーニーを構築する基礎単位となる

タッチポイントを置いていくことができる。

- **ジャーニー**：顧客は，時間をかけて製品やサービスをエクスペリエンスする。その目的は，明示的な目標を達成するため，あるいは暗示的なニーズを満たすためだ（第4章）。この文脈におけるジャーニーとは，概念的な枠組みで，顧客のエクスペリエンスの始まり，中間，終わりを意味する。例えば，映画を見に行く，大学の学資を積み立てる，養子を迎える，病院の救急外来にかかるなどは，いずれもジャーニーだ。
- **段階**：ジャーニーは一枚岩のようなものではなく，一連の瞬間として展開していき，具体的なニーズや目標によってグループ化できる傾向にある。エクスペリエンスをマップ化する際には，これらのクラスターが**段階**と呼ばれる。段階とは，基本的に顧客のジャーニーの「章」のようなもので，ある程度の詳細さを持って，一般的な顧客のニーズに応える戦略を作るのに使われる。ジャーニーと段階の例をいくつか示したのが表2.2だ。
- **瞬間**：瞬間は，直線的なこともあればそうでないこともあり，顧客がジャーニーを進む間にその途上で起こっていく。すべての瞬間が平等に重要というわけではなく，最も重要な瞬間はしばしば**主な瞬間**や**真実の瞬間**と呼ばれている。とはいえ，すべての瞬間が重要だ。
- **タッチポイント**：タッチポイントは，すべての瞬間にわたって，かつそれぞれの瞬間ごとのインタラクションを可能にする。後の章で説明するが，顧客の瞬間ごとにビジョンを定義することで，正しいインプットができ，すべてのタッチポイントが各自の役割を果たしながら全体としてハーモニーを奏でられるようになる。

表2.2　ジャーニーの様々な段階

ジャーニー	段階
映画を見に行く。	公開中の映画を検索し，どれを見るかを決め，映画館に行き，チケットを購入し，ポップコーンや飲み物を買って，席に着き，映画を見て，鑑賞後に映画館を出る。
家を買う。	買いたい家を探し，住宅ローンの事前審査を受け，購入価格を交渉し，住宅ローンに申し込み，売買契約に署名し，引っ越して，新居に落ち着く。
病院の救急外来を利用する。	怪我をして，病院に行き，受付で登録し，待合室で待ち，治療を受け，回復し，医療費の請求書で支払う。

　このフレームワークを実際に使うに当たっては，どのジャーニーのどの段階に踏み込んでタッチポイントのレベルまで掘り下げるかを決める必要がある。その決定を下すための指針を第4章と第5章で取り上げ，顧客リサーチからの情報を使用する方法について紹介していく。とはいえ，確かな情報に基づいて仮説を最初に立てておくと，よい結果を出すことができる。次のセクションで，段階とチャネルのたたき台を作成する方法を見てみよう。

チャネル別のタッチポイント

チャネルはタッチポイントを実現可能にする。このため，どのチャネルがどのタッチポイントを実現するかを理解しておくのはよいことだ。しかし，単にチャネル別にタッチポイントを眺めるだけでは，複数のタッチポイントがCXにどう整合するのかという文脈が失われてしまう。図2.8に示したように，ジャーニーの段階をX軸，チャネルをY軸にした単純なマトリックスを作ってみると，顧客の置かれた文脈を見失わない構造ができる。このフレームワークは，**タッチポイントインベントリー**[†2]と呼ばれていて，チャネル別，段階別にタッチポイントの密度を一目で見渡すうえで有効だ。タッチポイントインベントリーは，組織がこれまでにどのようなタッチポイントを作ってきたか，それらがカスタマージャーニーにどのように整合しているか（整合していないか）を明らかにする効果がある。

オンラインでメガネを買うこと

ジャーニーの段階 →

	探索	試すこと	選択	購入	装着	延期
ウェブ						
モバイル						
店頭						
電子メール						
コールセンター						
チャット						
テキスト						

（インタラクションのチャネル ↓）

図2.8 この単純なフレームワークで，タッチポイントをチャネル別に整理できる

どんなフレームワークにも当てはまることだが，あなたの組織に合わせてタッチポイントをカスタマイズする必要がある。十分に定義されたカスタマージャーニーがまだ存在しない状態でフレームワークを作る場合は，ある程度の知識に基づいて組織内に存在するチャネルと段階の仮説を立てる必要があるだろう。組織内のチャネルを特定するには，第1章「チャネルを理解する」を参考にすることができる。タッチポイントを特定するには，次の方法のいずれかまたは複数を試してみてほしい。

● 様々なチャネルで様々なタッチポイントを管理しているステークホルダーを集め

[†2] 一部の専門領域では，このフレームワークを**サービスブループリント**と呼んでいる。本書では，サービスブループリントは，顧客のタッチポイントとオペレーション要素の両方を含んだものと位置付けている。複数のチャネルにわたるエンドトゥエンドのエクスペリエンスを実現するための要素だ（第3章および第9章）。

て，すべてのチャネルにわたるジャーニーの段階を素案として書いてみる（この章のワークショップのアジェンダとアプローチを参照）。

● 顧客に関する既存のリサーチ結果や同僚の知識を活用する。

● 顧客がたどらなければならないビジネスプロセスを見直す。残念なことだが，現時点では，段階がどこで始まりどこで終わるかを，これらの業務上のプロセスが決めてしまっているかもしれない。

● 自分でジャーニーをたどってみて，そのエクスペリエンスをどのようなステップに分解できるかを考える。

● 1人か2人の顧客に聞き取り調査を行って，ジャーニーと段階についての感触を得る。

● ジャーニーをいくつの段階に分けられるかを，いろいろ試してみる。唯一の正解が存在するわけではない。

● 顧客の視点に立って，経営やマーケティングの用語は使わずに，段階に名前を付ける。例えば，「認知生成」や「検討」などではなく，「リサーチして情報収集する」や「自分の使えるオプションを探してみる」などの表現にする。

2.3　タッチポイントを特定する

　前述したフレームワークのどちらかまたは両方を選んだら，次はすべてのタッチポイントを特定する作業だ。この作業はイテレーション（アジャイル開発における開発サイクルの単位，反復）で進めるべきだ。まずは，それぞれのチャネルを自分で直接調べてみることができる。そして，チャネルのパートナーを集めて，コラボレーションで現状のタッチポイントインベントリーを作ってみる（この章のワークショップを参照）。また，顧客リサーチをする段階（第5章）でも，タッチポイントについてさらに学習するはずだ。今まで知られていなかったタッチポイントが見つかることもあるだろう。

　Target 店内の CVS Pharmacy の例に戻って，このカスタマージャーニーとタッチポイントをどのようにチャネル別に分解できるかを見てみよう。このケーススタディは2つの会社のパートナーシップであることから興味深い（Target は，何年にもわたり自社で薬局コーナーを成功裏に運営してきたが，CVS にアウトソーシングすることにした）。

　チャネルを理解するには，それぞれのチャネルの媒介物にとって最も効果的なメソッドを選び，タッチポイントがサポートしている段階を特定する必要がある。ここでは，タッチポイントの特定に目を向けることにしよう。次のセクションで，タッチポイントを見つけながらカタログを作成していく方法について解説する。

お手軽・略式のタッチポイントインベントリー

Rail Europe がすべてのチャネルにわたって一貫性のある CX を作りたいと考えたとき，最初にしたことの 1 つが，時間や場所を問わず具体的なニーズが存在する場面に出現するすべてのタッチポイントを特定することだった。マーケティング，デジタル，業務推進，コールセンターなど，あらゆる部署の代表者が会議室に集まった。ステークホルダーはそれぞれに部分的な視野を持っていたが，相互依存の関係を考慮に入れた完全な視野ではなかった。

タッチポイントインベントリーの素案（図 2.9）を完成させた結果，こんなにも多くの瞬間があったこと，そのすべてがサービスの価値提案の機会になることに，全員が驚いた。ジャーニーにどの段階が含まれているかは分かっていたが，組織全体を見渡して，顧客とブランドのインタラクションがどこで起こっているかを網羅的に把握していた人は 1 人もいなかったことに気付いた。このタッチポイントインベントリーは，それほど大きな作業ではなかったが，全員が明確に理解してスタートするという意味で重要な作業だった。後の作業で，鉄道利用者がそのジャーニーで何をエクスペリエンスしているかをマップ化する際には，どこに機会があるかを全員が認識していた。

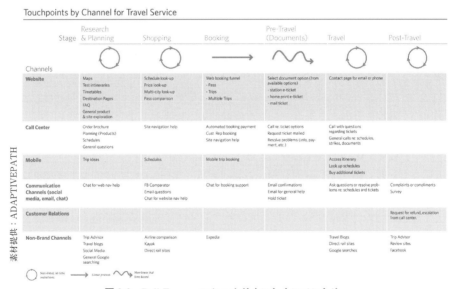

図 2.9　Rail Europe のタッチポイントインベントリー

Target と CVS のウェブサイト

一般向けのウェブサイトとモバイルアプリはしばしば，特定し始めるうえで最も簡単なチャネルだ。クリックまたはタップをして様々な画面や状態を調べ，その過程に沿ってタッチポイントを把握していくことができる。デジタルのタッチポイントは，必ずで

はないとしても多くの場合，製品の特徴に対応していて，アジャイル開発環境でよく使われるユーザーストーリーとして説明されていることもある。

例えば，Target.com から始めると，Target のウェブサイトから CVS.com へナビゲートしなければならないことがすぐに分かる（図 2.10）。これは橋渡しのタッチポイントで行われている（この部分を改善するならば，ここがまだ Target であって CVS ではないことを知らせるタッチポイントを追加するとよいかもしれない）。CVS Pharmacy のウェブサイトのタッチポイントには，サインイン，店舗検索，処方箋の転送，処方箋の印刷，自動リフィルの管理などがある。

図 2.10　橋渡しのタッチポイント（「CVS Pharmacy にアクセス」）を介して，完全なオンラインサービス機能のあるサイトにつながる

これらのオンラインチャネルを自然な流れで見つけていくほかに，ありがちなユーザーのシナリオやタスクをシミュレーションしてみることもできる。例えば，Google で「get a flu shot at Target」（Target でインフルエンザの予防接種）と検索して，その過程にどのタッチポイントが現れ始めるかを見ることができる。

CVS のモバイルアプリ

多くのブランドがしていることだが，Target もモバイルアプリを開発して，ストア全体のショッピングや様々な売り場に特有のタスクをサポートしている。ただし，薬局コーナーでは CVS のアプリをダウンロードする必要がある。混乱を避けるため，このチャネルを「CVS モバイルアプリ」と呼び，橋渡しのタッチポイントを「Target モバイルアプリ」としてインベントリーに含めることにしよう（Target.com と同様に，メインの Target モバイルアプリも単に CVS を指している）。

ウェブサイトで見たのと同じタッチポイントの多くがモバイルアプリにもあることは，簡単に見て取れる。これらを見ていくうちに，ウェブサイトと同じタイプのインタラクションを提供しているタッチポイントと，チャネルのアフォーダンス（周囲の環境が提供する意味や価値などの情報）によって機能が異なるタッチポイントがあることも分かっていく。例えば，処方箋薬のリフィル注文は，手元にある薬のラベルの写真をスマホのカメラで撮る方法と，ウェブサイトと同様に処方箋番号を入力する方法がある（図 2.11）。

図2.11 モバイルアプリのリフィル注文の画面

　インベントリーを作成する際は，同じ顧客のニーズを満たすために作られたタッチポイントがチャネルによってどのように異なっているかに特に注意すべきだ。これにより，そのニーズをもっと多くのチャネルで満たす必要があるかどうかを理解できるだけでなく，チャネル間の一貫性と独自性の間でよりよいバランスを見つけられるようになる。

実店舗

　店舗のように物理的なチャネルでも，オンラインでしたように，まずは単純にその場を見回してタッチポイントを特定し始めることができる。Targetのケースでは，駐車場から始めて，薬局コーナーへ向かってみよう。案内表示のようなタッチポイントはあるだろうか。店内の地図はあるだろうか。尋ねられる店員がいるだろうか。フロアに順路が書かれているだろうか。

　また，顧客と従業員のインタラクションを観察することも，顧客のニーズをサポートするために空間内に存在しているものを特定するうえで有益だ。まずは，環境内にある物体のリストを作ってみよう[†3]。Target店内のCVS Pharmacyのサービスを数分も観察すれば，これらのタッチポイント（とそれ以上のこと）が見えてくる。

- 案内表示
- 注文カウンター

[†3] 物理環境を分解して理解するのに役立つフレームワークは多数ある。例えば，よく知られたAEIOUメソッドは，エスノグラフィック観察により，行動（action），環境（environment），インタラクション（interactions），物体（objects），ユーザー（users）の5つのカテゴリーをとらえる。

- 受取カウンター
- 注文時の会話
- ステータス確認の会話
- カウンターの後ろにある棚と，顧客の名前順に並べられたフォルダ
- ラベルの貼られた薬のボトル
- デジタル表示の要素
- ポイントプログラムの広告表示

> ### タッチポイントについて同僚に知ってもらう方法
>
>
>
> 　私はよく，タッチポイントを特定してカタログ化する作業をグループの作業として提案している。例えば，公立図書館のサービスエクスペリエンス戦略を考える案件では，図書館の主要スタッフに課題を出し，職員，タッチポイント，アクティビティ，品質，様々な顧客のタイプを本館・分館すべてについてカタログ化する作業に取り組んでもらった。参加したスタッフそれぞれにテンプレートを渡して，図書館のサービスを観察すると同時に自分でも使ってみて，発見したことを記録してもらった。
>
> 　このようにインベントリーの作成作業を分担することには，いくつかのメリットがあった。1つはスピードだ。ものの数日で，第1稿と呼べる素案が完成した。もう1つの重要な点は，スタッフが直接的にエクスペリエンスしながら，現状のエクスペリエンスにどのようなタッチポイントがあるか，どれが印象に残るかを理解できたことだ。共通のテンプレートに記録することで，私のチームがそのインベントリーを確認して，すぐに向上させることができた。その後，ゲーム形式のアクティビティ（図2.12）を使って，未来のエクスペリエンスに持ち込みたいタッチポイントはどれか，顧客サービスを改善するために新しく必要になるタッチポイントは何かを考えた。

写真提供：RICHLAND LIBRARY

図2.12　現在のエクスペリエンスを構成しているタッチポイントや他の要素で遊んでみる

電話—音声

多くの組織が音声のチャネルを提供している。コールセンターや他の手段がサポートするチャネルで，製品やサービスの販売，サポート，提供を行っている。インベントリーを作る際には，この種のコミュニケーションチャネルを内側と外側の両方から眺めて，完全な視野を得る必要があるだろう。

まずは内側から始めよう。これには，コールセンターをはじめ，顧客と社員の会話が行われている場所にアクセスできるのが望ましい。このチャネルでは，会話がタッチポイントになる。Target 店内の CVS Pharmacy の例では，顧客が注文する際，住所を更新する際，ステータスを確認する際などにコールセンターへの通話が生じるかもしれない。1回の通話でこの3つのことがすべて行われる場合もある。ここからインベントリーを作るのであれば，これらの異なるニーズを満たすためにどのような会話が行われているかを特定しなければならない。

組織内に1つまたは複数のコールセンターがあるのであれば，これは顧客のニーズや顧客が使う言葉を知るうえで情報の宝庫となる。コールセンターは，複雑な環境でもある。顧客の通話エクスペリエンスを変えるには，通話に応対する担当者に正しい概念を持ってもらい，ツールとトレーニングを提供して，意図するエクスペリエンスを実現

会話というタッチポイント

人とサービスの間のインタラクションの多くは，会話を通じて行われる。直接的な会話や電話の会話のほか，音声チャットやビデオチャットのこともある。これらの会話をタッチポイントと見なし，さらに意図や機能に応じて複数のタッチポイントに分解するとよいだろう。

例えば，クレジットカードを盗まれるというエクスペリエンスは，非常に不便なうえ，感情的にもなる事態だ。盗難を報告するために銀行に連絡してきた顧客との会話は，一連のタッチポイントとして定義できる。

- 問題を理解する
- 身元を確認する
- 詳細を記録する
- 手順を説明する
- 新しいカードの送付先住所を確認する
- さらなるサポートを提供する

このレベルの詳細度で把握しておけば，そのエクスペリエンスをあらためて考える際に役立つだけでなく，すべてのチャネルにわたって一貫性と継続性をもたらせるようになる。「身元を確認する」というタッチポイントは，「問題を理解する」よりも前に置いて，音声自動応答システムで対応できるかもしれない。「新しいカードの送付先住所を確認する」は，メールでできるかもしれない。さらには，このエクスペリエンス全体を音声インターフェース（Apple の Siri や Amazon の Alexa）に移せる可能性すらある。

しなければならない。コールセンターのエクスペリエンスとそこで使われているプロセス，役割，ツール，ポリシーを理解するには，できる限り次の手順に従うのが賢明だ。

- **通話を聞く**：ほとんどのコールセンターは，コンプライアンスや品質保証の目的で顧客からの通話を録音している。そこで，コールセンターチームと協力して，調査中のカスタマージャーニーやシナリオに関係した通話を特定してもらう。
- **テキストを分析する**：通話を文字起こししたテキストを読んだり，キーワードを検索したりすることもできる。
- **レポートを提出してもらう**：コールセンターのなかには，キーワードや特定のイベントを検出・分析する高度なツールを持っている所もある。探している状況のレポート（と録音）を出してもらえるよう，依頼してみよう。
- **ライブで聞き入る**：たいていのコールセンターには，観察者がリアルタイムで通話に聞き入るための機能が備わっている。これは，通話を聞き，環境と担当者の行動を観察するのに理想的なツールだ。
- **プロセスのマニュアルを見る**：プロセスマップを見れば，会話の流れが明確になり，プロセスがどのように特定の会話をトリガーしているかが分かるかもしれない。ただし，これには注意が必要だ。プロセスマップは，通話で本当に起こっていることを反映していないことも多い。
- **1対1の聞き取り調査を実施する**：コールセンター担当者に聞き取り調査を行って，通話をどのように構成しているかを理解する。この調査は1人につき30分以内で済ませる必要があるだろう。コールセンターのマネジャーはほとんどの場合，担当者が長時間にわたって席を外すのは好まないからだ。
- **現状のサービスブループリントを作る**：このメソッドは第3章で説明するが，サービスブループリントを作成するためのミーティングを開いてコールセンター担当者に参加してもらい，ツールをどのように使っているか，他の従業員とどのように協力して顧客との会話をサポートしているかをマップ化する。また，コールセンターに通話してくる前や通話を終えた後に顧客が使っているタッチポイントについての情報も，コールセンター担当者からできる限り聞き出すべきだ。例えば，デジタルのタッチポイントを使ってみたがニーズが満たされなかったために電話をかけてくる顧客が多いことに，コールセンター担当者は気付いているかもしれない。

他のチャネル

これまでに説明したメソッドは，他のチャネルでも使うことができる。Targetと CVS は，テキストメッセージ，プッシュ通知，郵便，メールで顧客とインタラクションしている。これらの多くは，音声コミュニケーションに似たタッチポイントになっていて，ステータスを知らせる，何らかのアクションを促す，次のステップにつなぐといった役割を果たしている。また，他のチャネルにはない独自のタッチポイントも考え

られる。物理的なクーポンはその例だ。

2.4　タッチポイントをカタログ化して共有する

　タッチポイントは，特定する間にもそれを記録していく必要がある。どこまで詳細に記録するかは，製品やサービスの広さと深さによるし，達成しようとしている目標にもよる。もちろん，インベントリー作成に費やすことのできる（または費やすべき）時間も関係してくるだろう。オプションは多数あるが，インベントリーは組織内のタッチポイントの全容を示すものであるべきだ。両極端のアプローチとして，簡素なものとかなりの詳細にわたるものの2つを紹介しよう。

簡素なインベントリー

　時間がない場合，または最初のイテレーションをとにかく済ませたいという場合は，基本を押さえることに集中すべきだ。すなわち，段階，チャネル，タッチポイントに専念する。Rail Europe の例（図2.9）は，このレベルのインベントリーを示している。段階には，顧客中心の言葉で明確なラベルを付けるようにする。主なチャネルを反映し，あまり使われないチャネルは要約したり組み合わせたりすることができる。そのうえで，段階とチャネルが交差する場所にタッチポイントを整理していく。

　図2.13は，簡素なインベントリーのもう1つの例だ。このインベントリーは未来のビジョンを示したもので，新しいタッチポイントと既存のタッチポイントをどのように組み合わせて顧客のエクスペリエンスを全体として改善するかを見せている。それぞれの瞬間の仕様も盛り込まれている。仕様とはすなわち，必要な画面，コンテンツ，コミュニケーションで，個別のチャネル担当チームのデザインのプロセスをサポートするものだ。

　もっと簡素にしたければ，また壁のスペースがあるのであれば，付箋に書き出してインベントリーを作成したり，ワークショップの成果物を写真に撮り，大きな紙に印刷して貼り出してもよい。重要なのは，作成したインベントリーをほかの人も見られる場所に置いておき，戦略策定やデザイン活動の際の参考にしてもらうことだ。このフレームワークを使ったグループ作業を繰り返すことで，顧客がいつどこであなたの製品やサービスとインタラクションしているかをほかの人がホリスティック（俯瞰的・全体的）に眺められるようにし，チームとしてのまとまりを作っていくことが重要だ。

あらゆる詳細を盛り込んだインベントリー

　タッチポイントインベントリーは，基本を押さえるだけでなく，もっと深く踏み込んだカタログにすることもできる。CXのなかで果たす役割（とその役割をどれだけ効果的に果たしているか）を説明するようなものだ。この詳細なアプローチは，カスタマージャーニーを抜本的に構想し直す場合や，サービスエクスペリエンスの高度なアーキテクチャを構築する場合など，変革を目指すプロジェクトで有益だ。時間はかかるが，よ

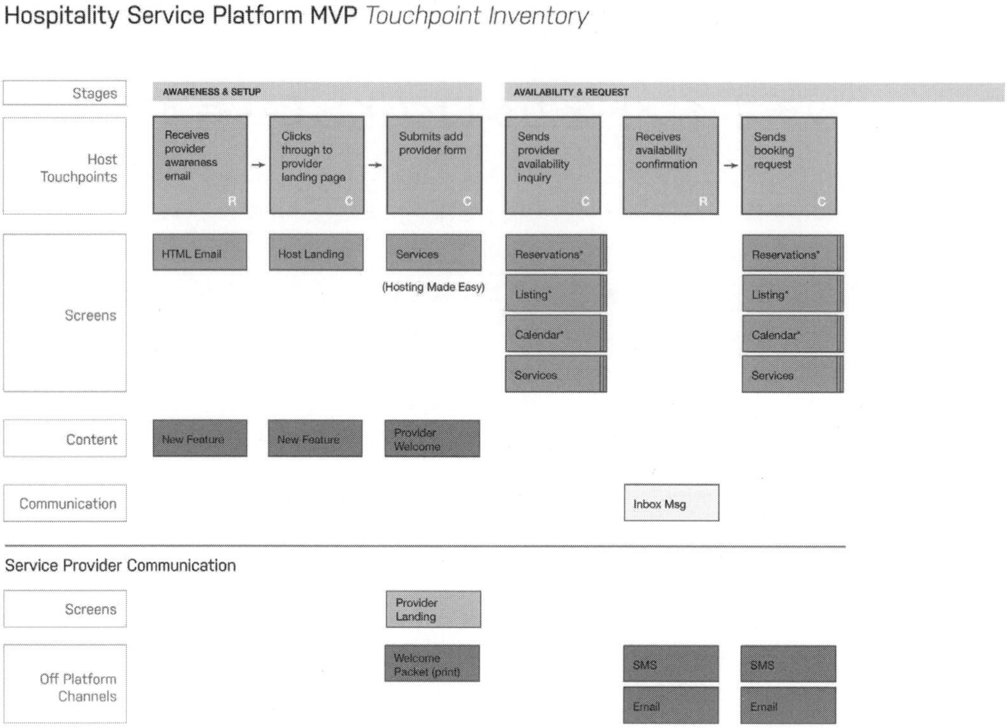

Hospitality Service Platform MVP *Touchpoint Inventory*

図 2.13 タッチポイントインベントリーの一例

りよい CX，管理しやすいオペレーションという点で大きな見返りがある。

　詳細なインベントリーでもこの章で説明してきた同じメソッドを使うが，収集し記録する情報が多くなる。コンテンツインベントリーと同じように，スプレッドシートに記録していけば，それを分析する機能と柔軟性ができる。その後，必要に応じて様々なレベルの情報を視覚的に示すこともできる。第 11 章「指揮棒を手にする」では，タッチポイントインベントリーがいかに生きた文書であるべきか，すなわちタッチポイントの計画，創造，変更，廃止を考える際の材料として絶えず活用していく文書になるかを見ていく。

　次の一般的な属性を使用すると，デザインのプロセスを通じてタッチポイントを特定し記録し続けるのに役立つだろう。

- **チャネルの段階**：このタッチポイントは，どの段階をサポートしているか。
- **瞬間**：このタッチポイントは，どの瞬間をサポートしているか。
- **タッチポイントの名前**：明確かつ固有の名前を付ける。タッチポイントが複数のチャネルで複数の形式を取る場合は，名前を統一する。例えば，Uber の「配車確認」は，プッシュ通知とテキストメッセージで提供できる。
- **ニーズ**：このタッチポイントは，どのニーズを満たすのか。それがないとすれば，

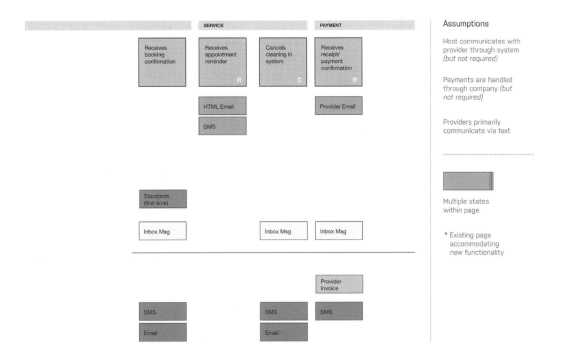

このタッチポイントは必要なのか。
- **役割**：このタッチポイントは，どの役割を果たすのか（特長的，修正・回復的など）。
- **つながり**：一連の流れに含まれるタッチポイントの場合，または他のタッチポイントや他のチャネルに橋渡しするタッチポイントの場合は，それらの関係するタッチポイントをここにリストアップする。
- **品質**：このタッチポイントの品質はどうか。基本的な法則や具体的なエクスペリエンス原則に従っているか。
- **測定方法**：このタッチポイントに関連付けられる何らかのパフォーマンスメトリクスがあるか。
- **責任者**：組織内の誰がこのタッチポイントを管理しているか。
- **ステータス**：このタッチポイントを将来的に変更，または入れ替える計画があるか。

これだけの詳細を把握するには，コラボレーションを実践してスプレッドシートを共有し，組織内の多数の人に参加してもらう必要がある。全員で力を合わせてこそ，生きた文書が作られ，CXを実現するアーキテクチャを示せるようになるだろう。これが確かな基礎となって，後にリサーチを進め，望ましい未来の瞬間とタッチポイントを想像し概念化していく過程で価値をもたらすはずだ。

まとめ

- タッチポイントは，エンドトゥエンドのエクスペリエンスを構築するうえで重要な要素だ。瞬間ごとに1つまたは複数のタッチポイントが，顧客と製品またはサービスのインタラクションを支えている。

- タッチポイントは，あらかじめデザインして作っておくことはできるが，顧客が特定の文脈でリアルタイムにインタラクションするときに真の意味を持つ。タッチポイントのなかには，デザインの介入がないまま自発的に起こるものもある。顧客が自分で道順を作って，組織内を通り抜けたり動き回ったりするためだ。

- 具体的な顧客のニーズに基づいてタッチポイントを作り，1つまたは複数の重要な特徴を持たせる必要がある。ニーズや明確な目的がないのであれば，なぜそのタッチポイントが必要なのか。

- リサーチ，ワークショップ，調査などの様々なメソッドを使って，タッチポイントを特定する。ジャーニーのどの段階で，どのチャネルに，どのタッチポイントが存在するかを示す単純なマトリックスを作るだけで，同僚に大きな開眼効果をもたらせる可能性がある。

- タッチポイントを特定する際にどれだけ詳細な情報を盛り込むかは，プロジェクトの目標と与えられた時間によって左右される。マインドセットの変化を目指すのであれば，簡素なものから始めてみる。エクスペリエンスのデザインや管理のために高度なテクニックを刺激するのであれば，もっと深く踏み込んでみる。

WORKSHOP

タッチポイントインベントリー

このワークショップの目的は，ステークホルダーを巻き込んで，手始めとなるタッチポイントインベントリーを作ってみることにある。すでにタッチポイントインベントリーの素案が作られている場合は，このワークショップを少し調整して，不足部分を補い，理解を明確化していくことができるだろう。コラボレーターを一堂に集めてタッチポイントインベントリーを作ると，多数のメリットがもたらされる。例えば，次のような点が挙げられる。

- **発見に費やす時間を短縮する**：製品やサービスの複雑さによるが，ほかの人の知識を借りれば，第1稿のインベントリーはたいてい2〜4時間で完成できる。
- **新しい概念を知ってもらう**：ワークショップは新しい概念について知ってもらう場として効果的だ（「タッチポイントとは何ですか」のような質問に答えられる）。そうする間にも，時間のほとんどを重要なフレームワークの作成に費やせる。
- **人間関係を構築する**：ワークショップをスケジュールすることで，様々な部署やグループの主要メンバーを特定し，人間関係を構築できる。また，今後この種の活動にもっと時間を割いてもらえそうかどうか，様子をうかがう機会にもなる。インベントリーを作成して後に使用していくためのパートナーシップの可能性を探ることになる。

重要なのは，**これが手始めにすぎない**ということだ。リサーチで顧客に参加してもらうようになると（第5章），タッチポイントについてさらに多くを発見することになるだろう。

WS 2.1　ワークショップの目標

- ジャーニー，段階，チャネル，タッチポイントなど，主な用語を導入する。
- タッチポイントを組織内で一貫して定義することの価値を共有する。
- 既存のタッチポイントをチャネル別，ジャーニーの段階別に列挙した当初のリストを作成する。
- インベントリーの改善に向けて全員の足並みを揃える。

WS 2.2　参加者（とその上司）への提案の例

このセッションで効果を挙げられるかどうかは，事前にどれだけ準備し，コミュニケーションするかにかかっている。コラボレーターを事前に啓発して，このセッションの価値に賛同してもらうことが重要だ。例として，次のような文言で提案できるかもしれない。

> チャネル別に分けられた私たちの業務を通じて，お客様と接するタッチポイントやそこでのインタラクションが多数発生しています。しかし，お客様は，チャネルに縛られているわけではありません。好むと好まざるとにかかわらず，お客様はチャネル間を動き回り，複数のチャネルを同時にエクスペリエンスし，どれも同じ会社の一部であると見なしています。

> このワークショップでは，簡単なフレームワークを使って，当社のお客様がそれぞれのチャネルでどのようにインタラクションしているかを総ざらいして，俯瞰できるようにします。お客様に提供しているタッチポイントを調べてみて，それらがカスタマージャーニーの重要な段階にどう関係しているかを理解します。うまく機能しているものとそうでないものについての知識を共有して，1つのチームとしてすべてのチャネル，すべての瞬間にわたってお客様をどのようにサポートしていくかを考えます。

WS 2.3　アジェンダ

このワークショップは，休憩を含んで2〜4時間で終えるものとして構成されている。参加者が多い（20人を超える）場合やチャネルとタッチポイントの数が多い場合は，もう少し時間を取るとよいだろう。ここでは，4時間で行う場合の時間配分を紹介する。

役割

- **ファシリテーター（1人）**：ワークショップのホスト役を務め，セッション中のアクティビティを進行する。
- **ファシリテーター補佐（1人または複数）**：準備と片付けを手伝い，アクティビティをサポートする。
- **カメラマン**：セッション中の写真を撮って，参加しなかった人がコラボレーティブなプロセスを理解できるようにする。

WS 2.3 アジェンダ **43**

表 2.3　ワークショップのアジェンダ

アクティビティ	説明	所要時間
導入	名前と役職名だけでなく，参加者が知り合う機会を作る。	15 分間
アジェンダと目標を説明する。	このワークショップで行うアクティビティについて説明し，終了時点で何を達成するかを共有する。	10 分間
主な概念を説明する。	ジャーニー，段階，タッチポイントの定義と例を共有する。	20 分間
チャネルについて同意する。	選択したジャーニーに関係している主なチャネルをリストアップする。	30 分間
ジャーニーの段階を定義する。	カスタマージャーニーの既存の段階を使うか，または仮説を立てる。	40 分間
休憩	エネルギー補給！	15 分間
タッチポイントを埋める。	チームで取り組んで，インベントリーを埋めていく。	20 分間
見直して改良する。	インベントリーを見直して改良し，それぞれのタッチポイントのパフォーマンスを評価する。	75 分間
振り返って次のステップを考える。	ワークショップのプロセスと成果について振り返る。次のステップを決める。	15 分間

参加者

- チャネルまたはカスタマージャーニーの各段階の責任者
- チャネルや顧客がエクスペリエンスする主なプロセスについて詳しく知っている個別領域のスペシャリスト
- リサーチャー（デザイン，マーケティング，顧客インサイト）
- デザイナー
- プロダクトマネジャー

用意するもの

- **タッチポイントの写真やスクリーンショット**：すでに何らかの調査が完了している場合は，デジタルのタッチポイントのスクリーンショットや物理環境の写真を用意しておく。タッチポイントの例として使えるうえ，インベントリーの作成を始める段階で役立つ。
- **タッチポイントインベントリーの例**：これから何を作るのかを例として示すことで，参加者がイメージしやすくなる。

文具

- フリップチャートの替え用紙や大判の模造紙（壁に貼ってキャンバスとして使用する）
- テープ（紙を貼るため）
- マーカーペン

ワークショップ—第2章

- 付箋
- 赤（悲しい）と緑（嬉しい）の感情を表現するシール
- カメラ

> **タッチポイントインベントリー：重要な基礎**
>
>
>
> タッチポイントインベントリーのアクティビティは，エクスペリエンスのオーケストレーションによってどのような変化が可能になるかについての理解を間違いなく促す。顧客を獲得し顧客の役に立つために組織が全体として何を作り出してきたかを，初めて俯瞰してみることになる。これを見て，ワークショップの参加者は様々な感情に駆られるだろう。驚き。混乱。好奇心。それから電球が点き，頭が縦に振られ始める。これが起こらなかったことは，これまで一度もない。これで準備は整った。ここから先は，全員のコラボレーションが始まり，1つのシステムとしてタッチポイントを定義し改善していけるようになるだろう。

WS 2.4　ワークショップの準備

どんなワークショップにも共通することだが，準備には，適切な参加者を特定し，目指す結果を明確に伝え，必要な資料や文具を前もって用意することが含まれる。多少の調査を行って，準備万端でセッションに臨めば，必ずメリットがある。いくつかポイントを紹介しよう。

- 組織に入って日が浅い場合，あるいは新しいクライアントのためにセッションを開催する場合は，少し下調べをして，適切な参加者を特定する必要がある。チャネルと製品の責任者は出席すべきだが，有形のタッチポイントを作っている人たちや，無形のタッチポイントを介して顧客とインタラクションしている人たち（コールセンター担当者など）も招待すべきだ。
- チャネルのオペレーションやカスタマージャーニーに関係した既存のフレームワークやモデルがあるのであれば，探し出すこと。これにより，参加者の役割や業務を現在統制している構造が理解できるようになる。
- 少し時間を取って，チャネルとタッチポイントを自分で調べてみる。誰を招待すべきか，十分な広さと深さでCXについて話すのにどれだけ時間が必要かについて，ある程度の洞察を得られるだろう。これをする際に，タッチポイントのスクリーンショットや写真を撮る。

WS 2.5　ワークショップの進め方

　ワークショップのセットアップとして，数メートル四方の模造紙を壁に貼り，キャンバスを作っておく。このキャンバスを使って，参加者と一緒にタッチポイントインベントリーを構築し，フレームワークを定義し，これを埋めていく（図2.14）。

図2.14　タッチポイントインベントリーのワークショップの様子

　最初に，参加者全員に自己紹介してもらう。その後，目標とアジェンダを説明し，次の6つのアクティビティでワークショップを進行していく。

1. 主な概念を説明する
2. チャネルで同意する
3. ジャーニーの段階を定義する
4. タッチポイントを埋める
5. 見直して改良する
6. 振り返って次のステップを考える

主な概念を説明する

　チャネル，ジャーニー，ジャーニーの段階，タッチポイントの定義から始める。製品とサービスの例を示しながら，これらを具体的に理解できるようにする。このワークショップを成功させるために，これらの定義を使用するよう参加者に促す。現状に挑む概念であるため，最初は混乱が生じ，場合によっては抵抗も見られるかもしれないが，最終的には，ほとんどの人が少なくとも新しいアプローチに意義を見出し，組織内で現在起こっている顧客とのインタラクションをこのアプローチで記録していくようになるだろう。

チャネルで同意する

セッション開催前に調べておいたチャネルを示して，参加者に確認してもらい，必要に応じて修正する。このチャネルを1つずつ見て，全員がその目的をおおまかに理解できるようにする。チャネルをそれぞれ付箋に書き出して，キャンバスに貼ってマトリックスの縦軸を作る。

「デジタル」のような大きなチャネルは分解して，より有意義なカテゴリーにするよう，参加者に促す。例えば，Amazon がエンターテインメントのジャーニーを探究するのであれば，次のようなチャネルを出すと有益かもしれない。

- Amazon.com
- Amazon アプリ
- Echo および Alexa 製品群
- Amazon Music アプリ
- Amazon Kindle アプリ
- Prime Video アプリ

ジャーニーの段階を定義する

既存のジャーニーモデルがあるのであれば，その段階をマトリックスの横軸として置いていく。段階をそれぞれ検討して，全員が納得できることを確認したうえで，次のステップに進むことが重要だ。既存のジャーニーモデルがない場合は，参加者と一緒に簡単な仮説を立てる必要がある。その方法は次のとおりだ。

- 全員に付箋とマーカーペンを渡す。
- 各人がカスタマージャーニーの段階だと思うものを，1段階につき1枚の付箋に書き出す。
- 書いたものを順番に発表してもらい，その間にも似た段階をグループにまとめていく。
- 全員が発表したら，段階に一貫性のある方法で名前を付け，論理的な順序に並べる。段階をいくつにまとめるべきかという決まりはない。ただし，顧客の視点から見たものになっているべきだ。

解説　イテレーションの実践

変化を起こすには，どこかから手を付けなければならない。このワークショップは基本的に，参加者が知っていること（または知っていると思っていること）に基づいて，チャネル，段階，タッチポイントの仮説を立てるものだ。これが出発点となって，新しい概念を導入して，共通の理解に向けた歩みを始められるようになる。この最初の仮説で壮大な戦略や計画を策定しようとする必要はない。その後も取り組みを続け，特に顧客リサーチ（第5章）をするなかで，イテレーションが起こり，完全なインベントリーになっていくだろう。

タッチポイントを埋める

マトリックスの縦軸と横軸ができたら，次は埋めていく作業だ。まずは，タッチポイントの定義を復習して，いくつか例を出してもらう。その後，既存のタッチポイントを各人に思い付く限り書き出してもらい，1個につき1枚の付箋にして，キャンバス上の該当するチャネルと段階の場所に貼っていく。最も効果的な方法として，次のガイドラインを使うことができる。

- このアクティビティには15〜20分の時間制限を設ける。
- 自分の知っていることから始めてもらう。チャネルやカスタマージャーニーの段階の責任者になっている人もいるかもしれない。自分が最も詳しい部分に最も多くの時間を割くよう促す。
- タッチポイントのなかには複数の段階に登場するものもあるかもしれない。その場合は，複数の付箋を作って貼ってもらう。
- 似た知識を持っている人たちをグループにして，共同作業してもらう。これにより，重複を減らし，言葉の違いを解消しながら，かなり正確なインベントリーを作れるはずだ。
- タッチポイントの呼び名やどの段階に置くべきかをめぐって議論が紛糾して前に進めなくなってしまうグループに注意する。これはあくまで出発点であって，次のステップで改善していくことを説明する。

見直して改良する

ここまでの作業で，付箋がいっぱいに貼られた壁ができたはずだ。タッチポイントがあまりにも多いことに参加者がびっくりしていることだろう。これは前進だ！

次は，マトリックスを上から下，左から右へとたどって検討していく。ここでの目標は，タッチポイントを吟味して，重複があればまとめ，ギャップがあれば埋めていくことだ。重要な点として，それをしながら部署横断的な会話を生み出し，なぜそのタッチポイントが存在するのか，他のタッチポイントとどうつながっているのか，全体的なパフォーマンスについて何が分かっているかを話し合っていく。この会話に十分に時間をかけよう。

このディスカッションを有効に進めるために，次のことを実践してほしい。

- 参加者が互いに質問し合うように促す。一緒に付箋を動かして，どう見えるかを活発に話し合うべきだ。
- 数人にボランティアしてもらって，このディスカッションを進行し，記録してもらう。1人は新しいタッチポイントを書く係，もう1人はタッチポイントの詳細（刷新や改良を目指すタッチポイントの場合は現在のパフォーマンス）を記録する係になる。
- 時間があれば，参加者に緑と赤のシールを3枚ずつ配り，パフォーマンスが最もよいもの（緑）3つと最も悪いもの（赤）3つにマークを付けてもらう。タッチポイ

ントの成功と失敗を組織がどのように定義し測定しているかについての会話を促す。

> **解説　付箋を貼るたびに橋が作られる**
>
> このワークショップの間に行われる情報交換や対話は，貼り出される付箋よりも大きな価値がある。様々な部署の同僚を集めて，様々な見方を持ち寄り，ツールを共創するという活動が，ほとんどの組織であまりにもないがしろにされている。このワークショップは，うまく実践すれば，参加者にとって非常に楽しく，また開眼するような効果がある。参加者の間に友情が芽生え，本書で紹介する他のアプローチを実践するための確固たる基礎ができる。ワークショップ中に写真をたくさん撮影して，参加しなかった人ともそのプロセスと結果を共有できるようにすることだ。

振り返って次のステップを考える

まとめとして，ワークショップのエクスペリエンスを振り返ってみよう。何がうまく行ったか。うまく行かなかったことは何か。

最後に，インベントリーを向上させるために取るべき次のステップについて話し合う。それぞれの職場に持ち帰って，ステークホルダーに関与してもらい，もう少し発見してみることができる。フィールドリサーチを企画して関係者を招待し，顧客がなぜ，いつ，どのようにあなたのチャネルやタッチポイントとインタラクションしているかを学習するのも効果的だろう。

WS 2.6　ワークショップの後にすること

ワークショップの興奮が冷めたところで，インベントリーがどれだけ完全かを評価する必要があるだろう。参加者数人に連絡して，状況を正確にとらえたかどうかを聞いてみる必要があるかもしれない。あるいは，ワークショップ前の準備段階でしなかったのであれば，チャネルとジャーニーに深く踏み込んで，自分で調べてみることもできる。その方法は，この章で説明したとおりだ。とはいえ，これはイテレーションのプロセスであることを忘れないでほしい。空白を埋め続け，チャネルとタッチポイントについての呼び名や考え方についてコンセンサスを構築し続けることだ。

第3章
エコシステムを探究する

3.1	事業のエコシステムからエクスペリエンスのエコシステムへ	51
3.2	エクスペリエンスのエコシステムを分解する	53
3.3	エコシステムマップの作り方	60
3.4	エコシステムマップの使い方	64
3.5	センスメイキングの他のアプローチ	65
まとめ		69

▨ワークショップ—第3章：ランドスケープ整合

WS 3.1	ワークショップの目標	70
WS 3.2	参加者（とその上司）への提案の例	71
WS 3.3	アジェンダ	71
WS 3.4	ワークショップの準備	72
WS 3.5	ワークショップの進め方	72
WS 3.6	ワークショップの後にすること	75

どんな組織も，人，プロセス，技術，規制，競合との関係で作られる複雑なシステムのなかに置かれている。従業員があらゆるレベルで意思決定を下して，刻々と変化する状況のなかでベストの道を選択しては，組織の目標をサポートしようとしている。あらゆる曲がり角にリスクと機会がある。すべての選択が次の選択に影響し，すべての行動が新しい機会を開いたり閉じたりする。

一方の顧客は，それぞれの世界に生きていて，その世界では**自分**が中心にいて，あなたの組織が中心にあるわけではない。朝起きてから夜寝るまでの間，顧客は毎日，人，場所，もの（目に見えるものと見えないもの）の複雑な環境をナビゲートして，自分のニーズを満たし，欲求を追いかけ，それぞれの生活を送っている。ここには膨大な数の物事と関係が存在し，未来の可能性も多分に含まれている。

これだけの要因が作用して，製品やサービスと人の間で行われる個別のインタラクションが形作られている。そして，そのインタラクションが翻って，顧客関係の全体的な健全性を決定付ける。このため，この巨大な文脈を理解すること，すなわち組織と顧客の世界のぶつかり合いを理解することが，エクスペリエンスのオーケストレーションという領域にかかわってくる（図3.1）。

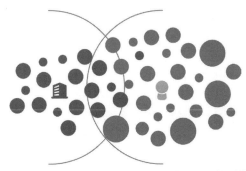

図3.1 組織と顧客は，インタラクションする際にそれぞれの複雑な関係，影響要因，目的を持ち寄る

この章では，**エクスペリエンスのエコシステム**を解明して，顧客のニーズ，期待，行動に現在影響している関係を明らかにするための方法を学んでいく。これらの洞察が，このエコシステムをどのようにナビゲートし，将来このエコシステムにどのように影響を及ぼしていくかを決める際の情報となる。ただし，これに踏み込む前に，まずはエコシステムの概念と事業における一般的な使い方を確認しておこう。

3.1 事業のエコシステムからエクスペリエンスの エコシステムへ

エコシステム（生態系）という概念は，おそらく小学校で初めて習ったはずだ。次のように説明されていたかもしれない。

> 日光が川の表面に当たると，水が蒸発する。雲が作られ，それが雨になって陸に落ちる。植物が土から水分と栄養分を吸収して，花を咲かせる。ハチや鳥が花から花へと飛び回って，花粉を運び，受粉が起こる。ハチは花粉を使ってハチミツを作る。……などなど

このような単純なストーリーが，エコシステムについて理解するのに役立った。複雑で，多くの要素で構成されているが，それを特定して，互いの関係を調べることができる。エコシステムに存在する関係を1つでも変えれば，他の部分に大きな影響が及ぶ可能性がある。地表の温度が少しでも上昇すれば，ハチが死んでしまう。ハチがいなければ，花粉が運ばれず，植物に問題が生じる。このため，これらの関係を科学的に観察して，エコシステム内の因果関係を理解することが非常に重要だ。

事業のエコシステム

こうした概念は，長い時間をかけて，事業戦略，イノベーション，経済理論にも影響するようになってきた。1990年代初めには，James F. Moore が『*Predators and Prey—A New Ecology of Competition*』を出版して，企業間の競争についてのそれまでの見方を変化させた。Moore は次のように論じた。

> 企業は，1つの業界のメンバーとしてではなく，様々な業界にまたがる**事業のエコシステム**の一部と見なされるべきだ。事業のエコシステムにおいて，企業は，新しいイノベーションの能力を一緒に進化させ，協力し競争して新製品をサポートし，顧客のニーズを満たし，最終的に次のラウンドのイノベーションを統合している[1]。

事業のエコシステムとは，進化する要因，例えば新しい技術，規制，環境懸念，その他のトレンドなどに基づいて変化していく一群の関係であると Moore は考えた。この力関係の変化を理解するために，エコロジカルフレームワークでは，どのエコシステムに参加しているかを明らかにし，顧客に新しい価値をもたらす機会を特定し，「参加者のネットワークがする貢献」[2]を調和させようとする。

---

[1] J. F. Moore, "Predators and Prey—A New Ecology of Competition," *Harvard Business Review*, 71, no. 3 (1993): 75-86. ［邦訳：『競争の生態学—ビジネスエコシステムの4つの発展段階』，DIAMOND ハーバード・ビジネス・レビュー編集部，ダイヤモンド社，2023］

[2] J. F. Moore, *The Death of Competition—Leadership and Strategy in the Age of Business Ecosystems* (New York: HarperCollins, 1996), 12.

このような力関係が働いている好例が，AppleとSamsungのフレネミー関係だ。この2社はますます多くの製品カテゴリーで熾烈に競争しているが，SamsungはAppleのコンピュータ，スマートフォン，タブレットに部品を供給するサプライヤでもある。同様に，AppleとGoogleは，様々なかたちで提携し，また競争して（裁判も起こして）いる。

もう1つの例が，Amazon Marketplaceだ（図3.2）。Amazonは，小売りの多くのセグメントで競争してディスラプションを起こした会社と見られているが，その一方で小売業界の他社に積極的にアプローチして，Amazonのプラットフォームで商品を直接販売してくれるよう働きかけている。Marketplaceが拡大すれば，多数の商品を提供して，顧客を衛星軌道内に留めておくことができる。この戦略は，決済や発送や返品などを処理する技術，提携関係，プロセスといった業務体制の投資リターンを拡大する効果もある。

図3.2 Amazon Marketplaceは，「友を近くに置き，敵はそれ以上に近くに置く」という発想に立っている

エクスペリエンスのエコシステム

組織の事業のエコシステムは，オーケストレーションに役立つ情報をもたらすが，それだけでは十分ではない。顧客のニーズと行動を形作っている見える関係と見えざる関係を体系化することができる。この視点，すなわちエクスペリエンスのエコシステムを持つと，顧客が世界の中心に置かれるようになり，顧客の文脈を理解するのに役立つ。すると，あなたの組織がその世界の一部に**なっているかどうか**，また**どのようになっているか**が，もっと明確に見えてくる。

このように少し見方を変えて物事をリフレーミングしてみることは，内から外を見る思考に挑むことになる。これまで多くの組織が内から外を眺めてきた。しかし，この思考は顧客のニーズや行動を決定付けている変数を過度に単純化する傾向にある。そうではなく，顧客を中心にしたエクスペリエンスのエコシステムの理解を持つことで，チャネルとタッチポイントのシステムを価値提案から始めて個別のインタラクションへと向

かってデザインしていくのに役立つ。図3.3のような方法で，自分たちの製品やサービスが顧客の生活のほんの一部でしかないことをステークホルダーに再確認していくと，強力な説得力を発揮できる。

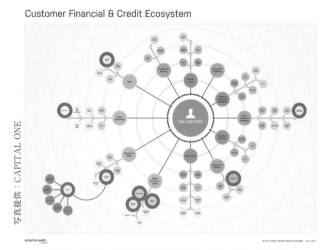

図3.3　銀行の商品と業務を適切な文脈に置いた図解

　エクスペリエンスのエコシステムは，ペルソナやカスタマージャーニーをはじめ，顧客とそのエクスペリエンスに洞察をもたらす他のモデルをうまく補完する。事実，定性的なデータと定量的なデータを集めて複数のフレームワークに統合するのがベストプラクティスだ。次のセクションでは，エクスペリエンスのエコシステムを理解して文書にまとめるためにどのようなものと関係を特定する必要があるかを見ていく。

3.2　エクスペリエンスのエコシステムを分解する

　エコシステムを分解するプロセスは，タマネギを剥くプロセスに似ている。幾層ものレイヤーがあり，その作業中に泣けてくることもあるかもしれない。私たちはこれまでのリサーチで，エコシステムの要素を分解するアプローチを多数見つけてきた。同じ用語がメソッドによって異なる意味や重なる意味を持っている。私たちは経験から，次の要素を使うと効果的な洞察を導くことができ，なおも顧客へのフォーカスを見失わずに済むことを学んできた。

- アクター
- 役割
- 人工物
- 要因
- 場所
- インタラクション
- 関係
- 境界線

アクター

エコシステムのアクターは，様々な形と大きさから成る可能性がある。ただしほとんどは，単純に製品やサービスのエクスペリエンスに参加する（または参加することのできる）"人"だ。他のアクターの例には，競合する企業や組織，パートナー，規制当局，その他エコシステムの働きに影響するものが含まれる。全体として，アクターは次の 4 つのカテゴリーのいずれかに区分できる[3]。

- **顧客と外部のステークホルダー**：自社の製品やサービスの顧客（またはユーザー）に近視眼的にフォーカスして，顧客のニーズや行動に影響している様々な人たちを考慮しないということが，実によく起こっている。しかし，友人，家族，専門家（不動産仲介業者，財務アドバイザー，ライフコーチなど），その他の人が，エクスペリエンスに直接的・間接的に関与している。これら外部のステークホルダーをすべて把握しておくことが，エコシステムの人の次元を理解するうえで不可欠だ。

- **内部のステークホルダーとエージェント**：組織は人ではないが，人で作られている。内部のステークホルダーには，様々な部署の従業員すべてが含まれる。製品やサービスの提供において何らかの役割を果たし，そこから価値も得ている人たちだ。例えば，病院の内部のステークホルダーには，医師，看護師，技師，事務スタッフ，広報宣伝担当者，理事会のメンバーなどが含まれるかもしれない。これらのアクターのなかには，顧客に直接接している人もいれば，裏方を務めている人もいる（この章の「現状のサービスブループリント」のセクションを参照）。このカテゴリーのアクターは，組織のために行動しているサードパーティーや**エージェント**のこともある。例えば，ケーブルテレビ業界では，サードパーティーの設置業者やテクニシャンに委託して顧客家庭への訪問サービスを提供するのが一般的だ。エクスペリエンスがうまくオーケストレーションされていれば，これらのエージェントが密に連携して，一貫性と効率をもたらす。

- **組織と政府**：一歩下がって見てみると，あなたの顧客を奪おうとしている組織，製品やサービスの要件に影響を及ぼしている組織，あなたに役立つ機能を提供している組織などが見えてくる。これらのアクターには，競合他社，パートナー，サプライヤ，活動家グループ，行政機関，他のサードパーティーなどがある。これらの関係は複雑で，常に変化する可能性がある。

- **製品とサービス**：個別の製品やサービスも，エコシステム内の固有のアクターとしてとらえておくとよいだろう。例えば，Apple は Samsung を競合他社と見なしているかもしれないが，このレベルの大雑把なとらえ方では，業務上のコミュニケーションとコラボレーションにかかわるエコシステムを理解しようとする際には役に立たない。これらの会社のスマートフォン，タブレット，コンピュータ，他の製品

---

[3] 次の文献から一部発想を得ている。J. F. Moore, *The Death of Competition—Leadership and Strategy in the Age of Business Ecosystems* (New York: HarperCollins, 1996), 63.

とサービス，およびそれらのエコシステムとの関係を理解することで，さらなる洞察がもたらされる。

役割

　エコシステムのなかでアクターが果たす役割を，アクターとは別に認識しておくと有益なこともある。夫婦のどちらか1人が支出の管理を担当し，もう1人が投資を管理していることもあるかもしれない。また，高齢者の介護では，様々なアクター（子，看護師，ホスピスのスタッフ）がいずれも介護者の役割を果たして，様々な方法でサポートしている可能性がある。役割（とアクターがその役割にどう関係するか）を理解することで，エコシステム内でほかの人たちがどのように価値をもたらしているかを理解し，うまく対応できるようになる。これらの洞察を得た結果として，新しい製品，サービス，その他の制作物を使ってアクターをサポートする，増加する，また別のアクターに入れ替えるための新しいアイデアがひらめくこともある。

人工物

　人工物（アーティファクト）という用語は注意が必要だ。**タッチポイント**と誤解されることもある。人工物にはデジタルとアナログの両方のものが広く含まれ，様々な作用や情報処理機能などを持つ。なかには製品やサービスのタッチポイントであるものもあるが，製品やサービスではないところに存在して，なおもアクターの態度，期待，エクスペリエンスに影響するものがある。医療のエコシステムにおける人工物には，タバコ，タバコの箱に記載された警告ラベル，いつもタバコを口にくわえている映画の登場人物，肺がんのパンフレット，心肺装置などが含まれるかもしれない。

　一般に，デバイスを特定しておくのも有益だ。コンピュータ，ノートパソコン，スマートフォン，タブレット，スマートウォッチなどは，よく見られるデバイスだ。

要因

　製品やサービスのエコシステムは，様々な要因からも影響を受けている。アクターの行動や関係を引き起こす，制限する，または他の何らかのかたちで形作る要因だ。要因の一般的なカテゴリーには，規制，技術トレンド，社会トレンド，文化トレンド，環境の変化がある。要因のなかには，特定のアクターに起因しているものもある。例えば，政府の策定する新しい法令がこれに該当する（米国で導入された医療保険制度改革法など）。また，社会のマクロトレンドを反映した要因もある。再び医療を例にすると，ワクチンの安全性をめぐる懸念が少数民族の間に根強く残っていることが，行政，医師，看護師，他の医療関係者の行動に影響してきた。現在の要因と新たに浮上しつつある要因を調べることで，すばらしい洞察になり，変わり続けるエコシステムのなかで製品やサービスをどのように順応させていくべきかについてのアイデアにつながるだろう。

場所

多くのエコシステムにおいて，具体的な場所が重要な役割を果たし，アクターと人工物がいつ，どこで，どのようにインタラクションするかを左右している。1989年のサンフランシスコ地震では，港沿いの高速道路が大きく損壊した（図3.4）。そこでサンフランシスコ市は，この道路を再建するのではなく撤去して，それまで車と船舶が往来していた場所を，観光とレクリエーション，そして地元の商業開発をサポートするための場所に生まれ変わらせた。

写真（左）：OCTOFERRET HTTPS://COMMONS.WIKIMEDIA.ORG/WIKI/FILE:SAN_FRANCISCO-EMBERCADERO_FREEWAY_DEMOLITION.JPG. 写真（右）JAGA. HTTPS://EN.WIKIPEDIA.ORG/WIKI/FILE:SAN_FRANCISCO_FERRY_BUILDING_(CROPPED).JPG. ライセンス提供：HTTPS://CREATIVECOMMONS.ORG/LICENSES/BY-SA/4.0/

図3.4 同じ位置だが，2つのまったく異なる場所になった

製品とサービスのエコシステムでは，顧客と他のステークホルダーが住み，働き，交流している場所を特定するとよいだろう。例えば，サウスカロライナ州コロンビアにあるRichland Libraryは，郊外に住む家族が週末に市の中心部で開かれるフェスティバルを訪れることを知っていた。この新しい場所を利用するため，図書館のスタッフは，本を積めるカートを開発して，ポップアップ図書館のエクスペリエンスを生み出した。フェスティバルを訪れる人たちに，図書館の新しい利用者として登録してもらうことが目標だった（図3.5）。

写真提供：RICHLAND LIBRARY

図3.5 図書館のエコシステムをコミュニティに拡大する

エコシステムで場所を見つける

　実店舗，ウェブサイト，モバイルアプリ以外にサービスを拡大する方法を模索してきたという点で，小売業界には多くのすばらしい事例がある。韓国のHomePlusは，国内トップの食料品チェーン店になることを目指していたが，ライバルのEMartが店舗数で圧倒的に勝っていて，成長の余地は限られているかに見えた。そこで，ある質問を投げかけた。「どうすれば新しい店舗を追加せずにナンバーワンになることができるか」。

　HomePlusは，韓国の文化と自社の店舗が置かれた大きなエコシステムを研究した。その結果，仕事で忙しく常に時間に追われた人たちにとって，人口過密な都市で週1回スーパーに買い物に行くということがいかに厄介な用事かを認識した。利便性が価格よりも重要だと考えた。このリサーチで，HomePlusは，ある仮説を立てた。買い物客に店に来てもらうのではなく，店のほうから出向いて，買い物客の普段の生活に溶け込むことはできないだろうか。

　こうして同社は2011年，ソウル市内の宣陵駅に世界初のバーチャルスーパーを開店した。もともと電光掲示板の広告があった場所にバーチャルな陳列棚を配して，商品のコードをスキャンできるようにしたのだ。これらの陳列棚には，食品，トイレタリー用品，エレクトロニクス製品など約500品目が表示されていて，購入した品物は同日配達された。結果は大成功で，オンラインの登録者数と売上高が爆発的に伸び，HomePlusは韓国でナンバーワンのオンラインスーパー，オフラインでも僅差の2位になった。世界中の多くの小売店が，すぐにこのイノベーションをそれぞれの市場に取り入れた（図3.6）。

写真：WELL.CA PRESS RELEASE. HTTPS://WELL.CA/VIRTUALSTORE

図3.6　バーチャルショッピングは，小売りのエコシステムを広げた。写真はWell.caの例

インタラクション

　どんなエコシステムにおいても，様々なアクターが他の人工物，場所，アクターとどのようにかかわるかについてのパターンが見られる。そのインタラクションの性質，頻度，重要性は，製品やサービスの外に存在する価値の交換を明らかにする可能性がある。これらのパターンを理解することで，新しい戦略のための情報とすることができる。戦略とは，提携，買収，競争で優位に立つための特徴や機能などだ。

分かりやすい例として，Pinterestと住宅リフォームのエコシステムがある。2010年にローンチしたPinterestは，ウェブ上にある様々な画像を集め，整理し，共有するためのシンプルな視覚的手段をもたらした。この機能が，キッチンの改修など住宅のリフォームを考えている人にとって参考例を見つけるための便利な方法になることに，多くの人がすぐに気付いた。リンクのリストを作ったり，雑誌の写真を切り抜いたり，ウェブページを印刷したりしなくても，Pinterestにいくつかアイテムを追加して，家族や友達の意見を聞くことができた。

　この新しい行動とインタラクションが，米国のホームセンター大手2社のアンテナにかかった。The Home DepotとLowe's Home Improvementは，オンラインコンテンツ，デジタルツール，実店舗でのクラス，その他のサービスを積極的に提供して，住宅リフォームを計画している顧客をサポートし，インスピレーションを刺激しようとしている。Pinterestは，このエコシステムで新しいアクターになると思われた。最終的に両社ともがこれを取り入れ，Pinterestに接続するようになった。Lowe'sは，自社のサイトとPinterest，および顧客の間で数十万件というインタラクションを生み出してきた（図3.7）。これらのインタラクションは，カスタマーエクスペリエンス（CX，顧客体験）を高めるだけでなく，住宅リフォームのプロジェクトと製品にまつわる顧客行動への貴重な洞察をもたらしている[†4]。

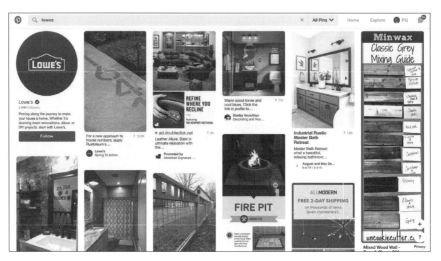

図 3.7　Lowe's の Pinterest チャネル

[†4] Pinterest で紹介された Lowe's のケーススタディ：business.pinterest.com/en/success-stories/lowes

関係

エコシステムをモデル化するには，そのなかにある要素間の関係を理解しなければならない。エクスペリエンスのエコシステムには，多数のタイプの関係が存在する。よくあるタイプの関係をいくつか示したのが表3.1だ。

関係は，時間とともに変化していく。これらの関係をマップ化することで，エコシステムに何が存在しているかだけでなく，その間でどのような作用が起こっているかを明確にするのに役立つだろう。この結果，何かを変えたり，新しいものをエコシステムに持ち込んだりした場合に何が起こり得るかを探究しやすくなる。何らかの波及効果があるだろうか。よい影響だろうか。悪い影響だろうか。

韓国の食料品スーパー，HomePlus の例を思い出してほしい。同社がバーチャルスーパーのコンセプトを打ち出すまで，モバイルアプリと環境ディスプレイの間に強力な関係は存在しなかった。しかし，この2つのものを再考し，補完的な関係を作り出したことで，新しい機会が実現した。

表3.1　エクスペリエンスのエコシステムの関係のタイプ

競合	競合関係は，言うまでもなく把握できていると思うかもしれない。しかし，エコシステムを綿密にマップ化していくと，予想していなかった間接的な競合が浮上することもある。ストリーミングサービスは，他のストリーミングサービスを競合と見なしているかもしれないが，外食して映画に行くという行動も，エンターテインメントや現実逃避といった同じ人間のニーズをめぐって競争している。
協力	協力関係は，見落としがちだ。例えば，商店街の他の商店が，地区内の客足を増やそうとして何らかの行動を取っていることもある。Apple と Microsoft のようなフレネミー関係もある。
サポート	サポート関係は，チャネルをまたいで存在する可能性がある。コールセンター，知識ベース，店内サポートなどだ。顧客の家族，友達，その他の人が，大小様々な意思決定に際して相談に乗りアドバイスを提供していることもある。
取引	取引関係は，様々な形式が考えられる。単純な取引関係であれば，複数のサードパーティーによる仲介や請負が考えられる。また，サービスがサブサービスに依存していることもあるだろう。車を購入する際に，自動車ローンの提供会社と自動車保険の提供会社がかかわるなど，それぞれの取引関係を持ち寄っている。
規制	医療サービスから金融サービスまで，また新しいビジネスモデルで事業展開する際も（ライドシェアなど），規制関係を理解することで，全体的なエクスペリエンスに影響してくる可能性がある。
補完	補完関係は，様々な事業体が組み合わさってインタラクション，瞬間，価値を創造する際に作られる。スマートフォンのメーカーは，それを販売し宣伝してくれる小売店のほか，レビューサイトにも依存している。顧客が製品を見つけ，購入し，使ってくれるようになるうえで，これらの関係が必要だ。
影響	顧客は，生活のなかで様々な目的を達成する間に，ほかの人たち，メディア，過去のエクスペリエンス，ほかの事業体などの影響を受ける。これらの影響関係を特定してデザインすることで，製品やサービスが好意的に受け止められ，顧客を取り巻く大きな文脈にうまく適合するようになるだろう。
感情	人が何かをエクスペリエンスする結果として，人や組織，さらには物体との間で感情的な関係が生まれる。人がエクスペリエンスに持ち込む感情的なつながりやエクスペリエンスのなかで創造する感情的なつながりを理解しておくと，適切かつ効果的にインタラクションするための貴重な情報になる。

境界線

エコシステムを探究するということは，それがどこで始まり，どこで終わるかを手探りすることも意味する。医療の例では，医療サービスを受けようとする顧客が，各種サービスのプロバイダはもとより，政策や法令なども絡む複雑な環境をナビゲートしなければならない（図3.8）。このエコシステムの一側面を理解するだけでも一生かかる可能性がある。このため，あなたと同僚で話し合って，エコシステムをどこまで広く深く探究するかを決めるべきだろう。これはイテレーションのプロセスとすべきだ。どのような洞察がプロジェクトの目標にとって最も重要かは，前進するたびに少しずつ明らかになっていくからだ。

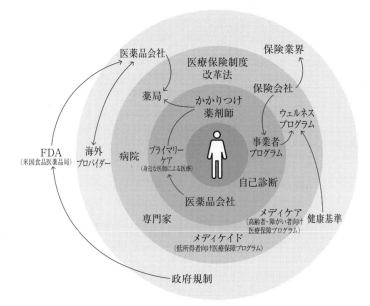

図3.8　複雑なエコシステムでは，境界線を明示的に確立して，探究のガイドラインとする

3.3　エコシステムマップの作り方

エコシステムマップを作るのは，時間のかかる作業だ。基本的なプロセスに含まれるのは，エコシステムの構成要素を特定すること，関係を特定すること，そしてデータをモデル化してほかの人に効果的にコミュニケーションすることだ。通常はこれをイテレーションで行って，モデルの分析，統合，視覚化を繰り返していく。

タッチポイントインベントリーと同様に，コラボレーションのワークショップを企画して，エコシステムマップの作成プロセスを開始する時点で弾みを付けることができる。このアプローチは，同僚に概念を導入するという点でもメリットがある。製品やサービスの単純なインタラクションからは一歩下がって，製品やサービスを取り巻く大

きなエコシステムに目を向けるうえで有益だ。このコラボレーションのワークショップの例として，ランドスケープ整合をこの章の終わりに紹介する。

構成要素を発見する

聞き取り調査，観察，その他のデザインのメソッドを使用して，様々な顧客のエコシステムを発見し，それらのパターンを見つけていくことができる。Adaptive Path の元同僚が開発した効果的なアプローチには，顧客と一緒になって，顧客の個人的なエコシステムを共創していく方法がある[†5]。このアプローチをリモート参加者と一緒に進めている様子を示したのが図 3.9 だ。先ほどから使用している医療の例に戻ると，患者と一緒になって，彼らの健康や医療に影響している人たち，状況，リソース，組織，サービス，その他のものを特定していくことができる。これを複数の患者で行い，結果としてできるマップを組み合わせて統合することで，リッチなデータがもたらされ，パターンや関係，共通するメンタルモデルなどが見えてくるだろう。

また，他の定性的なリサーチのテクニックでも，個人個人のエコシステムに洞察を追加することができる。例えば，顧客と 1 対 1 でジャーニーマップを作成するといった活動がある。このアプローチについては，第 5 章「エクスペリエンスをマップ化する」で詳述する。

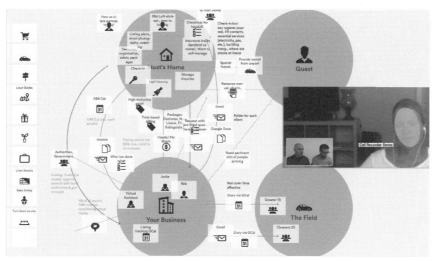

図 3.9　リモートのセッションで参加者と一緒にエコシステムのマップを作成する

---

†5　このメソッドを進化させた Adaptive Path の Maria Cordell と Ayla Newhouse の功績に感謝する。

> ## エコシステムの仮説を立てる
>
>
> 私はよくプロジェクトチームに最初の仮説を立ててもらっている。自分たちの事業のエコシステムと顧客のエコシステムの両方だ。少人数のチームで行い，エコシステムの構成要素を付箋に書き出したうえで，カテゴリーや関係のノードに整理していく。様々な顧客のエコシステムを正式に仮説にすることで，顧客の文脈や関係について自分たちが持っている知識にどのような前提が含まれているか，どのような側面が欠けているかを，ステークホルダーが認識できるようになる。この分析が，新しい一次リサーチの焦点を定める際に役立つほか，改善や抜本的改革のニーズがある関係を見つけるためのアイディエーションのプロセスを始める際に役立つ。エコシステムのモデルは，リサーチが終わった時点で，あらためて立ち返って検討することになる。

エコシステムをモデル化する

　エコシステムをモデル化するための様々な方法で遊んでいるうちに，エコシステムの働きを把握し，明確に理解できるようになる。発見したエコシステムの構成要素間にパターンを見つけていくと，ほかの人とコラボレーションする機会が生まれる。おすすめしたいアプローチは，個別の構成要素を付箋に書き出して，それを何度も並べ替えながら，関連性，関係，その他の次元を探究することだ（図3.10）。また，様々なモデル化の方法で描いてみるべきだ。これにより，同僚と一緒になってエコシステムの理解を深め，ほかの人にうまくコミュニケーションする方法を見つけられるようになる。

図3.10　コラボレーションを通じて，エコシステムの複雑さ，関係，その他の次元の感触をつかんでいく

写真提供：CAPITAL ONE

　エコシステムを理解して，それをモデル化する際には，次の点にも留意するとよい。

- **顧客を中心に置く**：どんなシステムや概念モデルにも言えることだが，エコシステムもそれを表現する方法が多数ある。一般的なアプローチは，同心円の真ん中に顧

客を置くことだ。このようにモデル化することで、直接的・間接的に顧客に影響している様々なものの度合いの違いを強調することができる。また、顧客中心のアプローチを文字どおり視覚化して、顧客のエクスペリエンスを眺められるようになる。

- **重心を変えてみる**：顧客中心のエコシステムにすることに加えて、様々な視点、すなわち重心を試してみることも有益だ。例えば、自分の組織を中心に置いてみて、自社の**事業**が置かれたエコシステムを視覚化することができる。自社の事業が宇宙の中心であって、その周りを相互に接続し関係する部分が取り囲み、影響していると想像してみよう。この視点では、顧客は多数のアクターの1つになる。このアプローチを取ってみると、他の組織、顧客、技術トレンド、社会トレンドなどと自分たちの関係を視覚化することができる（図3.11）。

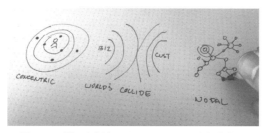

図3.11 様々な視点からエコシステムを探究する

- **ズームのレベルを変えてみる**：もう1つの変数は、エコシステムを眺める際のズームのレベルだ。これもいろいろ変えて試してみることができる。これは、エコシステムの境界線を探究するのに役立つ。また、デザインのプロセスで何をコミュニケーションし、何に言及するのが有効かも見えてくるだろう。

どこまでズームイン、ズームアウトするかは、取り組みの範囲によって異なる。限られた領域だけを見る必要があるのかもしれない。そのアプローチを示したのが図3.12だ。このシンプルなエコシステムマップは、非常に狭い範囲にズームインされている。ある店舗内に設置された「店内店」の内部的な活動をとらえて、主な人、人工物、タッチポイントを示していて、理解を確立するのに十分な詳細度となっている。

一方、ズームアウトして、ランドスケープ（景観）を広く眺めてみるのも有益だ。サービスシステムが本来は幅広い性質を持っていて、特に規制がかかわったり、相互に接続された多数の部分が関係している場合にこれが当てはまる。例えば、医療、金融、ホテルなどのサービスだ。とはいえ、新しい技術を掲げたディスラプターも、ズームアウトして広い視野を持つとよいかもしれない。Lyft、Tesla、Airbnbのような新しいサービスは、規制に対応する必要があり、また既存のものを新しい方法で利用して、新しい依存関係を完全に理解する必要がある。究

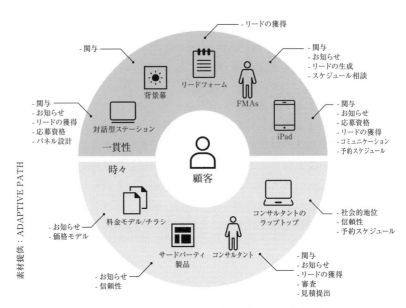

図 3.12 単純なエコシステムマップ。具体的な「店内店」の内部的な活動に狭くズームインされている

極的に，ズームのレベルは，戦略的な重点に基づいた主観的な判断となる。

3.4 エコシステムマップの使い方

エコシステムを探究する結果として，戦略と意思決定に役立つ貴重な洞察がもたらされる可能性がある。この新しい知識が，ペルソナやエクスペリエンスマップといった他の制作物につながるかもしれない。それで目標が達成されたとすることもできるが，よくデザインされたエコシステムマップは，問題のある部分をあらためて見直してアイデアを発想し行動を起こそうとするときなどに，グループのコラボレーションを支えるツールとして使うことができる。

ワークショップのような場で，エコシステムの関係をあらためて検討してみることができるだろう。このエコシステムから何かを削除してみたらどうなるか。何かを追加してみたらどうか。何が起こるか。新しいエコシステムの作用とその影響を探究してみる。米国政府が国民皆保険制度を導入したらどうなるか。自動運転車が認可されてどこでも走行できるようになったら何が起こるか。

もう1つのアプローチが，**強制誘発**だ。強制誘発は，エコシステムに含まれる要素2つ以上を故意に組み合わせて，一見すると無関係に見えるものの間にどんな関係が存在し得るかを考えることで，新しいアイデアや戦略を生み出す。HomePlusの例では，広告ディスプレイとモバイルを組み合わせて，新しいショッピングエクスペリエンスを生み出した。強制誘発のアプローチが現実に結び付いた例と言える。このテクニックは，

> ### 生成ゲーム：強制誘発
>
> アイディエーションのためのアプローチとして，同僚と一緒に「強制誘発」ゲームをプレイすることができる。やり方は次のとおり。
>
> - エコシステムマップに含まれている要素を見て，参加者がそのうち2つを無作為に選ぶ。例えば，図書館とそのコミュニティのエコシステムであれば，本と食料品スーパーを選ぶかもしれない。
> - 時間制限を設ける。通常は5分間でよいだろう。
> - この章で前述した問いかけを使って，アイデアを生成していく。
>   - これらは互いにどのようにつながっている**可能性がある**か。
>   - これらは互いにどのようにインタラクションする**可能性がある**か。
>   - これらは互いにどのように影響する**可能性がある**か。
> - 出てきたアイデアを付箋に書くか，スケッチする。図書館の例では，スーパーで本の受け取りと返却ができる，スーパーで朗読会を開催する，料理本と食材を選んで顧客に配達する，といったアイデアが出るかもしれない。

デザインのプロセスの早期段階で使うこともできるし，または後のアイディエーションのプロセス，すなわちサービス改善の機会がどこにあるかを特定した段階で使うこともできる。

3.5 センスメイキングの他のアプローチ

エコシステムのマップ化は，センスメイキング（意味形成）の1つのアプローチだ。複雑な環境の力関係や様々なアクター間の関係とインタラクションを理解するのに役立つ。このように大きく幅広い思考を促すモデルは，ほかに3つある。ステークホルダーマップ，現状のサービスブループリント，サービス折り紙だ。どれもそれぞれに価値があるが，複雑なエコシステムに含まれるものや関係を探究しマップ化する際の入口としても有効だ。

ステークホルダーマップ

ステークホルダーマップは，製品やサービスのエコシステムに含まれるアクターに焦点を当てる。完全なエコシステムマップよりも絞り込まれているが，特定の領域内で価値創造に参加している人と組織を視覚化するうえで有益だ。ステークホルダーをマップ化することで，製品やサービスの置かれた環境を眺める際に，プロセスや技術ではなく部署横断的なチームに目が向けられるようになる。

ステークホルダーマップは，特にプロジェクトの立ち上がりの段階で効果的だ。複数メンバーで協力して作成することで，特定の領域にいるアクター（およびその関係）に

ついて自分が知っていることを話し合えるようになる（図3.13）。この有形のアプローチにより、内部と外部の様々なステークホルダーにどのように参加してもらうか、そのメリットとデメリットを議論しやすくなる。

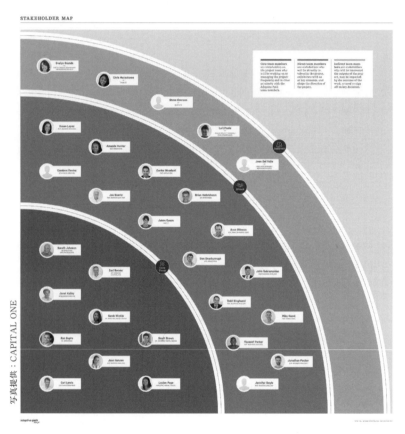

図3.13　内部のステークホルダーのエコシステム

現状のサービスブループリント

　エコシステムマップには、このような組織の内側の分析が含まれるが、これに関して実用度が高いメソッドとして、サービスブループリントがある。サービスブループリントを作成するアプローチは、ズームのレベル（システムか、順路か）によっていろいろあるが、この使い方では、顧客のたどる主な順路をブループリントで記録する。例えば、契約時の手続き、問題解決の手続きなどで、チャネル、タッチポイント、人、プロセス、技術がそのエクスペリエンスをどうやって実現しているかを示す。カスタマージャーニーと異なり、顧客の幅広い文脈は記録しないが、文脈の情報は汲み上げられている。サービスブループリントのフレームワークを使うことで、業務マニュアルなどでは通常一緒にされない2つの世界を合わせて見られるようになる。顧客がエクスペリエ

ンスするプロセスやインタラクションの表の舞台と，業務を統合させる裏の舞台だ（図3.14）。第9章「具体的な未来のビジョンを打ち出す」では，プロトタイピングやオペレーション的なアプローチといった比較的高度なアプローチについて取り上げる。

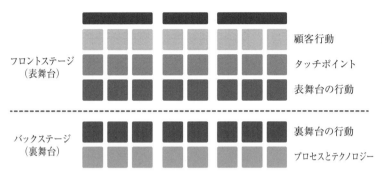

図3.14 基本的なサービスブループリントのフレームワーク

　センスメイキングのメソッドとしてサービスブループリントを使うと，製品やサービスの現在のシナリオがどのように機能しているかを分解して見られるようになる。例えば，ある小売企業がサービスの様々なジャーニーをパーソナライズしたいと思って，エコシステム内で新しいつながりを作ったとしよう。この現状を理解するには，部署横断的なチームでこの小売事業のエコシステムをマップ化し，サービス，顧客，従業員などを特定することができる。次に，現状のサービスブループリントを作成して，このエコシステム内で顧客がたどる主な順路を描けるかもしれない。エコシステムの視点は，そこに存在するすべてのサービスの大きなランドスケープを明らかにする一方，ブループリントの視点は，特定のサービスのジャーニーで様々な人，プロセス，技術が果たしている役割を示すだろう。

サービス折り紙

　数年前，Centre for Citizen Experience の設立者，Jess McMullin が，エクスペリエンスをモデル化する効果的なテクニックを普及させた。それが**ビジネス折り紙**だ[†6]。日立のサービスデザインチームが始めたもので，立体的な制作物（通常はテントのように折り曲げたカード）を使って，製品やサービスのエコシステムの様々な構成要素をモデル化していく。このメソッドの本来の意図は，複数のチャネルやタッチポイントにまたがるつながりや流れをデザインするための様々なオプションをすばやく試せるようにすることにあった。

　ビジネス折り紙は，ゲーム感覚がある。参加者がボードをセットアップして（ランドスケープ），その上に様々なアクターを置いていく。そして，場所，インタラクション，

---

†6　この折り紙のアプローチにまつわる話は，Jess のウェブサイトで詳しく紹介されている。www.citizenexperience.org/2010/04/30/business-origami

アクター間の価値交換をモデル化する（図3.15）。このテクニックは，例えば，この章で紹介したプロトジャーニー（プロトタイプ的なジャーニーマップの意で，迅速な対応が必要な際に作成されるもの）を作る目的で使うことができる。サービスデザインの文脈では，これが**サービス折り紙**と呼ばれている[†7]。

図3.15 サービス折り紙のテクニックを教えている様子

リサーチで折り紙を使う

折り紙は未来のソリューションを見つける目的で主に使用されるが，クリスと私は，共創のリサーチのメソッドに応用してきた。例えば，あるサービスのエコシステムが拡大しつつあり，そこに含まれるサードパーティーを理解するのに折り紙を使ったことがある。個別事業の責任者とそのスタッフが参加した少人数のグループセッションを何度か行って，サービス提供のモデルを作ることができた。自分たちが提供しているサービスの世界を目で見て，参加者たちは驚いた。その後，これを使ってエコシステムに発展させた。アクターや人工物を追加し，削除し，動かし続けた。新しい関係や境界線もモデル化してみた。本書で紹介する多くのメソッドと同様，このテクニックにより現状を理解できるようになり，未来の可能性がより現実的に感じられるようになる。

---

†7 Capital One Financial Services のデザイン責任者，Jamin Hegeman が，このメソッドのバリエーションを考案した。

まとめ

- エコシステムのモデルを作ることで，具体的な文脈に含まれるものや関係についての洞察がもたらされる。こうしたランドスケープの上で，カスタマージャーニーは起こっている。

- エコシステムのモデルを事業，製品，サービスに対して使う際には，競合，規制，タッチポイント，チャネル，顧客，および価値創造に関係する他のものに焦点を当てることができる。

- エクスペリエンスのエコシステムは，顧客を世界の中心に置くもので，顧客のニーズを満たすうえで関係性の高い人，場所，ものが周囲を取り巻く。

- 事業と顧客という2つの視点を組み合わせることで，新しい製品やサービスを作る機会，古い製品やサービスを調整する機会が見えてくる。

- ワークショップ，調査，リサーチを通じてエコシステムを一緒に作り上げ，同僚を啓発するために使用したり，アイディエーションのツールとして使用したりすることができる。

WORKSHOP

ランドスケープ整合

同僚の視点をリフレーミングして，垂直のオーナーシップから水平のサポートへと変えることは，製品やサービスのエクスペリエンスを再構想し，オーケストレーションしていくうえで，きわめて重要なステップだ。チャネルのフレームワークとタッチポイントインベントリーは，この変化を刺激する。また，問題の領域をエコシステムという観点から眺めることで，この移行がさらに前進する。エコシステムの概念を組織に導入する際の最初の「とっかかり」として，ランドスケープ整合と呼ばれるワークショップが役に立つだろう。

このアプローチを成功させるカギは，この章で取り上げた2つの視点，すなわち事業のエコシステムと顧客のエコシステムを表現的・視覚的に融合させることだ。コラボレーションでモデル化していくと，それぞれの見方を共有しやすくなる。あなたの組織が提供しているサービスとその顧客が住んでいるランドスケープをめぐって，意見が一致し整合していくようになるだろう。この整合が始まれば，共同作業ができるようになる。

ランドスケープ整合は，正式なワークショップとして開催しなくてもよい。プロジェクトチームで取り組む実践的な演習として，特にプロジェクトの始めの段階で有効だ。

WS 3.1　ワークショップの目標

- エコシステムの概念とその価値を導入する。
- コラボレーションを行って，顧客の文脈について，また製品，サービス，組織との関係について，顧客がどのように考えているかを知る。
- 製品やサービスの背後に置かれているもの（業務遂行にかかわっているもの），および組織の意思決定や顧客の期待または行動に影響し得る様々な力（競合，規制，文化）についての見方を共有する。
- エコシステムをより深く理解するために，どの点をリサーチ・発見すべきかを特定する。

WS 3.2　参加者（とその上司）への提案の例

このワークショップはそれほど時間をかけずに実施できるが，とはいえその価値を理解してもらい，次のステップへとつなげることが重要だ。招待状には次のような説明を使えるかもしれない。

すばらしいエクスペリエンスをお客様に提供することは，私たち全員が目指している共通の目標です。これを追求するため，日々の業務から一歩下がって，お客様と私たちの事業が置かれている文脈の変化を確実に把握すべき時が来ています。そこで，簡単なワークショップを開催しますので，ぜひご参加ください。当社の置かれたエコシステムを形作っている現在の関係についての見方を共有し，また私たちのソリューション環境に対する理解が不足している部分を特定していきます。

このワークショップでは，単純なエコシステムのフレームワークを使って，そこに存在する人，モノ，関係，場所，その他お客様の行動とニーズに影響しているものを比較し結び付けていきます。また，主な役割，タッチポイント，要因，パートナーシップ，競合他社，および当社の提供物を実現している，もしくは提供物に影響している他のものを視覚化していきます。これにより，今までになかった視点が得られ，新しい会話が刺激されるでしょう。そして，お客様とお客様が置かれた文脈にうまくつながるための次のステップを一緒に踏み出せるようになるでしょう。

WS 3.3　アジェンダ

このワークショップは，2時間で行うものとしてデザインされている。

表 3.2　ワークショップのアジェンダ

アクティビティ	説明	所要時間
導入	名前と役職名だけでなく，参加者が知り合う機会を作る。	10分間
アジェンダと目標を説明する。	このワークショップで行うアクティビティについて説明し，終了時点で何を達成するかを共有する。	10分間
主な概念を説明する。	エコシステムに含まれるものの基本を説明し，例を示す。	20分間
マップを作成する。	2つの部署横断的なチームに分かれて，1つのチームは顧客を中心に置いたマップを作成し，もう1つのチームは組織を中心に置いたマップを作成する。	30分間
共有して分析する。	それぞれのマップを共有する。2つのマップを見比べながら，関係や機会を一緒に特定していく。このワークショップ後に調査すべき領域を特定する。	40分間
振り返って次のステップを考える。	ワークショップのプロセスと成果について振り返る。次のステップを決める。	10分間

役割

- **ファシリテーター（1人）**：ワークショップのホスト役を務め，セッション中のアクティビティを進行する。
- **ファシリテーター補佐（1人または複数）**：準備と片付けを手伝い，アクティビティをサポートする。
- **カメラマン**：セッション中の写真を撮って，参加しなかった人がコラボレーティブなプロセスを理解できるようにする。

参加者

- プロダクトマネジャー
- マーケティング
- 事業ストラテジスト
- デザイナー
- リサーチャー
- ビジネスプロセスエンジニア
- カスタマーサポート
- 技術者

文具

- フリップチャートの替え用紙や大判の模造紙（壁に貼ってキャンバスとして使用する）
- マーカーペン
- 付箋
- カメラ

WS 3.4　ワークショップの準備

　このワークショップは，準備をほとんど必要としない。他のワークショップと同様，壁に紙を貼ることができる，あるいは大きなテーブルを囲んで作業できるような場所を予約しておく。座って話すためにデザインされた会議室は避けるべきだ。

　ワークショップの前に，2チームのためのキャンバス（フリップチャートの替え用紙や大判の模造紙）を作っておく。参加者が14人以上の場合は，4チームに分けてもよい。

WS 3.5　ワークショップの進め方

　このアクティビティは，次のように進める。具体的に想像しやすくするため，ここではUber Eatsを例に説明しよう（Uber Eatsは，Uberの既存のサービスアーキテクチャとブランドを使って開発された飲食店の出前サービスだ）。

主な概念を説明する

　自己紹介とアジェンダの説明の後，15〜20分間を費やして，エコシステムとそこに

含まれる要素について説明する。この章で紹介した定義と例を参考にすることができるが，自分の組織にとって関連性の高い例も含めるべきだ。また，アクター，場所，要因などを説明した単純な資料を参加者に配布して，アクティビティの最中に参照できるようにする。

個別のマップを作成する

次に，参加者を 2 つのチームに分ける（図 3.16）。

- **チーム 1**：このチームは，顧客を中心に置いたマップを作成する。ここでの焦点は，顧客を取り巻いている文脈と関係だ。あなたの組織，製品，サービスは，このエコシステムの小さなサブセットになる。
- **チーム 2**：このチームは，事業のエコシステムに集中する。顧客のタイプはこのランドスケープの一部だが，ここに含まれる要素のほとんどは，チャネル，タッチポイント，製品やサービスを提供している人，競合他社，パートナー，および戦略と戦術に影響する他の要因だ。

図 3.16　2 つのチームが顧客と事業という 2 つの視点からエコシステムを作成する

チームを分けたら，全員に付箋とマーカーペンを配布する。タイマーを 5 分間にセットし，参加者が各自でブレーンストーミングして，自分の担当するエコシステムの要素を思い付く限り書き出すよう指示する。付箋 1 枚につき 1 つのものを書く。Uber Eats の顧客のエコシステムであれば，Door Dash（競合するサービス），友達や家族，外食の予算，好きな食べ物などが含まれるかもしれない。事業のエコシステムであれば，Uber のアプリ，ドライバー，飲食店，メニュー，現地の規制，住宅街などが考えられるだろう。

1 人につき 20～40 枚の付箋ができるはずだ。次に，チーム内で付箋を見せ合って，カテゴリー別に整理する。そのステップは次のとおりだ。

1. 1 人ずつ自分の書いた付箋を発表し，その性質を説明しながらキャンバスに貼っていく。2 人目以降の発表者は，すでに発表された要素と重なったものがあればそのことをチームに伝え，新しい要素をキャンバスに追加する。

2. 全員が発表した後，チーム全員で付箋を整理して，モデルを形成していく。このアクティビティでは，図3.17に示した同心円のアプローチが効果的だが，他のモデルを実験することもできる。エコシステムに含まれる要素間の関係，および顧客または事業にとっての重要性も示すようにする。

図3.17　Uber Eatsのエコシステムと潜在的なユーザーのエコシステムを比較する

共有して比較する

次は，チーム間で共有して比較する。各チームが自分たちの作成したマップについて説明し，戦略やデザインにとって重要な含みを持つと思われる要素や関係を指摘する。その後，全員でディスカッションを行って，2つの視点にわたるつながりや，自分たちの業務にとっての意味について話し合う。Uber Eatsのワークショップでは，次のようなトピックが議論されるかもしれない。

- サービスのエコシステムには，どのような要素が含まれているか。その境界線はどこにあるか。UberにとってUber Eatsのサービスは，飲食店と新しい関係を構築することを意味する。また，食品安全性にかかわる規制を順守し，外食や他の食事のオプションといった幅広いエコシステムで競争することも意味する。
- 顧客について何を知っているか。顧客が食事や外食を選ぶ際に影響を及ぼしているものは何か。Uberの中核サービスでは，ライドシェア利用者のニーズについての前提が確立しているが，出前を注文して受け取る利用者のニーズとは重ならない。
- 誰と競争しているのか。競合他社は，ターゲットとする顧客層とどのような関係を築いているか。
- どの部分のつながりや関係にイノベーションの必要性が見られるか。
- 心配しなくてもよい部分はどこか。役割を果たしていると見られるものの，私たちのサービスの戦略やデザインにとって役立つ境界線の外にあるものは何か。
- 詳しく知る必要があるものは何か。リサーチを行う必要があるか。
- サービスを改善するために必要となる関係者全員が参加しているか。
- どこから変化を起こし始めるか。

このディスカッションの間に，マップ上の要素を組み合わせて，つながりを視覚化することができる。また，あらためて長時間のワークショップを企画して，強制誘発のアプローチを使いながら，もう少し体系立てたアイディエーションをすることもできる。

WS 3.6　ワークショップの後にすること

このワークショップの話し合いで十分な情報がもたらされ，次のステップが明確になることもある。しかし，多数の関係者に配布するために，より精密なマップを作りたいと感じるかもしれない。このワークショップの成果物をほかの人にコミュニケーションする際のヒントや例は，この章の前段の解説を参考にしてほしい。

ワークショップ—第3章

第4章
ジャーニーについて考える

4.1	ジャーニーとは何か	78
4.2	ジャーニーは瞬間で作られる	79
4.3	様々なタイプのジャーニーがある	80
4.4	ジャーニーは誰にとっても価値がある	82
4.5	ジャーニー：共感と理解のハブ	84
4.6	エンドトゥエンドのエクスペリエンスを分解する	87
4.7	ジャーニーを使い始める	91
まとめ		91

ここまでの章では，チャネル，タッチポイント，人，場所，モノ，関係といった概念的な下地を固めてきた。これらの上で，顧客のストーリーやインタラクションが無限に展開する可能性がある。この章では，時間と空間のなかで発生するエクスペリエンスを理解するうえで欠かせない最後のフレームワークを探究しよう。それがカスタマージャーニーだ。

カスタマーエクスペリエンス（CX，顧客体験），ユーザーエクスペリエンス（UX），サービスデザイン，マーケティングをはじめ，様々な専門領域のメンバーに支持されている**カスタマージャーニー**は，学術界でも実業界でもあまねく使われる用語となっている。核にある概念はシンプルだ。カスタマージャーニーは，エンドトゥエンドのCXの現状を表現する。一般にカスタマージャーニーは，顧客が製品を購入したりサービスを使用したりする際にたどる順路を理解するのに役立つ。これから詳細に説明していくが，カスタマージャーニーには様々な形と大きさがあり，長く幅広いもの（例：住宅購入）から，短く簡潔なもの（例：搭乗手続き）まで，多岐にわたる。

カスタマージャーニーの定義には多くの方法論がある。戦略やデザインの決定，さらにはタッチポイントの有効性の測定にカスタマージャーニーのフレームワークを使用する際の方法論も多数存在する。また，カスタマージャーニーのモデル化が人気を博すようになった結果，これが本来意図した価値をもたらすのかどうかを疑問視する反発も一部で見られるようになった。多くの意味で，カスタマージャーニーマップは，ペルソナと似たパターンをたどってきたと言える。よく使われているが，しばしば誤解されていて，厳密さを伴わずに部署内で作られて，デザインのプロセスで適切に使われないままお蔵入りしている。

カスタマージャーニーは，適切なフレームワークを与え，戦略と計画および実行に結び付けるための方法論に関連付ければ，非常に貴重な概念となる。本書の後の章でそれをするためのマインドセットやメソッドを紹介していくが，この章ではまず，ジャーニーとは何かを紐解くことから始めることにしよう。

4.1　ジャーニーとは何か

エクスペリエンスのオーケストレーションという文脈では，ある人が目標を達成しようとするとき，あるいはニーズを満たそうとするときに開始する概念的な旅路ととらえることができる。製品を買おうとしている顧客のこともあれば，疾病の治療を受けようとしている患者のこともある。転職先で最初の3か月間をエクスペリエンスしつつある社員のこともあれば，選挙で投票する市民のこともある。これらすべてのケースで，その人は自分の周囲を取り巻いている世界をナビゲートし，時間をかけ，空間を変えて，様々な人，場所，モノとインタラクションしていく。これらのジャーニーには起伏が伴い，期待していたものとは異なることもある。あるジャーニーが別のジャーニーへとつながる場面では，それが予定されていることもあれば，そうでないこともある。本書で

は顧客のジャーニーに焦点を当てるが，ここで説明する概念とアプローチは，他のタイプの人や文脈に応用することもできる。

> **ジャーニーは構成概念である**
>
>
> ジャーニーは構成概念であって，メンタルモデルではない。以前にかかわったクライアントの話だが，この人は，ある具体的なエクスペリエンスを「ジャーニー」と呼ぶことに懸念を抱いていた。顧客は「自分のエクスペリエンスをジャーニーとは見なしていない」ことを発見した調査結果を，マーケティングリサーチのチームから見せられていたためだ。ジャーニーとは，よりよいエクスペリエンスのデザインを補助するための構成概念であって，顧客のメンタルモデルではないと理解しておくことが重要だ。顧客は，製品やサービスとインタラクションする前にジャーニーが始まり，その後にジャーニーが終わるなどとは考えていない（これは発見だ！）。しかし，ジャーニーのフレームワークを使うことで，より有用な文脈のなかで主な瞬間について考えられるようになる。

4.2　ジャーニーは瞬間で作られる

　ジャーニーは，瞬間をひとつひとつ展開させていく。これらの瞬間は多くの文脈で起こり，様々な度合いの感情を伴っている。航空券をオンラインで予約する。空港で搭乗手続きをする。プレミアムラウンジでランチを食べる。飛行機に搭乗する。エンターテインメントシステムを使う。荷物を受け取る。マイレージポイントを確認する。……などなど。

　これらの瞬間それぞれが，組織にとって存在意義を明確にする機会であり，情報とインタラクションを通じて価値を提供する機会となる。情報は様々な方法で伝えることができ，人を介して，また録音メッセージ，印刷物，画面上のテキスト，動画などを介してコミュニケーションできる。インタラクションは単純なものもあれば複雑なものもあり，一方向のもの，双方向的なもの，さらには多数の人やモノとの間で行われるものもある。しかし，基本的な法則は単純だ。製品やサービスとのインタラクションによって感情と思考が刺激され，これにはポジティブ，ネガティブ，中立なものがあり，これらが混在することもある。これらのインタラクションは，いつまでも記憶に残ることもあれば，忘却の彼方へ消え去ることもある。

　ただし，インタラクションは，孤立して起こるものではない。ある瞬間が，次の瞬間，さらにその次の瞬間に影響する。目を引く広告は，新しいサービスを試してみようという気にさせるかもしれない。しかし，そのサービスへの登録手続きがあまりにも煩雑で，カスタマーサービスに電話をかけても埒が明かないようでは，広告で約束された価値が果たされなかったことになる。

新しいエクスペリエンスが，ある会社やその提供物との以前のインタラクションに別の色彩をもたらすこともある。サービスの落ち度があった後に手書きの詫び状が届けば，不愉快な出来事の記憶が薄れるかもしれない。逆に，「サービスはいかがでしたか」と自動音声で尋ねてくる電話で朝早くに起こされれば，サービスに対して抱いていた好感が薄れるかもしれない[1]。

最終的には，これらの瞬間，提供される価値，作られる記憶の積み重ねが，カスタマージャーニーを構成する。

4.3　様々なタイプのジャーニーがある

カスタマージャーニーには様々な形と大きさがある。これまでにマップ化されデザインされてきたジャーニーには，次のようなものがある。

- 美術館で一日を過ごす。
- 顧客ロイヤリティカードを取得して使用する。
- クレジットカードに申し込む。
- 保険を購入する。
- 初めて投資する。
- ヨーロッパを列車で旅行する。
- 大規模な住宅リフォームを行う。
- 家を買う。
- 採用から解雇に至るまでの従業員のライフサイクルを管理する。
- 精神疾患の診断を受けて対応する。
- がんを克服する。

このサンプルからも分かるように，カスタマージャーニーとは柔軟な概念だ。比較的短期で単純なエクスペリエンスのこともあれば（例：美術館で一日を過ごす），長期で複雑なエクスペリエンスのこともある（例：家を買う）。また，何年にもわたる関係全体をとらえていることもある（例：従業員のライフサイクル）。同じジャーニーのモデルを使って，顧客との契約手続き，サービス変更，サービス解約など複数の順路を定義することができる。さらには，自社のサービスにとって関連性のあるカスタマージャーニーを見てみることも可能だ。例えば，子育てのジャーニーをマップ化して，ニーズが満たされていない個所やペインポイントを特定できるかもしれない。

図4.1は，その1つの例を示している。ある大手航空会社がCXの価値を高めようとしていて，そのコンサルタントとしてアドバイスを求められたと想像してほしい。こ

---

[1] Daniel Kahneman の研究，特にピークエンドの法則（「人はある出来事に対して，感情が高まったとき（＝ピーク）の印象と，最後の印象（＝エンド）だけで，全体的な印象を判断する傾向にある」といった法則のこと）を参照してほしい。

のジャーニーはどこから始まるのだろうか。どこで終わるのだろうか。そもそもジャーニーは1つなのだろうか。その答えは，何を探究したいかによって異なる。次のことを考察してみよう。

- 旅行のエクスペリエンス：旅行という全体的なジャーニーのなかで，空の旅はどのような位置付けにあるのか。
- 航空会社のサービス全体：顧客が航空券を探し始める時点から，帰宅後にマイレージポイントを受け取る時点まで。
- 空の旅の中核的なエクスペリエンス：空港に到着する時点から，目的地の空港を出るまでの時点。
- もっと小さなサービスのジャーニー：欠航になったフライトの返金を受ける。マイレージポイントを使ってフライトを予約する。または，預けた荷物が紛失した場合に何が起こるか。

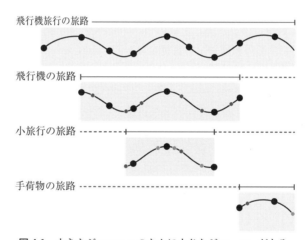

図4.1 大きなジャーニーのなかに小さなジャーニーがある

　これらのジャーニーそれぞれにエクスペリエンスが関与し，それが多数のタッチポイントとチャネルにわたって時間をかけて展開していく。最も幅広いジャーニー（例：旅行のエクスペリエンス）は，空の旅を1つのサービスとしてとらえ，大きなエクスペリエンスを見ている。一方，マイレージポイントを使ってフライトを予約するジャーニーは，航空会社が提供するサービス全体のなかの1つのサービスだ。概念的に，これらのレベルはそれぞれ，顧客のニーズ，ペインポイント，エクスペリエンスの文脈，サービスの機会などについて異なる（ただし関連する）洞察をもたらす。どこに焦点を当てるかは戦略的な判断で，何を学ぶ必要があるか，どのジャーニーに直接的に影響を及ぼすことができるかによって変わってくるだろう。

4.4　ジャーニーは誰にとっても価値がある

　多くの専門領域が，戦略を定義し，長期的なエクスペリエンスをデザインし，また業務体制や業務遂行のあり方を近代化する目的で，カスタマージャーニーの概念を使用してきた。その理由は，複数の新しいベストプラクティスが融合しつつあるためだ。例として，次のようなベストプラクティスが挙げられる。

- 製品やサービスを売るのではなく，エクスペリエンスを演出する。
- データを使用して，顧客関係を構築し管理する。
- すべてのタッチを個別に測定する。
- モバイルでの顧客の行動や嗜好に合わせる。
- エクスペリエンスの継続性に対する期待に応える。
- 感情を重視する。

製品やサービスを売るのではなく，エクスペリエンスを演出する

　今では多数の組織が「お客様を第一に」を説くようになった。経営陣は，内から外を見る思考ではなく，外から内を見る思考を重視し，その考え方を従業員に浸透させるための投資も著しく拡大してきた。この進化は主に，様々な方面のコンサルタントたちが率いてきた。経営，サービスデザイン，マーケティング，さらには技術コンサルタントまでが，クライアントの経営幹部に影響を与え，製品やサービスの機能を重視するマインドセットから，差別化されたエクスペリエンスの創造を重視するマインドセットへと，流れを変えてきた。昨今の組織は，VoC（顧客の声），デザイン思考，ユーザーエクスペリエンス，顧客中心マーケティングなど，競合する様々な理念とフレームワークのなかを泳ぎながら，顧客を引き付け，長期にわたって引き留めるべく画策している。この大きな潮流を背景に，エクスペリエンスの演出方法を深く理解するための貴重なフレームワークとしてカスタマージャーニーが浮上した。

データを使用して，顧客関係を構築し管理する

　マーケティングは，かつて広告とともに説得という芸術の一種と見なされていたが，最近では高度なデータとモデル化のアプローチを使用して，ブランドが既存顧客や潜在顧客といつ，どこで，どのようにインタラクションするかを見つめるようになった。リレーションマネジメント（関係管理）という概念は，顧客が誰かを理解すること，その顧客とのインタラクションの質と量を測定すること，また次の提供物やインタラクションを何にすべきかを判断することに依存している。中規模以上のほとんどの組織が，CRM（顧客関係管理）プラットフォームを導入して，顧客のモデルを管理し，すべてのチャネルにおける顧客とのインタラクションを記録している。ジャーニーのフレームワークは，この関係管理の意図とうまく重なる。単発のタッチではなく，いくつのタッ

チを使って顧客と長期にわたる関係を築くかを重視している。

すべてのタッチを個別に測定する

製品やサービスとのインタラクションがデジタル化されるにつれ，組織は，個々のタッチポイントがどのようにCXに影響するかについての詳細な洞察を得られるようになった。顧客はマーケティングのメールを開封したか。製品の説明を読んだか。ショッピングカートに入れておきながら購入しなかった商品があるか。最終的に購入した商品を，どんなキーワードで検索したか。こうしたデータを収集し分析していくと，顧客のたどる順路，さらには歩み続ける順路や途中で歩みを止めてしまう順路が見えてくる。ジャーニーのモデルは，これらの順路を分析して，パターンを特定するのに役立つ。個別のタッチポイントで，またはすべてのタッチポイント全体にわたって，もっと予定調和的に顧客のニーズを満たせるようにする。

モバイルでの顧客の行動や嗜好に合わせる

モバイルコンピューティングが普及した結果，組織は，デジタル度を高めた顧客とのインタラクションを再考する必要に迫られた。過度に単純化された順路，例えばオンラインで検索して次に店舗に行くといった順路では，顧客の行動の流動的な性質をとらえていないうえ，デジタルのチャネルと物理的なチャネルがリアルタイムで融合している現実をもはや反映していない。カスタマージャーニーは，多岐にわたる顧客の行動を包含することから，どこで順路を最適化できるか，どこでチャネルを組み合わせられるか（互いに食い込まないようにするか）を特定するのに役立つ。

エクスペリエンスの継続性に対する期待に応える

デジタルデータやトラッキングが当たり前の世界にあって，昨今の顧客は，すべてのチャネルとタッチポイントにわたる継続性を期待している。オンラインで予約したフライトに問題が生じたならば，コールセンターの担当者がすぐにその情報を見て対応してくれるものだと期待している。外出中にビンテージのレコードを検索して，自宅に帰ってからその検索をノートパソコンで続けたいと思う。CXをジャーニーとしてとらえると，顧客がチャネル内，チャネル間をどのように動き回っているかを理解しやすくなる。また，使い勝手やインタラクション，説明の文言などに一貫性が欠けているために顧客を混乱させ，不満の原因となっている個所を特定しやすくなる。

感情を重視する

感情が意思決定やブランド認識にどのように影響するかは，近年盛んに研究されてきた。そして，その知識が『*How We Decide*』［邦訳：『一流のプロは「感情脳」で決断する』，アスペクト，2009］，『*Nudge*』［邦訳：『NUDGE 実践 行動経済学 完全版』，日経BP社，2022］，『*The Art of Choosing*』［邦訳：『選択の科学』，文藝春秋，2010］と

いった書籍を通して組織のリーダーに浸透してきた。この種の概念が人気を博した結果，マーケターやデザイナーなどは，顧客の感情を理解するための新しいテクニックに大きく踏み込むようになった。カスタマージャーニーマップは，このニーズを満たす。リサーチャーにとって，顧客が製品やサービスをエクスペリエンスするなかで抱く様々な感情とその強度を特定して報告する際のツールとなる。

4.5　ジャーニー：共感と理解のハブ

　　多数のタッチポイントとチャネルにわたるエクスペリエンスをオーケストレーションするという複雑な作業に取り組む組織にとってカスタマージャーニーがもたらす価値を，ここまでの説明で理解していただけたのであれば嬉しい。ただし，ここで1つ明らかにしておきたいことがある。それは，CX をジャーニーとして説明することで，他のリサーチのアプローチやモデルがいらなくなるわけではないということだ。エンドトゥエンドのジャーニーを理解することが，常にリサーチの目的である必要はない。ペルソナなどの他のフレームワークやモデルはなおも必要で，顧客のニーズ，行動，目標についての重要な洞察をコミュニケーションするのに役立つ。すべての概念に当てはまることだが，カスタマージャーニーにも適した場所と適さない場所がある。「持っている道具が金槌だけならば，何もかもが釘に見える」の諺が言い得ているとおり，手段を限定すれば視野が狭まってしまうものだ。

　　とはいえ，エクスペリエンスのオーケストレーションにおいては，カスタマージャーニーのモデルを使うことで，洞察と文脈を効果的にもたらすことができる。製品やサービスの戦略，デザイン，提供にまつわる様々な意思決定を下すステークホルダーにとって重要な洞察と文脈だ。概念モデルをはじめ，エクスペリエンスの様々な部分をつなぐために使われている他の伝統的なユーザーエクスペリエンスのツールは，時間と文脈という要素を欠いている。シナリオは，一定の時間にわたるエクスペリエンスをコミュニケーションし，個別の顧客のストーリーにおいては効果があるものの，多数の顧客の行動，感情，ニーズを幅広く眺めるものではない。ユーザーストーリーは，タッチポイントを戦術的に機能別に分解するが，細かいタスクに焦点を当てていて，大きな結果ではない。

　　カスタマージャーニーは，顧客のニーズについての洞察をもたらしながら，様々なタッチポイントとチャネルが1つのシステムとしてどのように機能するか，また機能しないかを明確にすることができる。このため，私たちは，カスタマージャーニーを**共感と理解のハブ**と呼んでいる。ハブとは何かというと，図4.2で示したように，カスタマージャーニーを真ん中に置いて，ごく些細なインタラクションから，組織にとって重要な戦略とフレームワークまで，すべてをつなぐ連続体を作れることを意味する。そこで，このモデルを両方の方向に向けて探究していこう。

4.5 ジャーニー：共感と理解のハブ　85

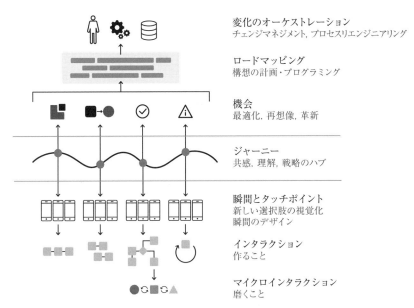

図 4.2 カスタマージャーニーが共感のハブとなって，顧客のニーズをマイクロインタラクションから組織戦略までにつなげていく

ジャーニーからマイクロインタラクションへ

　製品やサービスのエクスペリエンスにおいて意味のある瞬間はすべて，もっと大きな文脈のなかに存在している。カスタマージャーニーは，重要な瞬間を俯瞰して，それらが既存のタッチポイントや現時点では存在しないタッチポイントにどう関係しているかをとらえるのに役立つ。製品やサービスのどのタッチポイントを改善すればその瞬間のニーズをもっと上手に満たせるかを理解すると同時に，1つの瞬間から次の瞬間へとつなげるうえで貴重だ。

　例えば，ほとんどの航空会社がデジタル搭乗券を提供しているが，この搭乗券は荷物を預ける際，セキュリティチェックの際，そして最終的に飛行機に搭乗する際に提示を求められる。そこで航空会社は，エンドトゥエンドのエクスペリエンスを考える際に次の質問に答える必要があるだろう。「搭乗券を取得する」というタッチポイントは，後の「搭乗券を提示する」という瞬間で利用者をどのようにサポートしているか。搭乗手続きはスムーズで快適だとしても，ジャーニーの後のほうで搭乗券を提示する際に難があるのであれば，おそらくは「搭乗券を取得する」という瞬間に改善の余地があるだろう。

　あなたがエクスペリエンスの戦略的な部分を担当しているのであれば，エクスペリエンスをジャーニーとして見ることで，製品やサービスが作るべき大きな流れを特定できるようになる。カスタマージャーニーがハブとなって，個別のタッチポイントのデザインに情報をもたらし，他のタッチポイントと調和させてすばらしい瞬間を作れるように

なる。私たちはこれを**ジャーニーの DNA** と呼んでいる。詳細なインタラクションやマイクロインタラクションのデザインに指針をもたらす情報であり，この DNA がすべてのインタラクションに組み込まれることで，エクスペリエンス全体にわたる継続性と一貫性が確立する。

ジャーニーから組織戦略へ

　カスタマージャーニーは，詳細なデザインの決定とその実践に指針をもたらすと同時に，戦略的な計画策定にも情報をもたらすツールとなるべきだ。製品やサービスのチームは，カスタマージャーニーをハブとして使うことで，次のことができるようになる。

- **ペインポイントと機会を特定する**：顧客中心の適切な文脈をもたらすと，タッチポイントを改良したり新たに作成したりするための機会が明確になる。この洞察を持つことで，事業にとっての価値と顧客にとっての価値を顧客のエクスペリエンス全体にわたって整合させていくために，次に何をすべきか，何を優先すべきかを見つけられるようになる。
- **計画を策定する**：カスタマージャーニーは，ロードマップや進化マップに優れたフレームワークをもたらす。これが長期にわたる取り組みを調整し，組織内にコミュニケーションするうえで役立つだろう。この種の計画を打ち出すことで，通常はばらばらに進められるプロジェクトをまとめられるようになり，結果として顧客のエクスペリエンスを全体として改善できるようになる。
- **部署間のコーディネーションを図る**：カスタマージャーニーは，顧客の全体的なエクスペリエンスにおいてどのタッチポイントが重要かを明確にするため，組織内のどの部署がもっと緊密に連携すべきかも明らかにする。カスタマージャーニーをハブとして活用するようになると，組織内に整合性が生まれ，部署間の調整もしやすくなる。

　戦略的な方向をさらに上がっていくと，カスタマージャーニーは通常，組織が戦略的目標を策定して達成するうえで必ず持っておくべき多数のツールの1つになる。スマートな組織は，顧客と事業の両方にとって重要な既存のジャーニーと新たに見えつつあるジャーニーを全体的にとらえて明文化している。これらのジャーニーを見渡して，ニーズのパターンを特定し，提供物を進化させるための全社的な戦略を決めている。業務体制を合理化して適切に整理することで，優先順位の高いジャーニーと瞬間を支えている。

4.6 エンドトゥエンドのエクスペリエンスを分解する

複数の顧客の長期にわたるエクスペリエンスを，数十というタッチポイントを包含して完全に理解するなど，およそ無理難題だと思えるかもしれない。しかし，ありがたいことに，カスタマージャーニーのなかの各部に注目することで，貴重な洞察が得られる。私たちはこれを，エンドトゥエンドのエクスペリエンスの**基礎単位**と呼んでいる。図 4.3 で示したように，基礎単位は 4 つのカテゴリーに分けられる。ジャーニー，顧客，エコシステム，文脈だ。

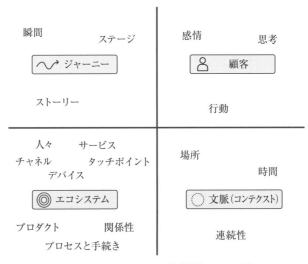

図 4.3　エクスペリエンスの基礎単位をマップ化する

ジャーニー

エクスペリエンスマップとは，複数の顧客のエクスペリエンスを統合するものだ。個別の顧客のジャーニーをストーリーととらえて，次の要素を見出していく。

- **共通するストーリー**：ジャーニーの存在意義は何か。顧客はなぜこのジャーニーを開始するのか。どんな価値が作られるのか。最終的にどんな印象が残るのか。
- **瞬間**：ジャーニーの過程でどんな出来事が起こるか。自社の製品やサービスは，どの瞬間を作っているか。どの瞬間で役割を果たしているか。どの瞬間が顧客にとって重要か。自社の製品やサービスにとって重要か。
- **段階**：これらの瞬間は，何らかの構造を示すようなクラスターとして起こっているか。例えば，航空会社のジャーニーには，航空券について調べる段階，予約する段階，他の準備をする段階，搭乗手続きの段階などがある。

顧客のエクスペリエンス全体をリサーチする際には，オープンマインドを保って，

データから浮上してくる答えを受け止める必要がある。結果として得られる答えは，組織の現行のフレームワーク（セールスファネル，事業中心のジャーニーなど）や仮説として立てたジャーニーとは異なるかもしれない。

顧客

ジャーニーで主役を務めるのは顧客だ。であるからには，彼らの行動，認識，感情が瞬間ごと，インタラクションごとにどのように変化していくかを詳細に把握することが目標となる。また，顧客のジャーニーの底流にある要因も特定したい。顧客に関しては，感じること（感情），考えること（認識），すること（行動）という3つの基礎単位を理解することが重要だ。

感じること（感情）

よりよい製品やサービスをデザインするには，顧客の生活がいかに「取っ散らかった」状態にあり，そこからいかに様々な感情を製品やサービスとのインタラクションに持ち込んでいるかに踏み込む必要がある（図4.4）。

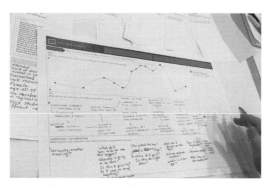

図4.4　特定の瞬間における感情は，全体的な感情のジャーニーという文脈のなかでとらえるべきだ

VoCレポートやNPS（ネットプロモータースコア）調査[†2]などを通して，こうした洞察を得たことがあるかもしれない。しかし，これらの定性的なアプローチは，インタラクションの文脈やニュアンスを理解するためにデザインされているわけではない。このため，定性的なリサーチを行って，次のような質問に答える必要がある。

[†2] NPS（ネットプロモータースコア）は，Fred Reichheld，Bain & Company，Satmetrixが開発したもので，顧客ロイヤリティを測定するための方法論として広く使われている。エクスペリエンスのオーケストレーションを追求していくと，NPSにかかわることになり，マーケティング業界のNPS信奉者の縄張りにも入ることになる。思慮深い批判的分析を行った記事として，Jared Spoolが執筆した「Net Promoter Score Considered Harmful (and What UX Professionals Can Do About It)」をおすすめしたい。https://blog.usejournal.com/net-promoter-score-considered-harmful-and-what-ux-professionals-can-do-about-it-fe7a132f4430

- 顧客はジャーニー全体を通じてどのような感情をエクスペリエンスするのか。
- 顧客の感情に大きく影響するのは，どの瞬間，どのインタラクションか。
- 感情はどのように意思決定に影響するのか。
- 感情はどの程度，行動の背後にある深い動機を明かすのか。
- 製品やサービスは，顧客の感情的な状態をどのように特定し，受け入れ，順応しているか。

考えること（認識）

　考えることとは，顧客のメンタルモデルに関係し，それが時間をかけてどのように確認され，反駁され，変化していくかを意味する。例えば，過去に家を購入したことがあり，次に家を買うときに影響する具体的な前提や期待や嗜好があるかもしれない。このメンタルモデルを持ち込んでジャーニーを開始する顧客は，買いたい家を見つけ，住宅ローンを組み，新しい家に引っ越すまでの過程で製品やサービスとインタラクションするたびに，以前のメンタルモデルに合致するか，合致しないかを認識していくだろう。

　考えることに関して答えを見つける必要があるのは，次のような質問だ。

- 様々な顧客が，ジャーニーの主な瞬間で何が起こると期待しているか。
- エクスペリエンスの一部が期待に応えなかった場合に，これが顧客の行動，感情，ニーズにどう影響するか。
- 他のどのような製品，人，情報が，顧客のメンタルモデルを形作っているか。
- 製品やサービスのエクスペリエンスは，既存のメンタルモデルをどのように予期し，認識し，対応しているか。

すること（行動）

　することには，能動的な行動と反応的な行動が含まれる。製品やサービスのタッチポイントとのインタラクションが関与する行動もあれば，人，モノ，場所の幅広いエコシステムを明らかにする行動もある（第3章「エコシステムを探究する」を参照）。顧客が実際に何を**する**かを学習すると，通常は，ステークホルダーを開眼させる効果がある。顧客とのインタラクションに関して限られたデータセットだけを見ることに馴染んできた人にとっては，大きな発見がある。

　行動についての重要な洞察には，次のようなものがある。

- エンドトゥエンドのエクスペリエンスのなかに，どのように多岐にわたる行動が存在しているか。
- 顧客はジャーニーの過程で具体的なニーズを満たすために何をしているか。
- 顧客が実際に取る行動は，顧客が事前に望んでいた行動や組織が意図した行動とどのように異なっているか。
- タッチポイント，人，場所は，顧客の行動にどのように影響しているか。

エコシステム

顧客の個人的なエコシステムは，組織の製品やサービスのエコシステムと交差する際に，そのエクスペリエンスに大きく影響する（第3章）。そこで，顧客のエンドトゥエンドのエクスペリエンスを，これらのエコシステムが衝突するなかを通過する順路と考えるとよい（図4.5）。

図4.5　様々な顧客が，様々な順路で進む

カスタマージャーニーの途上でよく出現するエコシステムの要素には，次のものがある。

- **チャネル**：ある瞬間で，または具体的なニーズを満たそうとする際に，顧客はどのチャネルに引かれるだろうか。顧客はうまくチャネルを切り替えているか。
- **タッチポイント**：どのタッチポイントが，どの程度，顧客とインタラクションしているか。それらのインタラクションの品質はどうか。一部のチャネル，あるいはすべてのチャネルに欠けているのは，どのようなタッチポイントか。
- **人**：製品やサービスの担当者がカスタマージャーニーでどのような役割を果たしているか。友達や家族などのほかの人が，エクスペリエンス，決定，行動に影響しているか。
- **他の製品やサービス**：他のどのような製品やサービスが，カスタマージャーニーを構成しているか。情報を探す際に，どこで探しているか。どの競合他社が検討され，最終的に選択されている，または選択されていないか。
- **デバイス**：どのタイプのデバイス（ノートパソコン，キオスク，スマートフォンなど）でインタラクションしているか。それはなぜか。
- **関係**：エコシステムの各部が互いにどのように関係しているか。行動や感情の背後にある因果関係を特定できるか。
- **プロセスや手順**：規制，プロセス，手順が，顧客の取る順路や行動をどのように決定付けているか，または制限しているか。顧客にサービスを提供している従業員にとってはどうか。

文脈

　エクスペリエンスは，何もない所で起こるわけではない。エクスペリエンスをマップ化するには，行動，感情，メンタルモデルに文脈がどのように影響するかを理解し，それを受け入れる必要がある。文脈を理解して明文化しようとする際には，次の要素を考えるとよい。

- **場所**：ジャーニーの最中に顧客はどこにいるか。地理的な場所は顧客のエクスペリエンスにどのように影響するか。
- **時間**：様々な顧客がジャーニーにどれだけの時間をかけているか。それぞれの段階や瞬間でどれだけの時間を費やしているか。費やしている時間について，顧客はどのように感じ，考えているか。
- **順序**：ジャーニーのなかである瞬間から次の瞬間へと進む顧客の行動に，どのようなパターンが見られるか。ある瞬間が次の瞬間やジャーニーの後のほうの瞬間にどのように影響しているか。

4.7　ジャーニーを使い始める

　ジャーニーのパラダイムは，戦略に明確さをもたらし，部署横断的なコラボレーションを改善し，製品やサービスの有効性を高めることができる。ジャーニーのフレームワークを戦略策定のツールとして使い始めると，抜本的な変化が生じ，新しい顧客価値提案に結び付いたり，組織内の人とプロセスの再編成につながったりすることがある。エンドトゥエンドのCXをもっとうまくサポートしようとし始めるためだ。

　組織の大きな変化は，学習，意思決定，コラボレーションのためのよりよい方法を実践しようとする小さな活動から始まる。製品やサービスの戦略の中心に顧客とそのジャーニーを据えていくには，**1つのジャーニー**から始めて賛同者を増やしていくことだ。ステートメントオブインテント（意図の表明文），製品バックログ，スプリント，NPSスコアカードなどから一歩下がって，顧客の生活やストーリーに踏み込み，顧客のエクスペリエンスを理解していこう。

まとめ

- ジャーニーは，マップ，モデル，フレームワークといった形式があり，組織でよく使われるアプローチになっている。しかし，この概念が必ずしも効果を挙げていないこともある。
- ジャーニーの概念は非常に有力だが，そのメリットを得るには，エクスペリエンスがどのように定義され，デザインされ，複雑な組織で実行されているかを検討し，このモデルを結び付けていく労力が必要になる。
- ジャーニーには多数のタイプがあり，組織が顧客のために用意する順路だけを指す

わけではない。顧客にとって可能性のある様々なジャーニーを理解することで，様々なタイプの洞察がもたらされる。

● ジャーニーは，組織内に共感を浸透させるためのハブとして機能し，顧客の現実のエクスペリエンスに基づいて製品とサービスに関する決定を下していくための基礎となるべきだ。

● ジャーニーは，新しい製品やサービスのためのインスピレーションを創造するうえで適切な文脈と情報をもたらす。また，組織と顧客のマイクロインタラクションをデザインするための文脈と情報ももたらす。

● エクスペリエンスは複雑なものだが，共通の基礎単位を特定することで，顧客が文脈のなかで製品やサービスとインタラクションしながら何をし，考え，感じているかを解明できるようになる。

パート II
洞察と可能性

　パート I では「共通の基礎」と題して，エクスペリエンスのオーケストレーションに役立つ概念とフレームワークを紹介した。分担して解決することから，統合して調和させることへと組織の視点を変えるうえで効果のある概念とフレームワークだ。これらの推奨メソッドは，大きなシステムに含まれる要素としてのチャネル，タッチポイント，エコシステム，ジャーニーを特定し，明文化していく作業に役立つし，コラボレーションと変化のためのお膳立てをする。しかし，ここで歩みを止めるわけにはいかない。

　前進するに当たっては，顧客のニーズについての仮説を検証し，組織内部の思考に挑んでいくことが非常に重要だ。自分の業務環境から飛び出して，人々がジャーニーのなかで何をし，考え，感じているかを深く探っていく必要がある。そこにある障害物を発見し，文脈のニュアンスを理解し，究極的に，人々の求めている価値を特定しなければならない。目標は，共感を**構築**すること，真の機会を**特定**すること，そして顧客と組織にとってポジティブな変化をもたらすことだ。

　また，学習し，見方を変化させ，次のステップの準備をする際には，コラボレーションが重要だ。そこで次の 3 章では，組織を先導していけるようになるための準備をしよう。このプロセスには，3 つのステップがある。まずは，**生成的リサーチ**を行って，顧客のエクスペリエンスを全体的に理解することだ。次に，学習したことを**エクスペリエンスマップ**と**エクスペリエンス原則**に落とし込む。この新しい洞察ができれば，**機会**を特定して優先順位を付けられるようになる。

　このプロセスは，1 人で調べて分かったことを報告するようなプロセスではない。ファシリテーターが仲介して進めていくグループでの取り組みだ。共感を構築して整合性を生み出すことで，顧客のニーズと組織のニーズに全

体的に対応していく必要がある。このレベルのコラボレーションは過激に聞こえるかもしれないが，そこで育まれる同僚との信頼関係は，エクスペリエンスのオーケストレーションを向上させるうえで重要な基本要素だ。

まずは，エクスペリエンスをマップ化する方法から始めよう。

「あの丘に金が眠っているのさ」

—— マーク・トゥウェイン

第5章
エクスペリエンスをマップ化する

5.1 エクスペリエンスマップとは何か　　　　　　　　　　96
5.2 自信を持ってマップを作成する　　　　　　　　　　97
5.3 顧客のストーリーから学ぶ　　　　　　　　　　104
5.4 学んだことから意味を形成する　　　　　　　　　　115
5.5 重要なことをコミュニケーションする　　　　　　　　　　115
まとめ　　　　　　　　　　120

■ワークショップ—第5章：エクスペリエンスマッピング
WS 5.1　ワークショップの目標　　　　　　　　　　121
WS 5.2　アジェンダ　　　　　　　　　　121
WS 5.3　ワークショップの準備　　　　　　　　　　123
WS 5.4　ワークショップの進め方　　　　　　　　　　123
WS 5.5　ワークショップの後にすること　　　　　　　　　　129

96　第 5 章　エクスペリエンスをマップ化する

　ほとんどの組織で，カスタマージャーニーをモデル化した何らかの制作物を作ることが標準的な実践方法となっている。カスタマージャーニーを視覚的にモデル化するアプローチは多数あり，呼び名もいくつも存在するが，本書では**エクスペリエンスマップ**と呼ぶことにする。

　組織内に共感を浸透させるためのハブとしてジャーニーを位置付けようとするのであれば，マップを作る以上のことをしなければならない。**能動的にマップを使用して，変化を刺激していく必要がある。**目標は，人間中心のマインドセットを醸成し，カスタマーエクスペリエンス（CX，顧客体験）に対する当事者意識をできるだけ多数の同僚と共有することだ。

　この章では，エクスペリエンスをマップ化するプロセスのファシリテーターとなって，コラボレーション，共同デザイン，ストーリーテリング，視覚化といった原則を実践する方法を紹介する。そこでまずは，エクスペリエンスマップという制作物について解説し，このマップを通じてどのような洞察を伝えるべきなのかを考えていこう。

5.1　エクスペリエンスマップとは何か

　エクスペリエンスマップとは，定性的なデータと定量的なデータに基づいて，概念的なジャーニーのフレームワーク（「家を買う」や「旅行する」など）内に存在する顧客の行動，感情，メンタルモデル，そしてニーズを幅広く視覚的に説明するものだ。顧客が時間をかけ，空間を変えながら，様々なタッチポイントやチャネルを介して，製品やサービスとインタラクションする様子を示す。優れたエクスペリエンスマップは，幅広いエコシステムに含まれる特徴的な要素も示すだろう。顧客が明示的な目標を達成し暗示的なニーズを満たそうとする間にエクスペリエンスする他の製品，サービス，人，場所などだ。図 5.1 で示したのは，ジャーニーが展開する間にタッチポイントを超えてもっと大きなランドスケープを見渡している基本的な例だ。

　これらは意味のある洞察だが，様々なリサーチのレポートや同僚の頭のなかにある知識など，組織内の各所に埋もれて存在している。エクスペリエンスマップは，この情報を表に引き出し，統合する効果がある。これを作ることで，組織全体のステークホルダー全員が初めて，幅広い文脈のなかで自分のチャネルやタッチポイントを見られるようになる。この共通の理解と共感を持つことで，CX の統一的なビジョンを形成し，実現するための基礎ができる。

　ただし，エクスペリエンスマップには洞察を統合する以上の意味がある。戦略とデザインのプロセスの早期段階では，エクスペリエンスマップによって新しい機会が特定され，アイデアやコンセプトが生成され，現状と将来の望ましい状態の間にあるギャップが明らかにされる。図 5.2 に示したような粗削りなものでも，この価値をもたらすことは可能だ。しかし，この価値を手にするには，エクスペリエンスマップがあくまでも**ツール**であって**成果物**ではないと認識しなければならない。

5.2　自信を持ってマップを作成する　　97

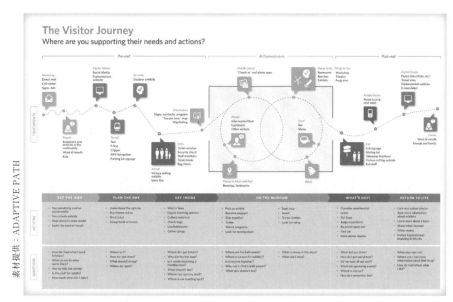

素材提供：ADAPTIVE PATH

図5.1　このエクスペリエンスマップは，美術館の来館者のニーズを館内と館外の両方で満たす機会を示している

図5.2　この例では，ワークショップのチームがラフなジャーニーマップ（付箋）を使用してアイデア（マップの上に貼られた白い紙）を生成した

5.2　自信を持ってマップを作成する

　エクスペリエンスは多数の"可動部品"で構成されているため，これを特定して理解する必要がある。エクスペリエンスマップを制作するには時間と労力がかかるが，次の単純なルールに従うだけで，自信を持ってその作業を進められるようになる。

- 明確な意図を持つ。

- ズームのレベルを選択する。
- 1人でやらない。
- 下調べをする。
- イテレーションで前進する。
- プロセスに組み込む。

明確な意図を持つ

デザインのメソッドすべてに共通することだが，エクスペリエンスマップも，正しい理由の下に，適切なタイミングで，適正なレベルの時間を費やし，組織内で然るべきサポートを得たうえで導入すべきだ。組織やジャーニーの複雑さにかかわらず，エクスペリエンスマップは，次のような状況下で使用するのに適している。

- すべてのチャネルとタッチポイントにわたる CX を明確に理解できておらず，どのペインポイントや機会が組織に付加価値をもたらすかが分からない。
- マーケティング，製品，顧客インサイト，業務推進などの様々な部署が縦割りの体制で業務を遂行していて，CX のビジョンをそれぞれ独自に策定している。その結果として，市場で提供しているエンドトゥエンドのエクスペリエンスがばらばらで一貫性のないものになっている。
- 組織のリーダーがカスタマージャーニー重視の姿勢を打ち出しているが，事業戦略のアプローチは，顧客のニーズを理解することとその洞察を効果的なデザインに落とし込むことの間でバランスが取れていない。
- 新しい製品やサービスを定義する戦略的なプロジェクトに乗り出すに当たり，共通の文化的なジャーニー（住宅購入，医療，子育て，旅行など）に存在する顧客の満たされないニーズをとらえるための洞察が不足している。
- プロセスのデザインが，顧客のたどる順路の定義と順序を決めてしまっている。このプロセスの作業（リーンなプロセスのデザインやバリューストリームのマップなど）が，CX に関する他の取り組みと切り離されている。
- VoC（コールセンターを介して得られる顧客の声）から前進して，顧客の生活やそこで毎日生じるストーリー（よいものも悪いものも含めて）の複雑さを完全に認識する方向へと，組織が進化する必要がある。

これらのうち1つまたは複数が，あなたの状況に当てはまるかもしれない。いずれにしても重要なのは，顧客のエンドトゥエンドのエクスペリエンスに関して組織内で共通の見方を持つことがなぜ今必要なのかを，自分と同僚に対して明確にすることだ。また，エクスペリエンスマップを作成する結果として得られる洞察と機会を使ってあなたが何をするつもりかを，明確にコミュニケーションする必要もある。これで，必ず返ってくる「なぜ」という質問に答えられるようになる。同僚に時間と関与を求めるからには，答える準備が必要だ。

ズームのレベルを選択する

ジャーニーの構成概念は，顧客のストーリーのマクロとミクロのすべての幅にわたって応用することができる。とはいえ，ズーム（すなわち概念的な階層）のレベルを変えれば，得られる洞察も変わってくる。このため，どのような詳細度でとらえてモデル化したいかを選ぶ必要がある（図5.3）。

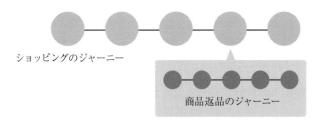

図5.3　ズームのレベルを慎重に選ぶことで，戦略的な狙いをサポートする必要がある

ジャーニーの選択は，答えようとする戦略的な質問によって異なってくる。例えば，大規模小売店のCXチームは，次のように様々な高度からジャーニーを眺めることができるだろう。

- **10,000メートル**：製品やサービスの幅を広げ，多様性をもたらしたい。ターゲットとする顧客層のジャーニーのなかで，自分たちが小さな役割しか果たしていないのは，どのタイプのエクスペリエンスなのだろうか。
- **3,000メートル**：すべてのチャネルにわたるシームレスなエクスペリエンスを作るための効果的な方法を見つけたい。顧客は実店舗，ウェブ，モバイル，コールセンターをどのように使っているのだろうか。
- **1,500メートル**：ミレニアル世代とつながるための画期的な方法を探している。この世代が当社で買い物する際に満たされていないニーズは何か。
- **750メートル**：時折の利用客を，もっと頻繁なリピート顧客に変えたい。もっと強力な関係を構築するには，オンラインまたは実店舗でのエクスペリエンスの前，最中，後のどこに機会があるか。
- **300メートル**：返品のエクスペリエンスに関する苦情が多い。オンラインで購入した顧客が実店舗に返品する際のエクスペリエンスをどうすれば改善できるか。

リサーチを行う間に，もっとズームアウトして幅広いジャーニーを理解する必要があることが分かるかもしれない。逆に，大きな文脈（すべてのチャネルにわたるエクスペリエンス）は重要だが，現時点では顧客の一部（ミレニアル世代）にズームインして，具体的なプロジェクトに情報をもたらす必要があると感じるかもしれない。エクスペリエンスマップに着手する時点で調査すべきジャーニーについて確固たる仮説を持っているべきだが，新しいデータを手に入ればもっと重要なズームのレベルが見えてくるはずだという認識を同僚に持ってもらう必要がある。

1人でやらない

ほとんどの組織が社内サービスモデルを導入していて，顧客インサイト，デザイン，事業分析などを専門とする各部署が，事業部門の狙いを追求するために使用すべき機能を提供している。カスタマージャーニーのリサーチとモデル化の仕事が，どこかの部署の業務として確立していたり，場合によってはサードパーティーに外注されたりしていることもある。しかし，エクスペリエンスマップを1つのチームの担当業務として割り当ててしまうと，長期的な有効性が失われ，短期的な効率も犠牲にすることになる。

組織の多くの部分が関与してエクスペリエンスをマップ化することには，次のようなメリットがある。

● **顧客への共感が作られる**：顧客中心のマインドセットは，VoC レポートを読んだりフォーカスグループを観察したりすることで生まれるものではない。エクスペリエンスマップは，他の人間中心リサーチのアプローチと同様に，ステークホルダーが顧客に直接接する機会をもたらす。

● **部署横断的な人間関係ができる**：様々な部署の人を集めてみると，たまにしか話さないどころか，今まで話したことがなかった，知りもしない同僚が多いことがすぐに分かる。この新しい人間関係が，後のデザインのプロセスで大きな価値をもたらす。

● **垂直から水平への変化が生じる**：ほとんどの組織は，縦割りの業務分担で機能している。同僚に普段の持ち場から出てもらい，一緒に大きな世界を探究することで，この垂直構造を少しずつ切り崩していくことができる。顧客に対して共感を抱き，同僚としての人間関係を構築するなかで，部署間で連携してエンドトゥエンドのエクスペリエンスを追求していくことに，もっとオープンになってもらえるだろう。この種の賛同を得ることは，洞察を行動に移すうえで欠かせない。

● **効率が高まる**：このプロセスでコラボレーションとインクルージョンを実践すればするほど，マップの作成と使用に時間を割くことになり，あなたがこれまでに何をしたか，これから何をするかを説明する必要がなくなる。

● **浸透を加速させる**：上記すべてが，そもそもの目標達成を加速させるだろう。すなわち，エクスペリエンスマップをツールとして使ってもらい，コラボレーションで新しいソリューションを開発することだ。

これらのメリットを実現するには，多くの人をこのプロセスに招待するだけでなく，正しい人を選ばなければならない。プロセス全体に参加すると約束してくれる同僚，かつこのマップをツールとして使うことで恩恵を受ける同僚を巻き込むべきだ。次の点を考えると，誰を選ぶべきかが見えてくるかもしれない。

● 製品やサービスの主なチャネルとタッチポイントの責任を負っているのは誰か。
● カスタマージャーニーの理解を深めることでメリットを得られるグループはどこか。

- すでに情報やデータを持っているのはどの部署か（「車輪の再発明」を避けることができる）。
- エクスペリエンスマップの使用に関して意思決定する人，実際に行動する人は誰か。

ベストプラクティスとして，一般に次のような立場の人に入ってもらうことを検討すべきだ。

- **エグゼクティブ**：戦略的な目標を策定し，製品やサービスへの投資を決定し，エクスペリエンスマップのように組織に価値をもたらすことが期待される活動への予算を取るリーダー。
- **責任者**：プロダクトマネジャー（もしくは責任者），または製品戦略に関係する重要な決定や最終的な決定を下す事業部門のパートナー。
- **ストラテジスト**：製品やサービスに関係する事業戦略を策定する人たち。
- **リサーチャー**：マーケティング，製品，その他の部署のためのリサーチをデザインして実施するスペシャリスト。
- **データアナリストまたはビジネスアナリスト**：製品やサービスのタッチポイントに関係した定量的なデータの収集と分析を行うスペシャリスト。
- **マーケター**：製品やサービスの認知や関心を生み出す役割。
- **プロセスエンジニアまたはプロセスデザイナー**：ビジネスプロセスの要件を特定してデザインするスペシャリスト。
- **技術者**：デジタルソリューションのアーキテクチャ，デザイン，実装に関係する役割。
- **チャネルの責任者または実践者**：店舗，コールセンター，モバイルなど，様々な顧客向けチャネルの知識がある人たち。
- **現場のスタッフ**：コールセンター担当者やサービス係など，顧客と直接接する立場にある従業員や担当者。
- **法務担当者**：会社の活動が合法であること，かつ会社の利益が保護されていることを確認するスペシャリスト。

網を広げて幅広いステークホルダーに入ってもらうには，各人に対してどのレベルの関与を求めているのかを明確に定義して伝える必要がある。特定のステークホルダーがプロセスのマップ化の過程でどれだけ中心的な役割を果たすかは，組織内での地位だけでなく，マップ化の取り組みをどれだけ重視しているか，その分野の知識をどれだけ持っているか，組織的なプロセスや手順においてあなたをどれだけ助けられるか，といった要因によって決まってくる。

次のような役割の人が必要になるだろう。

- **ファシリテーター**：あなたのような人！　エクスペリエンスをマップ化するための

プロジェクトをデザインして，そのプロジェクトでほかの人たちを導いていく方法を知っている人だ。当初の発見段階から，リサーチ計画の定義，リサーチの実施，洞察の生成，そして成果物の制作まで，実際に手を動かして参加する。

● **エクスペリエンスマップの制作者**：腕まくりして臨む用意のあるステークホルダー。現場に飛び込んで調査したり，データを分析してマップに統合する作業に参加したりする。後の段階では，洞察を行動に変える過程（後の章を参照）も支援する。

● **専門家**：顧客は誰なのか，現時点でどのようなエクスペリエンスをしているかについて，知識を持っている人，あるいは組織内にすでに存在する知識を示すことができる人。

● **イネーブラー（成功要因）**：マネジャー，法務担当者，参加者のリクルーター，エグゼクティブのアシスタントなどで，あなたを然るべき人脈に結び付け，現場を訪れられるようにしてくれる人。予想外の障害を取り除くうえでも力になってくれる。

● **インフルエンサー**：志をともにする，あらゆるレベルの同僚。あなたの取り組みをサポートすることができ，かつこの取り組みから恩恵を受ける人。これには，エクスペリエンスマップをすでに有効活用してきたチームや，自分たちも似たようなことをしようとしていて，あなたが先陣を切るのを応援してくれるチームなどが含まれ得る。

● **エグゼクティブのリーダーシップ**：高いレベルのエグゼクティブ。あなたはこの人に随時進捗を報告し，後ろ盾になってもらう。リサーチを実施するだけでなく，戦略的なツールとしてマップを使ってもらううえでも，エグゼクティブの賛同が必要だ。

下調べをする

新しいリサーチをするだけでなく，既存の洞察とデータに重ねていく必要がある。この発見の作業は，2つの理由から非常に価値がある。第一に，一次リサーチをする時間は常に限られている。このため，組織がすでに知っていることを学習することで，時間と労力を適宜節約できるだろう。第二に，新規のリサーチのリクエストを提出すると，ほぼ必ずと言っていいほど，「これはすでに分かっているのではないか」のような質問が返ってくる。ハエがハチミツに寄り付くのと同じ確率だ。そこであらかじめ下調べをして，組織的な知識が欠けている部分を突き止めておくことで，質問を受けてもたじろがずに済む。

仮説を立てる

　プロジェクトの初めに行う発見作業の一環として，エクスペリエンスマップの仮説を立てるためのワークショップを開催するとよいかもしれない。このタイプのワークショップでは，ステークホルダーが集まって，1つまたは複数のマップを制作する。エンドトゥエンドのCXがどのようなエクスペリエンスだと**思う**かを表現するマップだ。このアプローチの成果物を示したのが図5.4だ。この仮説は，発見段階で収集した情報や専門家から提供してもらった既存の知識に基づいて立てる。

　何を知っているか，また何を知らないかの感覚をつかむうえで，次のような発見のアクティビティを一緒にするのが効果的だ。

- **既存の定性的リサーチ**：関連性のあるマーケティングやデザインのリサーチを見直してみる。ペルソナや意思決定のフレームワークなど，何らかの有用なモデルを作成した際の下地となった調査などが考えられる。
- **既存の定量的リサーチ**：顧客の嗜好に関する調査，チャネルやタッチポイントで得られるフィードバック，VoC調査，その他のマーケティングまたはデザインのリサーチを分析する。
- **タッチポイントインベントリー**：チャネルとタッチポイントを特定し記録する方法については，第2章「タッチポイントを確実に押さえる」を参照してほしい。
- **エコシステムマップ**：製品やサービスのエコシステムマップを作る方法については，第3章「エコシステムを探究する」を参照してほしい（また，一次リサーチでエコシステムを調査してマップにすることを選んでもよい）。
- **チャネルのスコアカード**：様々なチャネルの顧客数，インタラクション，満足度に関係したメトリクスを見直す。
- **コールセンターのデータ**：顧客に共通するニーズ，不満，問題解決についてのレポートを見る。

図5.4　エンドトゥエンドのジャーニーにおける顧客のエクスペリエンスについて，多数の仮説を立ててみる。これにより，一次リサーチの必要な部分や，答えを見つけるべき最も重要な質問が見えてくる

- **ウェブサイトのアナリティクス**：タッチポイント別の数量，タッチポイント間やチャネル間の動き，顧客がどこからエクスペリエンスに入り，どこでエクスペリエンスを終えているか，などについてのデータを分析する。
- **競合リサーチ**：競合他社のタッチポイントとチャネルについての情報を見直す。

これをワークショップで行うことには，3つの長所がある。第一に，すでに存在する大量の情報を見直して，それらが何を物語っているかを理解するうえで，ワークショップは効率の高い方法だ。重要な知識がどこで欠如しているかが明らかになり，リサーチの計画に情報がもたらされる。第二に，エクスペリエンスマップについての基本的な概念を教えるよい機会となる。ステークホルダーに賛同してもらい，後の取り組みでより効果的にコラボレーションできるようになるだろう。最後に，人間であるからには，確証バイアスから逃れることはできない。入ってくる新しい情報を，頭のなかにある既存のモデルや理論に当てはめようとする傾向だ。仮説を立てるワークショップを開いておくと，参加者が持っているバイアスが表面化するため，新しい洞察が入ってくる時点で，全員で注意を払えるようになる。

イテレーションで前進する

発見のための取り組みは，おそらく現場を見に行くよりも前に始まるだろう。一般論として，様々なセンスメイキング（意味形成）のアクティビティを行いながら，イテレーションで前進することを目指すべきだ。エクスペリエンスマップには，ばらばらな情報の断片を多数集めて，継続的に分析し，統合し，ストーリーにまとめ，視覚化した結果を盛り込んでいくだけでなく，そのマップを使った結果も随時反映していく。同僚の期待を上手にコントロールしながら，マップ化のプロセス全体を通じて理解を徐々に明確にし，その知識のコミュニケーション方法を高めていく。

プロセスに組み込む

このコラボレーションのアプローチに賛同してもらうには，製品やサービスのエンドトゥエンドのエクスペリエンスを定義しデザインするに当たってこのアプローチがいかに有用かを，同僚に理解してもらう必要がある。そこで，この発見段階で学ぶことが後の段階に役立ち，機会の特定，アイディエーション，コンセプト開発，ビジョン創造，ロードマップ作成などが可能になると説明することだ。マップ化への投資から最大のリターンを得る方法については，後の章で説明する。

5.3　顧客のストーリーから学ぶ

顧客のエクスペリエンスをマップ化するには，ある程度のリサーチの知識が必要だ。本書はリサーチの本ではないので，具体的な方法論については他のリソースを見て，リサーチの計画とプロトコルのデザイン方法，参加者の選び方，定性的・定量的リサーチ

の実施方法などを知っておくとよいかもしれない[1]。エクスペリエンスマップとは,具体的な洞察を目指して作成するわけではないが,メソッドと分析方法に関してはベストプラクティスがある。ここから先のセクションでは,次の問いに答えていくことにしよう。

- どのような参加者を選ぶべきか。
- 何を学ぼうとすべきか。
- どのメソッドを使えば,ベストの結果を出せるか。
- 定量的リサーチを実施すべきか。
- 様々なステークホルダーをどのように巻き込んでいくべきか。

どのような参加者を選ぶべきか

どんなリサーチにも共通することだが,誰を調査対象とするかは,根底にある戦略的な意図によって決まってくる。前述の小売店の例に戻って,参加者選びの様々なアプローチをマップ作成の目標ごとに表5.1に示した。

表5.1 参加者の決め方

目標	参加者選びのアプローチ
製品やサービスの幅を広げ,多様性をもたらしたい。ターゲットとする顧客層のジャーニーのなかで,自分たちが小さな役割しか果たしていないのは,どのタイプのエクスペリエンスなのだろうか。	既存の製品やサービスの顧客セグメント全体を満遍なく代表するよう参加者を選び,既存顧客と潜在顧客の両方を含める。
すべてのチャネルにわたるシームレスなエクスペリエンスを作るための効果的な方法を見つけたい。顧客は実店舗,ウェブ,モバイル,コールセンターをどのように使っているのだろうか。	過去6か月以内に複数のチャネルを使用した顧客を特定する。人口統計学的な特性,心理的な特性,地理,忠誠度,その他行動やニーズに影響する次元を幅広く代表する参加者を含めるべきだ。日記を付けてもらうなどの長期にわたるリサーチでは,頻繁に利用している顧客に参加してもらう。
ミレニアル世代とつながるための画期的な方法を探している。この世代が当社で買い物する際に満たされていないニーズは何か。	1982年から2004年の間に生まれた既存顧客と潜在顧客を対象とする。人口統計学的な特性,心理的な特性,地理,忠誠度,その他行動やニーズに影響する次元を幅広く代表する参加者を含めるべきだ。
時折の利用客を,もっと頻繁なリピート顧客に変えたい。もっと強力な関係を構築するには,オンラインまたは実店舗でのエクスペリエンスの前,最中,後のどこに機会があるか。	オンライン,実店舗,または両方で過去12か月間に1,2回購入した顧客を特定する。
返品のエクスペリエンスに関する苦情が多い。オンラインで購入した顧客が実店舗に返品する際のエクスペリエンスをどうすれば改善できるか。	過去3〜6か月間にオンラインで購入して実店舗で返品した顧客を対象とする。実店舗は,苦情の少ない場所と多い場所の両方を含めるべきだ。返品された製品も,様々なカテゴリーの製品を含めるようにする。できれば,実店舗で返品している顧客を観察して,返品後にその場で調査に協力してもらい,よかった点と悪かった点について聞く。

---

[1] 聞き取り調査で最大の効果を挙げる方法については,Steve Portigal の著書『*Interviewing Users*』(New York: Rosenfeld Media, 2013) を参照してほしい。

どのケースの場合も，参加者選びのためのスクリーナーには，顧客特性の複数の組み合わせを入れることで，顧客ベースを確実に取り込めるようにする必要があるだろう[†2]。定性的リサーチでは，大人数で実施しなくても有効な結果が得られる。1セグメントにつき3～5人もいれば，よい洞察が得られる。それ以上増やしても，収穫逓減の法則が作用して，増やしただけの効果が得られるとは限らない[†3]。

顧客と話せない場合はどうするのか

多くの組織が，従業員が顧客と直接話すことには消極的だ（禁止していることもある）。リサーチは外注しているか，リサーチ部門の従業員のみができるようにするほか，単純にリサーチには予算を出さない方針を取っていることもある。このようなやり方は，顧客中心になろうとする姿勢とは正反対を行くものだ。本書が推奨しているのは，このあり方に挑むアプローチだ。

あなたの組織がこの新しいパラダイムを支持していないのであれば，次のことを試してみてほしい。

- 二次リサーチを行う。顧客との間で共感を直接的に構築することに関して，デザイン思考，サービスデザイン，イノベーションなどの業界関係者が行ったケーススタディが多数発表されている。
- 顧客リサーチを規制しているマネジャーと非公式にミーティングを持ち，デザインリサーチが組織の成功にとっていかに重要かを示す例を共有する。
- 特定のトピックについて学習する自由参加のイベントをランチ時のカフェテリアなどで開催して同僚を啓蒙し，新しいリサーチのアプローチに対する需要を刺激する。
- 実験を提案する。小規模な調査の協力者を見つけて，新しいアプローチの可能性を探ってみる。
- 社外の専門家に依頼して，新しいアプローチを支持してもらう。エクスペリエンスマッピングとリサーチの知識があり，（エクスペリエンスマップの制作を外注するのではなく）あなたの組織の新しいキャパシティ構築を助けてくれる人を見つける。

何を学ぼうとすべきか

戦略的な意図に基づいてエクスペリエンスをマップ化するということは，解決したい問題に関係して，様々な文脈に置かれた様々な顧客がどのような経路で出来事をエクスペリエンスしているかを理解することを意味する。すなわち，次の質問に答えていくことになる（その答えが，前述した基礎単位につながる）。

[†2] スクリーナーとは，調査に参加してほしい人のタイプや条件を指定すること。通常は，人口統計学的な特性，態度や行動の要件，製品やサービスと顧客の関係のタイプなどを盛り込む。

[†3] この経験則は，デザイン業界の定性的リサーチの経験とベストプラクティスに基づいている。このトピックについては，Sarah Elsie Baker と Rosalind Edwards による優れた白書を参照してほしい。blog.soton.ac.uk/dissertation/files/2013/09/how_many_interviews.pdf

- 顧客がジャーニーを開始した**きっかけ**は何だったのか。
- どんな**期待**があったか。
- どんな**行動**を取ったか。
- 様々なポイントでどのように**感じた**か。
- 特定の瞬間に何を**考えた**か。
- どの**タッチポイント**を利用したか。
- どの**人**が関与していたか。
- どの**技術**（画面，デバイスなど）が関与していたか。
- 出来事がどの**順序**で起こったか。
- **主な瞬間**は何だったか。
- どの**場所**で行動が取られたか。
- ジャーニー内およびジャーニー全体で，どれだけ**時間**がかかったか。
- **最終的に残った印象**は何だったか。

　これらの質問を直接聞くわけではない。顧客がエクスペリエンス談を語ったり顧客のエクスペリエンスを観察したりするなかで，答えが自然と浮上してくるだろう。顧客が歩んだそれぞれのジャーニーを理解するだけでなく，それぞれのニーズ，目標，動機，文脈についても学ぶことになる。そして，具体的なペインポイントと機会についての洞察を得て，ニーズをうまく満たすソリューションのインスピレーションも得られるだろう。

どのメソッドを使えば，ベストの結果を出せるか

　顧客のストーリーを詳細に理解するために選択または作成するリサーチのメソッドは，文脈によって大きく異なる。他のリサーチと同様に，顧客セグメントの幅と深さ，また利用できるアクセスのタイプによって，アプローチが決まってくる可能性がある。大規模かつグローバルな顧客ベースのリサーチと，あまり多様性がないローカルな顧客グループのリサーチでは，プロトコルが非常に異なる。もちろん，時間と予算の制約も，オプションを選ぶに当たって大きな役割を果たすだろう。

　いずれにしても，複数のメソッドを組み合わせ，定性的リサーチと定量的リサーチの両方を使って，顧客のエコシステムとジャーニーを異なる角度から学習できるようにすべきだ。ここでは，3つの一般的なアプローチと，成果を挙げるためのメソッドの概要を説明しよう。定量的メソッドは，この章の後のほうで取り上げる。

フェイストゥフェイスの調査

　顧客とフェイストゥフェイス（直接またはビデオ）で面会して話を聞くという方法は，エクスペリエンスをマップ化する際に最もよく選ばれるアプローチだ。これには正当な理由がある。顧客と直接話すことで，直接的に共感を持てるようになる。また，物理的な手配や準備が比較的容易なうえ，そのセッションの間に使えるメソッドという点でも

最大の柔軟性をもたらす。もう1つの利点は，あまり経験がないリサーチャーにも何らかの役割を担当してもらい，セッションに入ってもらえることだ。人の記憶は正確ではなく，顧客が過去の行動や考えたこと，感じたことを誤って覚えている可能性もあるため，完璧なメソッドとは言えないが，それでもよい結果が期待でき，費用対効果も十分だ。

　フェイストゥフェイスのセッションをどのように実施するかは，顧客とその世界に物理的にどこまで近付けるかによって異なる。可能であれば，できるだけ近付くことだ！顧客のいる場所に出かけて行って，その文脈のなかで調査を行うのが望ましい。ラボの環境は，特に会社のオフィスやキャンパス内にある場合は，顧客の居心地のよさという点で壁を作り出し，バイアスをかけて結果を偏向させる可能性がある。このため，コーヒーショップなど，中立な第三者の空間を使うことも検討するとよい。

　場合によっては，顧客のいる場所に行くことができず，リモートのセッションが必要なこともある。FaceTime や Google Hangouts などのビデオ会議ツールを使うことで，距離感を解消することができる。理想的とは言えないが，画面共有機能を使ってインタラクティブなメソッドを使うこともできる。様々なリサーチ環境の長所と短所はほかにもあり，表5.2 に示したとおりだ。

　フェイストゥフェイスのセッションの間に使用するメソッドは，基礎単位の主なカテゴリー，すなわち顧客，ジャーニー，エコシステム，文脈を理解するのに役立つ方法であるべきだ。また，参加者にとって楽しいセッションにする必要もある。時間を無駄にしているわけではないと感じれば，オープンに率直な情報を提供してもらえるだろう。表5.3 に示したのは，90 分間のセッションの進行表の例だ。

表 5.2　リサーチ環境の長所と短所

アプローチ	長所	短所
ビデオ	低コスト 地理的に広範囲にアクセスできる。 他のステークホルダーが観察・参加しやすい。	特定のツールが必要であり，技術に明るくなければならない。 親近感を持ちにくい。 共創のメソッドを使いにくい。
対面—ラボ	比較的低コスト 他のステークホルダーが観察・参加しやすい。 共創のメソッドを使える。	地理的な到達範囲が限られている（ラボの所在地による）。 顧客にとって最も不便。 居心地や親近感という点で，ラボの雰囲気が壁を作る。
対面—中立	居心地がよく，バイアスがかかりにくい環境を選べる。 共創のメソッドを使える。 地理的に広げることができる。	ステークホルダーの観察や参加に限界がある。 多数の場所で行う場合に旅費がかかる。 顧客にとって不便な可能性がある。 適切な場所を見つけるのに労力が要る。
対面—現場	顧客にとって最も便利。 共創のメソッドを使える。 観察して文脈をフルに理解することができる。 地理的に広げることができる。	多数の場所で行う場合に旅費がかかる。 ステークホルダーの観察や参加に限界がある。 手配や準備に手間がかかる（ただし，その価値はある！）。

表 5.3 フェイストゥフェイスのセッションの進行表

時間	目標	メソッド
10分間	人間関係を作る。	自己紹介や世間話を通じて，参加者のことを理解する。どんなことに興味があるのか。製品やサービスとどのような関係を持っているか（該当する場合）。
25分間	文脈を理解する。	個人的なエコシステムをマップ化する（第3章）。
30分間	ジャーニーを理解する。	誘導型のストーリーテリングと視覚的なマッピングを使ってエクスペリエンスをマップ化する。
20分間	ニーズとソリューションをさらに理解する。	それまでのメソッドで発見したペインポイントと機会に対するソリューションを共創する。
5分間	セッションを閉会する。	会話の時間を取る。

この進行表の例の意図は，不安感や不快感を生じさせない雰囲気で双方向のディスカッションを促すことにある。参加者のエクスペリエンスを理解し，そのエクスペリエンスが顧客の個性や個人的な文脈のなかでどこに位置するかを見極めようとしている。使用する具体的なメソッドには，次のようなものがある。

● **自己紹介と世間話**：簡単な会話で打ち解けた雰囲気を作り，セッション中の基本的な決まりごとを確認する。パーティーで初対面の人と話すときのような会話を心がける。「どんなお仕事をしていらっしゃるのですか」。「ご家族は」。「どんなことがお好きですか」。これを前振りとして，本題のディスカッションに関係したトピックにつなげる。製品やサービス（例：住宅ローン）かもしれないし，顧客の置かれた文脈（例：家を見つけて購入する）かもしれない。

● **個人的なエコシステムマップ**：第3章で説明したとおり，参加者の個人的なエコシステムを共創して，そのなかで重要な役割を果たしている人，場所，モノ，関係を把握することができる。このアプローチは，文脈の理解を促し，エンドトゥエンドのジャーニーをマップ化する際に何が語られるかを予期するのにも役立つ。

● **エクスペリエンスマップ**：このアプローチでは，2つのメソッドを使用する。誘導型のストーリーテリングと視覚的なマッピングだ。誘導型のストーリーテリングとは聞き取り調査のテクニックで，参加者が自分のエクスペリエンス（この場合は最近のジャーニー）を振り返る。参加者が記憶をたどる間に，ファシリテーターがそのジャーニーを視覚的に書き留めていく。これにより，したこと，感じたこと，考えたこと，その瞬間を正確に記録したかどうかを確認できるようになる。

● **ソリューションの共創**：セッションを終える前に少し時間を取って，顧客と一緒に未来を考えてみよう。それまでの会話を通じて発見した満たされていないニーズ，ペインポイント，機会を使って，新しいソリューションを模索する。

ジャーニーの視覚化を共創する

私はリサーチのセッションで，参加者に一緒に成果物を作ってもらうようにしている。これによりエンゲージメントが高まり，さらに深い洞察が得られるからだ。例えば，顧客のジャーニーを視覚化したうえで，その図解の上にトレーシングペーパーを貼って（図5.5），どこをどのように改良できるかを一緒に書き出してみる。

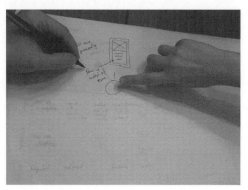

図5.5 現在と未来のジャーニーを視覚化する

文脈・瞬間での調査

顧客に過去のエクスペリエンスを聞くだけでなく，カスタマージャーニーが起こっている現場を観察してみると，驚くほど貴重な洞察が見えてくるものだ。この目的で使えるメソッドは，製品やサービスの性質によって異なる。とはいえ，目標は，ジャーニーの瞬間が起こる時点とそれを理解・解釈する時点の間をできるだけ短縮することだ。

小売り，医療，銀行，旅行など，物理的なチャネルが重要な役割を果たす業界では，主な瞬間が発生する場所に直接入ることから大きな投資リターンが得られる。具体的なアプローチには，次のものがある。

- **観察**：顧客がその環境で様々な人やモノとどのようにインタラクションしているかを観察する（図5.6）。
- **事後質問**：顧客をフォローして観察する。そして簡単に聞き取り調査を行って，観察したことについて尋ね，直接的に観察しなかった部分で起こったことについての洞察を得る。
- **同行**：顧客のジャーニーを一緒に経験しながら，その文脈のなかで質問し，観察していることを確認していく。
- **実習**：サービス提供者としてのトレーニングを受けたうえで，顧客と直接接して，ニーズ，タッチポイント，インタラクションをさらに深く理解する。

図 5.6　顧客のインタラクションを直接的に観察する際には，解釈が必要になる

　デジタルな製品とサービスを対象にする場合でも，同様のテクニックが使える。例えば，事後質問のメソッドであれば，ウェブサイトを使用中の参加者を募って，エクスペリエンスしたばかりの出来事や次に何をするつもりかを説明してもらうことができる。「同行」するのであれば，顧客がジャーニーを始める前に依頼して，デジタルチャネルとのインタラクションを観察する。

　観察への依存度が高くなるほど，何らかの解釈をして，考えたことや感じたことといった基礎単位を突き止める必要が生じる。事後質問と他のメソッドを組み合わせることで，何が起こったかを見ることと，それがなぜ起こったのか，何を意味するのかを理解することの間でバランスを取れるようになる。

一人称の記録による調査

　リサーチの第三のカテゴリーは，顧客に何らかの道具を提供して，ジャーニーの過程を記録してもらうことだ。エクスペリエンスのマップ化にとって効果的な自己申告型のメソッドは多数あり，例えば次のものが挙げられる。

- **文章**：アナログであれデジタルであれ，日記を付けてもらって，ジャーニーの瞬間を記録する。
- **写真**：ジャーニーの主な瞬間で写真を撮って，簡単な説明を添えてもらう。
- **ビデオ**：ジャーニーをリアルタイムで撮影するか，または発生後にエクスペリエンスについて話してもらう。
- **スニペット**：瞬間が起こるたびに手短に振り返って，テキストメッセージやモバイルアプリでレポートしてもらう。

　一人称形式の調査は，慎重にデザインし，参加者をサポートする手段も十分に提供する必要がある。しかし，ジャーニーの瞬間やその直後に収集できるデータは非常に中身が濃く，それだけの価値があるだろう。

112　第5章　エクスペリエンスをマップ化する

> **解説　定性的なデータを統合する**
>
> 　定量的なデータや統計の分析にも共通することだが，定性的なリサーチの結果を分解してパターンを見つけるには，かなりのスキルが求められる。時間もかかり，中規模から大規模なリサーチともなれば，数日では済まず，数週間かかることもあるだろう。ある程度の人数のグループで学習したことから意味を形成していくには，その過程を率いることのできる経験豊富な人が1人または複数必要になる[†4]。

定量的リサーチはすべきか

　定量的リサーチと定性的リサーチを両輪として使用すべきだ。定量的リサーチは，すでに多数存在しているかもしれない。ウェブサイトのアナリティクス，NPS（ネットプロモータースコア），VoC（顧客の声）などがこれに該当する。この種のリサーチは，顧客が製品やサービスのジャーニーの間にいかに様々な行動とインタラクションを経ているかを理解するうえで，きわめて貴重だ。一般に，エクスペリエンスマップに価値をもたらす定量的データは3種類ある。

- **既存のマーケティングデータ**：マーケティングを手がける組織や部署のほとんどは，定期的に顧客調査を行っている。カスタマージャーニーの瞬間に関係した調査を探して，そこから何か洞察が得られるかどうかを見てみてほしい。例えば，過去の調査で，どのチャネルを好むか，どの瞬間に最も満足感や不満を感じたかを顧客に聞いていたかもしれない。
- **事業メトリクス**：事業部門が調査部門などに依頼して，事業上のメトリクスを測定することもある。傾向を把握して戦略に役立てるためだ。NPS，チャネルごとのパフォーマンス，セールスファネルなど，一般的に用いられるレポートから，パフォーマンスの傾向についての感覚をつかみ，定性的リサーチで学んだことに結び付けることができる。
- **チャネルのデータ**：個別のチャネルも，それぞれのベストプラクティスを実践して，顧客とのインタラクションを測定している。ウェブやモバイルアプリのアナリティクスは，使用率，ユーザーフロー，エントリーポイントとエグジットポイント，コンバージョンについての詳細なデータをもたらすかもしれない。コールセンターのレポートには，通話件数，リクエストされたサポートのタイプ，問題を解決するために使用した手段や経路が記録されている。これらのデータを詳細に分析して，多くの顧客が歩む順路を組み立て，そこで何が起こるかを見ていくことができる。そして，定性的リサーチを使って，「なぜ」を理解していく。

[†4]　リサーチの統合に関する文献として，John Kolko の著書『*Exposing the Magic of Design—A Practitioner's Guide to the Methods and Theory of Synthesis*』（Oxford: Oxford University Press, 2011）は非常に参考になる。［参考文献：『デザインの原則を組織に応用する』，ジョン・コルコ著，ダイヤモンド社，2016］

- **ジャーニーに即した調査データ**：既存のデータを見るだけでなく，独自の調査を行うことも検討すべきだ。定性的な洞察が大規模にどう作用するかを見ることができるだろう。個別のチャネルがどのように使われているかを示すデータは存在するかもしれないが，ジャーニーに即した調査を実施することで，エクスペリエンスの間に使われるすべてのチャネルを見られるようになり，タッチポイントでのインタラクションや全体的なエクスペリエンスを顧客がどのように受け止めたかを調べられる。このアプローチをマップ形式に視覚化したのが図5.7だ。

言うまでもなく，定量的データは，顧客がエクスペリエンスする行動や認識や感情の背後にある「なぜ」は示してくれないし，インタラクションが起こった文脈の違いも説明してくれない。このため，定量的リサーチは重要だが，それだけでは十分ではないと説明する必要がある。とはいえ，一握りのユーザーに聞き取り調査を行って，そこで得た情報を十分なサンプルサイズのデータで裏付けることができれば，多岐にわたる顧客のエクスペリエンスを完全にとらえることができたと確信できるはずだ。

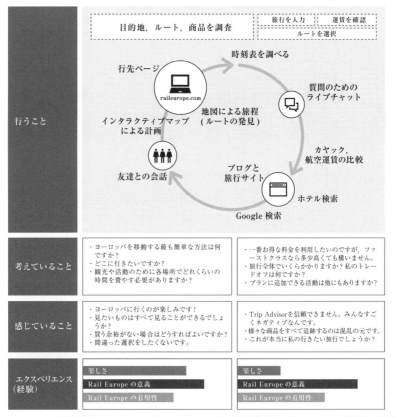

図5.7 Rail Europeが作成したエクスペリエンスマップ。調査結果をジャーニーの段階に結び付けて作成された

様々なステークホルダーをどのように巻き込んでいくべきか

発見とリサーチのプロセスをイテレーションで進んでいく間に，同僚を巻き込み，継続的に関与してもらうことが重要だ。エクスペリエンスマップの制作者からインフルエンサーまで，様々なステークホルダーに関与してもらうためのテクニックをいくつか紹介しよう。

- **質問マップを作成する**：リサーチのプロトコルをデザインする前に様々なステークホルダーを集めてミーティングを開催し，エンドトゥエンドのCXに関して何を知りたいと思うか，質問を出してもらう。そして，全員の質問を分析したうえで，リサーチに含めるべき主なトピックを特定する。
- **エクスペリエンスマップの制作者をローテーションする**：同僚のほとんどは，リサーチのファシリテーターを務めるスキルは持っていないし，すべての調査に参加する時間もないはずだ。とはいえ，現場で顧客と話す際には，ステークホルダー数人に立ち会ってもらうことが大切だ。このアプローチの意義を分かってもらえるうえ，顧客への共感を直接的に感じてもらえる。リサーチに立ち会うステークホルダーにはノートを取る記録係になってもらい，ローテーションで毎回違う人に来てもらうのが望ましい。また，ノートの質を確保するために，現場で記録係を務める人にはトレーニングを施して，ノートのテンプレートとその使い方も提供し，この役割を満足に務められるよう十分にサポートする必要がある。
- **展示会を開催する**：洞察を集めた後，かなり時間が経ってからようやく共有されることがあまりにも多い。チーム内の絆を育み，また顧客中心の文化を醸成するうえで非常に有効なテクニックが，リサーチ後に展示会を開催することだ。フィールドリサーチを終えたら，それに関与した人を全員集めて，未加工の情報を壁に貼り出してみる。調査の参加者の写真や，一緒に作ったジャーニーとエコシステムのマップ，重要な洞察を書き出した付箋などを使うことができる。この展示を完成させたら，展示会を開催して他のステークホルダーを招待する（図5.8）。そして，エクスペリエンスマップ制作者に，この展示物を見せながらエクスペリエンス談を語ってもらう。

図5.8　フィールドリサーチの収集物を社内で発表した展示会

5.4　学んだことから意味を形成する

　このコラボレーションのアプローチは，リサーチが終了した後も継続する。部署横断的なチームで一緒になって調査結果を精査し，データに潜む大きなストーリーを見つけていく。

　ここでは，発見段階とリサーチのアウトプットのなかにパターンを見つける必要がある。これは時間がかかるうえ，厄介な作業でもある。アプローチとして一般的なのは，データを分解し，類似したものをグループ化してパターンを見つけたうえで，それを大局化して洞察にし，エクスペリエンスマップに当てはめていくことだ。これらの基本に加えて，次のステップを踏むことで，生のストーリーを洞察に変えていけるだろう。

1. **顧客のストーリーを一人ひとり個別に吟味する**：まずは，リサーチで集めたストーリーをすべて出して，顧客から聞いたことを共有し，一人ひとりのストーリーの主なポイントをまとめていく。

2. **類似した顧客をグループ化して，ジャーニーに分解する**：様々な顧客のエクスペリエンスに見られるパターンに目を向け始める。類似した顧客をグループ化して，リサーチのノートや制作物をグループごとに吟味して，ジャーニーを理解し，グループ内で比較してみる。

3. **グループ間で比較する**：次に，グループ間のパターンを見る。深いレベルのパターンが見えてくる場合は，顧客のグループ分けを調整する。

4. **構造や大きなテーマを定義する**：第4章「ジャーニーについて考える」で説明した基礎単位とフレームワークを使用して，エクスペリエンスマップの構造を決める。エクスペリエンスマップが伝えるべきテーマを考え始める。

5. **他のモデルやデータと相関させる**：このエクスペリエンスマップの構造を，タッチポイントインベントリーや定量的データ，観察のリサーチなどで学んだ結果に結び付ける。

6. **改良を続ける**：構造を調整して，どの詳細情報を含めるかを選択していく。これには何度かイテレーションが必要になるだろう。根気強く続けることだ。

　これらのアクティビティは，数日間のワークショップや数回にわたるセッションで行うことができる。この章の後の「エクスペリエンスマッピング」ワークショップで，このステップをどのように実践するかを説明する。

5.5　重要なことをコミュニケーションする

　よくできたエクスペリエンスマップとは，行動を刺激するものでなければならない。そのためには，発見したことを説得力のある成果物にまとめる必要がある。戦略的な計画策定であれ，アイディエーションであれ，戦術的な実行であれ，次のステップをサ

ポートするようにエクスペリエンスマップをデザインすべきだ。リサーチの結果を報告するためのものではなく、ツールとして使うものとして、エクスペリエンスマップを位置付ける必要がある。

エクスペリエンスマップのテンプレートと言えるようなものは存在しないが、過去数年の間にベストプラクティスが見られるようになった。ここでは、エクスペリエンスマップのデザインを決めるためのヒントをいくつか紹介しよう。

- **文脈を考えてデザインする**：エクスペリエンスマップのデザインには、いくつもの選択肢がある。重要なのは、使い手のニーズに合わせてデザインし、戦略と実行をサポートするシステム全体にうまくフィットさせることだ。
- **明確な構造を持たせる**：分析の間に見えてきた段階や瞬間は、エクスペリエンスマップにおいて重要な構造的枠組みとなる。本の章やセクションと同じで、あなたの語りたいストーリーをエクスペリエンスマップの使い手に伝えるうえで、これらの要素が役立つはずだ。段階と瞬間の名称は、顧客がエクスペリエンスを語る際に使う言葉にすべきだ。認知、検討、コンバージョン、ロイヤリティといったビジネスの専門用語は使わないようにする。顧客の行動やニーズを顧客の視点から要約するようなラベルにするとよい。例えば、「使えるオプションを調べてみる」、「ホテルに向かう」など。また、図5.9にあるように、「これは少しヘルプが必要かも」のような言葉でもよい。段階や瞬間に真実味のある名前を付けるに当たって、顧客とした会話を思い出してみるとインスピレーションが湧くことも多い。
- **顧客の基礎単位とタッチポイントとの関係を示す**：顧客があなたの組織との間で経験しているインタラクションを舞台の主役にしなければならない。瞬間ごとに、そ

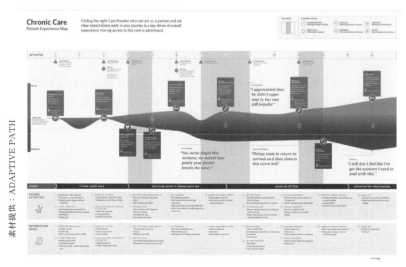

図5.9 「認知」ではなく「これは少しヘルプが必要かも」といった名称を使うことで、顧客の実際のエクスペリエンスを明確に伝えることができる

の性質やタッチポイントの品質，顧客の行動，認識，感情の幅を示す必要がある。

　これらの関係をうまく表現する方法を考える際には，顧客の基礎単位のどれか1つを使ってストーリーを描けるかどうかを考えてみよう。これは感じたことのジャーニーなのだろうか（図5.10）。それとも，したことのジャーニーなのか。考えたことのジャーニーなのか。伝えたいテーマや洞察によって，これらのいずれかがジャーニーを視覚化するうえで中心的な役割を果たすだろう。

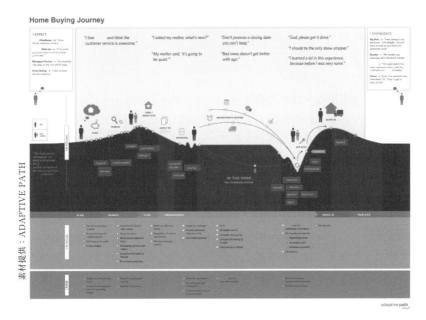

図5.10　これは住宅購入のエクスペリエンスマップで，感情の基礎要素が中心となっていて，他の基礎要素が感情にリンク付けされている

- **すべての顧客が同じでないことを強調する**：これまでの調査で，顧客ベースのなかに多岐にわたるニーズやエクスペリエンスがあることが分かったはずだ。その結果として，複数のタイプやプロフィールが作られたかもしれない。これらをエクスペリエンスマップでどのように表現するかは，伝えたいストーリーの種類によって変わってくる。この多様性を表現するには，エクスペリエンスの幅広さを強調して，異なる顧客タイプの感情のジャーニーを比較したり（図5.11），プロフィールごとに複数のマップを作ったりすることができる。エクスペリエンスマップで顧客インサイトをすべて表現する必要はないが，まるで顧客が1人であるかのように過度に一般化しないよう，マップの批評を添えるべきだ。

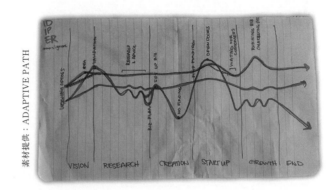

図 5.11　様々な顧客タイプの感情のジャーニーを比較している

- **大局的な見方を共有する**：タッチポイントを示すことは基本中の基本だが，製品やサービスの外にある瞬間やニーズについての洞察も含めなければならない。どこまで含めるかは，選択するズームのレベルによる。住宅を購入するプロセスなのか，それとも住宅ローンに申し込むプロセスなのか。顧客のストーリーを理解するうえでその洞察がどれだけ重要かも考慮する必要がある。
- **最も重要なことを目立たせる**：マップに記載する情報はすべて重要な情報であるべきだが，なかでも特に目立たせるものと二次的・補完的な情報として取り扱うものについての戦略を持つべきだ。図 5.12 は，よいアプローチを示している。基本的なストーリーを明確に示して，特にハイライトと言える部分を目立たせながら，詳細を伝える部分も残している。階層構造，コントラスト，縮尺，色分けなど，情報デザインの基本原則を使用して，最も効果の高いマップを作ることだ[5]。
- **顧客の声を活用する**：顧客が語った言葉を引用することで，マップに豊かさや真実味がもたらされる。ただし，多用はせず，重要な洞察を強調するため，かつマップで示したデータをうまく統合する目的でのみ使用する。少ないほうが効果的だ。
- **定量的データはすべてではなく一部を強調する**：前述したとおり，顧客のエクスペリエンスやタッチポイントとチャネルの役割に洞察をもたらす定量的データは，エクスペリエンスマップに重みを添える効果がある。ただし，顧客の言葉の引用と同じで，数値やグラフもマップ上での多用は避けるべきだ。洞察に富んだデータのみを強調して，細かい数値がある場合は，別の補足資料で示すようにする。
- **形式で遊んでみて，ツールを作る**：エクスペリエンスマップをデザインのプロセスでツールとしてどのように使用するかについては後の章で説明するが，ここであらためて確認しておきたいのは，エクスペリエンスマップは単に見た目に美しい成果物としてお蔵入りさせてはならないという点だ。この点は，文脈を考えてデザイン

---

[5] これまでに私たちが出会った才能あふれるビジュアルデザイナー，コミュニケーションデザイナーの皆さんにお礼を申し上げる。この人たちは，エクスペリエンスマップのデザインに特化した本を書けるほど，ベストプラクティスの知識が豊富だ。その才能を称賛し，感謝を表明したい。

5.5 重要なことをコミュニケーションする　119

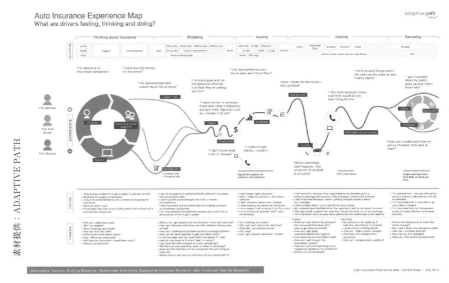

図 5.12　詳細な情報がふんだんに盛り込まれているが，主なハイライトもすぐに見て取ることができる

することの重要性につながる。図 5.13 は，エクスペリエンスマップがその後どのように様々に使われていくかを示している。ほかの人と共有され，具体的なデザインの作業で活用され，継続的に更新されながら維持管理されていく。

図 5.13　クリエイティビティを発揮してマップを様々な形式で作り，組織の文化に合った有益・有効なものにする

● **ストーリーを語る**：この最後の点が最も重要だ。語りたいストーリーを定めて，そこからマップを制作していく。視覚化の方法を考え始めるよりも前に，マップで伝えたい主なポイントや知ってほしいことを書き出すべきだ。顧客のエクスペリエンスを基礎単位に分解するのと同じことだ。ユーザーにこのマップを使ってもらう間に何を感じ，何を考えてほしいかを決めたうえで，それに合わせてデザインすることができる。この洞察をユーザーにどのように使ってほしいかを考えたうえで，ストーリーとツールを構築する。そして，主なポイントや学習したことを使って，

マップの視覚化の方法を調整し，改良していく。

> ### 説得力のあるストーリーを語る
>
> 　うまく作成すれば，エクスペリエンスマップは，人間のエクスペリエンスについてのストーリーを豊かに，深いレベルで語るものになる。私は，視覚的な要素やモデルを使ってストーリーを語るのが大好きだ。言葉だけで話すよりも，すばやく簡単に理解してもらえるからだ。優れたジャーニーのモデルは，定性的・定量的な情報の複数のレイヤーにわたるストーリーを伝えることができる。時間の要素を加えた視覚的なモデルは，ストーリーを語るうえで最も手っ取り早く，効果的な方法だ。

まとめ

- エクスペリエンスマップとは，エンドトゥエンドの CX に関するリサーチの洞察を視覚的に表現するものだ。顧客が製品やサービスとどのようにインタラクションするかだけでなく，顧客を取り巻く大きなエコシステムも説明する。
- エクスペリエンスマップの制作は，チームで行う活動だ。最初に意図を明確にしたうえで，発見と一次リサーチをイテレーションで行って，顧客のストーリーを浮き彫りにしていく。
- 定性的リサーチの構造には多数の選択肢がある。複数のメソッドを組み合わせ，定量的データも活用する必要がある。
- 生データからエンドトゥエンドの CX の理解を統合していくのは，時間のかかる作業だ。部署横断的なチームで取り組みを続け，チーム内の人間関係や絆を育んで，エクスペリエンスマップのもたらす価値に賛同してもらう。
- 自分の置かれた文脈を考えて，マップをデザインする。明確な構造を持たせること，また語りたいストーリーを定めて，そこからマップを制作していくことが重要だ。重要な情報を慎重に選んで視覚化することで，効果的なツールを作ることができ，これが戦略的な決定や戦術的な方策に活かされ，また決定や実践を刺激していくだろう。

WORKSHOP

エクスペリエンスマッピング

エクスペリエンスマッピングのワークショップでは，共創のアプローチを使用して，フィールドリサーチに参加した同僚と一緒に当初のエクスペリエンスマップを制作する。このワークショップは，この章で解説したアプローチの多くを実践したことを前提としている。エクスペリエンスマップの制作者が数人，フィールドリサーチに参加して顧客と直接時間を過ごし，顧客のストーリーを理解したはずだ。このワークショップでは，参加者がリサーチの間に自分で観察した顧客のエクスペリエンスをあらためて理解し，その発見を重要な洞察へと変えていけるよう，一連のアクティビティを導いていく必要がある。エクスペリエンスマップで取り上げる範囲によっては，2回ほどのセッションで終えられることもあれば，数日にわたって3，4回のセッションが必要になることもあるだろう。これは，リサーチを構造立てて統合していく作業だ。それなりの努力が必要だが，結果として自信作と言えるエクスペリエンスマップが完成するだろう。

WS 5.1　ワークショップの目標

- すべての参加者が，顧客とのセッションで学んだことを確実に理解できるようにする。
- 顧客のストーリーを個別に精査し，詳細に分析する。
- 複数の顧客に共通するパターンを見つけて，洞察を生成する。
- 個々のジャーニーを統合して，最初のエクスペリエンスマップを制作する。

WS 5.2　アジェンダ

このワークショップは通常，2，3日かけて行う。何人の顧客に聞き取り調査したか，何人の顧客を観察したかによって異なってくるだろう。次に示した所要時間は，2日間にわたるワークショップを想定している。また，このアジェンダでは，休憩と食事の時間をあらかじめ決めているが，様子を見て適宜決めることもできる。

表5.4　ワークショップのアジェンダ（1日目）

アクティビティ	説明	所要時間
アジェンダと目標を説明する。	このワークショップで行うアクティビティについて説明し，終了時点で何を達成するかを共有する。	30分間
顧客のストーリーを一人ひとり個別に吟味する（パート1）。	リサーチで集めたストーリーをすべて出して，顧客から聞いたことを共有し，一人ひとりのストーリーの主なポイントをまとめていく。	90分間
休憩	エネルギー補給！	15分間
顧客のストーリーを一人ひとり個別に吟味する（パート2）。	ストーリーの検討を続ける。	120分間
ランチ	食べる！	60分間
顧客のストーリーを一人ひとり個別に吟味する（パート3）。	全員のストーリーを終了する。	90分間
休憩	次のアクティビティの準備をする間，参加者に休憩してもらう。	15分間
類似した顧客をグループ化して，ジャーニーに分解する（パート1）。	様々な顧客のエクスペリエンスに見られるパターンに目を向ける。類似した顧客をグループ化して，それぞれのジャーニーを基礎単位に分解する。	120分間

表5.5　ワークショップのアジェンダ（2日目）

アクティビティ	説明	所要時間
類似した顧客をグループ化して，ジャーニーに分解する（パート2）。	ジャーニーの分解を続ける。	120分間
休憩	次のアクティビティの準備をする間，参加者に休憩してもらう。	15分間
グループ間で比較する。	グループ間のパターンを見る。深いレベルのパターンが見えてくる場合は，顧客のグループ分けを調整する。データを見直して，センスメイキング（意味形成）をストレステスト（負荷をかけた調査）にかける。	90分間
ランチ	食べる！	60分間
構造や大きなテーマを定義する（パート1）。	先の章で説明した基礎単位とフレームワークを使用して，エクスペリエンスマップの構造を決める。	120分間
休憩	エネルギー補給！	15分間
構造や大きなテーマを定義する（パート2）。	構造を完成させ，主なテーマを記録する。	90分間
振り返り	ワークショップのプロセスと成果について振り返る。次のステップを決める。	15分間

役割

- **ファシリテーター（1人）**：ワークショップのホスト役を務め，セッション中のアクティビティを進行する。
- **ファシリテーター補佐（1人または複数）**：準備と片付けを手伝い，アクティビティをサポートする。

- **カメラマン**：セッション中の写真を撮って，参加しなかった人がコラボレーティブなプロセスを理解できるようにする。

参加者
- フィールドリサーチのファシリテーター
- フィールドリサーチに参加したエクスペリエンスマップの制作者

用意するもの
- **リサーチの記録**：リサーチのセッションからのノート，写真，ビデオ
- **共創の成果物**：セッションの間に顧客と一緒に制作したジャーニーの視覚表現や他の成果物

文具
- フリップチャートの替え用紙や大判の模造紙（壁に貼ってキャンバスとして使用する）
- 制作物を壁に貼るためのテープや粘着剤
- マーカーペン
- 付箋
- カメラ

WS 5.3　ワークショップの準備

コラボレーターを事前に啓発して，エクスペリエンスマップがもたらす価値に賛同してもらう必要がある。ワークショップの焦点を，洞察あふれる上質なカスタマージャーニーのモデルを構築することに絞り込みたいからだ。また，全員がこれまでのリサーチや成果物に精通し，現在のCXを十分に理解しているようにする。皆で集まって見方をすり合わせる機会を楽しみにしているのが理想だ。

WS 5.4　ワークショップの進め方

このワークショップを進行するのは，必ずしも容易ではない。ノート，書き起こし，セッションの最中に制作したもの（顧客と一緒に作ったジャーニーマップなど）から大量のデータを取り込み，すべて洗いざらい見直していく必要がある。リサーチの結果を効率よく効果的に解釈するスキルも，参加者によって異なるだろう。ワークショップが長時間にわたるため，参加者の「本業」の時間に食い込む可能性もある。

とはいえ，それだけの価値があるワークショップだ。微に入り細を穿つ結果として，顧客への共感が生まれ，組織内でのパートナーシップも育まれる。根気強く，重要なことは譲らない断固とした姿勢で，次のステップを率いていってほしい。

- 顧客のストーリーを一人ひとり個別に吟味する。
- 類似した顧客をグループ化して，ジャーニーに分解する。
- グループ間で比較する。
- 構造や大きなテーマを定義する。

顧客のストーリーを一人ひとり個別に吟味する

このワークショップに参加する同僚は，リサーチのセッションに少なくとも1回は立ち会ったはずだ。しかし，すべての顧客と時間を過ごした人はおそらくいないだろう。そこで，最初の目標は，すべての顧客のそれぞれのストーリーを参加者全員に知ってもらうことだ。リサーチで学んだことを互いに共有して，この分析を開始することができる。1つのやり方として，次のアプローチがある。

- リサーチした顧客をそれぞれ，当該セッションに立ち会った同僚に割り当てる。
- 各人が自分の担当のセッションのアウトプット（通常はノート，共創のワークシート，書き起こし，写真，概要シートなど）を見直し，主な要点をまとめる。これを付箋に書き留めることができる。細部にわたって漏れなく検討してもらう。これには少し時間がかかるだろう（注：日記のメソッドで制作した自己申告のジャーニーでも，この同じアプローチが使える）。
- 全員がアウトプットの分析を終えたら，次は1人ずつ発表する。リサーチの際に制作した視覚的な成果物がある場合はそれも示して，より有形な洞察を生み出すのに役立てる。基礎単位の主なカテゴリーに焦点を当てる。
  - この顧客はどのような人物か。
  - その人のエコシステムと文脈について何を学んだか。
  - ジャーニーを開始するきっかけは何だったか。
  - 主な瞬間は何だったか。
  - 動機やニーズは何だったか。感情的に高揚したり失望したりしたポイントがどこにあったか。
  - このストーリーの教訓は何か。
- 発表者以外の同僚は，この発表を聞きながら，印象に残った点を付箋1枚に1つずつ書き留めていく。これにより，後で主なテーマにまとめていくプロセスが加速する（図5.14）。

図 5.14　顧客の個人的なエコシステムのなかにパターンを見つける

類似した顧客をグループ化して，ジャーニーを分解する

リサーチのセッションをすべて個別に読み解き，顧客一人ひとりについての全体的な理解ができたところで，グループにまとめる作業を開始する。グループ化の際に使用する要因は，顧客の行動，感情，ニーズに最も影響すると思われる変数だ。リサーチに参加してもらう顧客を選んだ際に使用したセグメンテーションかもしれないし，ペルソナなどの既存のモデルかもしれない。例として，次のような要因が考えられる。

- 投資：何らかの目標を立てている顧客か，初期の探究段階にある顧客か
- 旅行：初めて飛行機に乗る顧客か，旅慣れた顧客か
- 住宅ローン：新規の住宅ローンか，ローンの借り換えか
- 医療：救急科の患者か，一般内科の患者か
- ショッピング：時折の顧客か，常連の顧客か

この段階では，あまり緻密に考えすぎずに，ざっくりと顧客を分けてみる。目標は，顧客のアイデンティティを見極めて，ジャーニーをもっと詳細に見ていく段階で比較できるようにすることだ。たいていの場合，最初に作るグループ分けは，最終的なグループ分けとは異なる。ここで議論が紛糾して暗礁に乗り上げたりしてはいけない。情報に基づいて判断し，時には英断を下して，前へ進もう。

顧客のグループ分けができたら，同僚を少人数のチームに分ける。次の目標は，顧客のそれぞれのジャーニーを分解して，基礎単位に分けていくことだ。このプロセスでは，次のことを実践する。

- 各チームに大きなキャンバスを用意して，5，6色の付箋を配る。このキャンバスは壁でもよいし，長机でもよい。
- チームごとに1人の顧客から着手し，そのバックグラウンドやエコシステムをあらためて復習する。
- ノート，書き起こし，視覚的なジャーニー，その他の制作物を使って，顧客のジャーニーを瞬間ごと，ステップごとに分解し始める。最初に注目するのは，そ

の顧客が何をしたか，何を考えたか，何を感じたかだ。さらに，エクスペリエンスの過程で何とインタラクションしたかを1つずつ究明していく。こうして進みながら，人や場所などの詳細を埋めていく。

- 基礎単位ごとにキャンバス上にレーンを作って定義するとよい。図5.15で示したように，付箋の色を使い分けて，基礎単位を区別したり，あるいは顧客を区別したりすることができる。
- ジャーニーの形が見えてきたら，その途中で自然に分けられそうな場所を見つける。これを顧客のストーリーの章ととらえると，ジャーニーの段階を見極めるのに役立つ。
- 要点をうまく言い表した顧客のセリフを見つけて追加する。
- 同じグループ内のすべての顧客に同じことを行って，同じキャンバスに貼り出していく。この際，付箋の位置を何度も変更する必要があるだろう。この作業をすることで，様々な顧客のエクスペリエンスを比較的簡単に比べられるようになる。

図5.15 ジャーニーを基礎単位に分解する

瞬間をスケッチしてグループ化する

顧客のそれぞれのジャーニーを視覚的に書き出した段階で，別のアプローチを使ってマッピングのプロセスを加速することができる。ジャーニーのいずれか1つを取り上げて，主な瞬間を特定することだ。例えば，Warby Parkerでメガネを注文するプロセスでは，いくつかのサンプルが自宅に送られてくる。これを試してみて，気に入ったものを選び，サンプルを送り返す（多数の瞬間の1つだ）。そこで，図5.16のように，A6サイズの用紙にこれらの瞬間を書き出して，次の要素を盛り込むことができる。

- 瞬間の名前
- その瞬間を表現したスケッチ
- 行動，認識，感情，エコシステムの要素の詳細

これをすべてのジャーニーについて実施していくと，数十枚の瞬間カードができ，これらを比較して整理し，パターンを特定できるようになる。次に深く踏み込んで，ノートや書き起こしの記録を見ながら，前述した付箋のアプローチで詳細を埋めていくことができる。

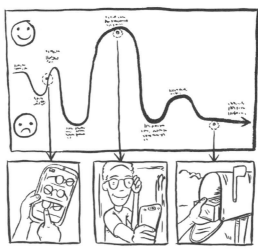

図 5.16　個別のジャーニーから瞬間を抽出する

グループ間で比較する

　詳細なマッピングが一段落したところで，一歩下がって全体を俯瞰してみよう。顧客のグループ内，またグループ間にパターンがないかどうかを，チームで一緒に考えてみる。これに際しては，次のことを問いかけてみるとよい。

- 既存のセグメンテーションがなおも有効だろうか。どうすれば顧客をもっと効果的にグループ分けできるだろうか。そもそもグループ分けする必要があるのか。
- どのようなニーズが見えてきたか。共通のニーズはどれか。極端なニーズはどれか。
- 顧客は似たような瞬間を経験していたか。それらの瞬間を，どのような段階に分けることができるか。
- 高揚と失望の起伏に共通点があるだろうか。エクスペリエンスにかなりのばらつきがあるだろうか。
- どのような期待と現実のギャップ，ペインポイント，機会が見つかったか。
- 顧客は様々な段階と瞬間でどれだけ時間を費やしていたか。
- チャネルを変える際に CX がどのように分断されていたか。
- 製品やサービスのタッチポイントの品質について何を学んだか。新しいタッチポイントが見えてきたか。
- 自社のコントロールできない部分のエクスペリエンスについて何を学んだか。他の

製品，サービス，人，モノが，顧客の行動，感情，認識，ニーズにどのように影響しているか。

構造とテーマを見つける

このディスカッションの結果（入念に記録すべきだ）から，重要な構造的要素やリサーチの主な結論が見えてくるはずだ。同僚とのコンセンサスを模索すべき点として，次のチェックリストを活用してほしい。

- 顧客のニーズやエクスペリエンスに基づくグループ分けのアプローチ
- エンドトゥエンドのジャーニーに含まれる段階と瞬間
- 段階別・瞬間別の様々な行動，認識，感情
- 顧客のエクスペリエンスや文脈において役割を果たしているエコシステムの要素（タッチポイント，他の製品とサービス，人など）
- インタラクションが起こっているチャネル
- 段階別・瞬間別の主なニーズ
- ジャーニー内で費やされている時間とその場所
- 重要な洞察を言い表した顧客の言葉の引用
- ペインポイントと機会
- これらすべてが何を意味するか：顧客の定性的なエクスペリエンスについてエクスペリエンスマップが語っていること，それが顧客と会社にとって何を意味するか

展示会を開催する

展示会を開催してステークホルダーを巻き込む方法について前述したが，ワークショップの開催直後は，これをするのに絶好のタイミングだ。あなたと同僚がホスト役となって，展示会の訪問者に，フィールドリサーチで集めたストーリーやエピソードを語ることができる。私は通常，1，2時間のオープンハウス形式でこの展示会を行って，ビデオクリップも見せている。これにより，共感を植え付けることができ，また自分たちの進めている作業の厳密さも伝えることができる。高いレベルのエグゼクティブにも，チーム間で行われているコラボレーションのレベルを分かってもらえる。このアプローチは常に大ヒットで，組織内にかなりの話題（と需要）を起こすことができる。

WS 5.5　ワークショップの後にすること

このワークショップは，ジャーニーマップ制作の出発点として効果的だが，ワークショップ後にもすべきことがかなりある。この章で説明したように，エクスペリエンスマップのイテレーションを重ねて，そこで語るべきストーリーを改良していくことになる。この過程には，他のデータやリサーチを重ね合わせたり，スケッチのアプローチでマップを視覚化したりすることが含まれる。そして，マップの草稿をたたき台として使用し，機会発見やアイディエーションのワークショップを開催して，さらに改良を加えていくことになるだろう（第7章「機会を特定する」と第8章「アイデアを生成して評価する」のワークショップを参照してほしい）。

第6章
エクスペリエンス原則を定義する

6.1	共通の DNA	132
6.2	一緒に奏でる	134
6.3	原則を暫定的に定義する	136
6.4	実用的な原則を策定する	138
まとめ		141

■ワークショップ―第 6 章：エクスペリエンス原則の改良

WS 6.1	ワークショップの目標	142
WS 6.2	アジェンダ	142
WS 6.3	ワークショップの準備	144
WS 6.4	ワークショップの進め方	144
WS 6.5	ワークショップの後にすること	147

132 第6章 エクスペリエンス原則を定義する

センスメイキングのアクティビティで推奨されたコラボレーションのアプローチを実践していくと，同僚の輪のなかに勢いが生まれ，有意義で価値のあるエンドトゥエンドのエクスペリエンスを作っていくプロセスが加速し始めるはずだ。実際，そのまま一気にソリューションまで進められそうな気分になるかもしれない。しかし，あえてここで深呼吸をしよう。まだすべきことがあるからだ。新しい洞察を正しい行動に変えていくには，何をもって「よい」とするかを全員で定義して，それに向かって前進すべく，全員が説明責任を負わなければならない。

「よい」とは，この文脈では，顧客のニーズと文脈を反映し，同時に組織の目標を達成するアイデアやソリューションのことだ。また，すべてのタッチポイントが互いに調和して，オーケストレーションされたシステムの一部としてハーモニーを奏でることも意味する。「よい」をこのように定義しておくと，共通の制約ができ，恣意的な意思決定が減るため，全員で同じ方向に向かえるようになる。

では，いったいどうすれば組織内の全員を共通の「よい」に向けて整合させられるのか。それには共通のガイドライン，すなわち**エクスペリエンス原則**を持つことだ。

6.1　共通の DNA

エクスペリエンス原則とは，互恵的で差別化されたカスタマーエクスペリエンス（CX，顧客体験）を実現するために組織が約束する一連のガイドラインで，戦略策定からその実行に至るまで，これを順守していく。エクスペリエンス原則は，ブランドが目指すことと顧客のニーズがいかに整合するかを表現し，また顧客の理解に立って策定されなければならない。実践的な意味では，チームがそれぞれの役割（製品，タッチポイント，チャネルなど）を果たすうえで指針をもたらし，エンドトゥエンドのエクスペリエンスに一貫性と継続性をもたらす。エクスペリエンス原則の例を示したのが図 6.1 だ。

エクスペリエンス原則は，詳細な規準ではなく，全員の取るべき行動を規定するわけではない。規準は厳密なシステムを作る傾向にあり，イノベーションとクリエイティビティに制約をもたらす。対照的に，エクスペリエンス原則は，製品やサービスが創造すべきエクスペリエンスを定義するうえで必要となる多数の意思決定に，情報をもたらす。個別でありながら互いにつながった瞬間のデザイン方法に，方向性をもたらす。一貫して効果的に顧客のニーズを満たすための組織的な知恵を，覚えやすい簡単な言葉で表現して伝える。例えば，次のようなフレーズだ。

- 私に可能性を見せて。
- 私の味方になって。
- 私の期待を裏切らないで。
- 私の一歩先に立っていて。
- 私の時間を尊重して。

6.1 共通のDNA 133

図6.1 エクスペリエンス原則の例

エクスペリエンス原則か，デザイン原則か

　エクスペリエンスのオーケストレーションとは，チームワークだ。様々な立場の人が製品やサービスの定義，デザイン，実現に貢献して，これが結果としてCXを作り出す。このため，デザイナーやデザインのプロセスを超える価値を的確に表現するには，「エクスペリエンス」と呼ぶのがベストだ。「エクスペリエンス原則」は結果志向だが，「デザイン原則」はプロセス志向だ。デザイナーだけでなく，全員が賛同して実践していくべきだ。

　エクスペリエンス原則は，顧客のニーズに根ざしていて，製品やサービスを通じて「何に」，「なぜ」，「どのように」顧客を取り込んでいくかに焦点を当てている。次のような重要な洞察や意図を前面に押し出す。

- **メンタルモデル**：エクスペリエンスの一部が顧客の理解をどのように高めるか，または顧客のメンタルモデルにどうかなっているか。
- **感情**：エクスペリエンスの一部がどのように顧客の感情をサポートするか，または顧客の動機に直接的に応えるか。
- **行動**：顧客がしようとしている行動を，エクスペリエンスの一部がどのように可能にするか。
- **目標**：エクスペリエンスがどのような特徴を達成すべきか。
- **影響**：エクスペリエンスがどのような結果と品質を顧客にもたらすか。

>
>
> **ニーズに注目して差別化する**
>
> デザイン作業でガイドラインとなるような，ユニバーサルな原則や発見的な原則は多数存在する。ビジュアルデザイン原則，インタラクションデザイン原則，ユーザーエクスペリエンス原則，それ以外にも多数の専門領域の原則が，デザインのプロセスのベストプラクティスの定義に役立つだろう。これらは時間をかけて蓄積されてきた教訓であって，幅広く応用することができ，様々なプロジェクトで一貫して参照することができる。
>
> しかし，エクスペリエンス原則は，顧客のニーズに特化したものであって，その文脈に基づいたガイドラインを戦略とデザインの決定にもたらすものだ。特有のニーズを抱えた特定の顧客にとって何が適切かを明確にする。このため，この原則を貫くことで，製品やサービスが差別化されていく。エクスペリエンス原則は，業界のベストプラクティスやユニバーサルな原則と競合するものではない。むしろ，組織独自の価値提案を満たすために守るべき重要なガイドラインとして尊重されるべきだ。

6.2 一緒に奏でる

　先の章でチャネルとタッチポイントをオーケストラになぞらえたが，エクスペリエンス原則は，どちらかというとジャズのようなものだ。ジャズのアンサンブルでは，メンバーそれぞれに即興する余地が十分に与えられていて，全員が共通の文脈を理解して，そのなかで演奏し，また他のメンバーの演奏を聞いて反応する（図6.2）。ジャンルの規準は知っているため，それぞれがクリエイティビティを発揮しながらも，集団として同じ楽曲を奏でることができる。

　エクスペリエンス原則は，構造とガイドラインを提供して，これがコラボレーターをつなぐと同時に，イノベーションのための余地を与える。拍子記号と同じように，全員の整合性をもたらす。主旋律と同じように，副旋律のハーモニーを促す。音楽様式と同じように，境界線のなかに収まるものと収まらないものを定義する。

　エクスペリエンス原則は，孤立したソロ奏者が自分の音楽を勝手に奏でて楽団全体に悪影響を及ぼすという組織内にありがちな問題に対応する。個人の即興のための余地を十分に残しながらも，多数のソロ奏者にバンドの一員となるよう促す。この構造が，結果としてカスタマージャーニーに継続性をもたらすための基礎となるが，ただし一貫性や予定調和性をあまりにも念入りに決めすぎて，喜びや差別化を妨げるようなことはしない。このバランスは重要だ。全体をデザインしながら，個別の取り組みや管轄は侵害しないようにすることで，部署横断的に支持してもらえるようになる。

　エクスペリエンス原則を広く受け入れてもらうには，同僚とリーダーシップにその価値を理解してもらわなければならない。これには通常，具体的な価値提案を開発し，様々なステークホルダーのための説明資料を作成する必要がある。ある1つのプロジェ

6.2 一緒に奏でる 135

写真：ROLAND GODEFROY, HTTPS://COMMONS.WIKIMEDIA.ORG/WIKI/FILE:JAS_MESSENGERS01.JPG, ライセンス提供：HTTPS://CREATIVECOMMONS.ORG/LICENSES/BY-SA/3.0/DEED.EN

図 6.2 ジャズのアンサンブルは，共通の基礎を持つことで，個人の即興を刺激する。その一方で，全員が一緒になることで，1つの全体的な芸術を生み出す

クトでエクスペリエンス原則を試験的に運用してみると，これを実践的にどのように使えるかを理解してもらえる可能性がある。ステークホルダーに個別にアプローチする際には，全員に共通する次のような価値を考えるとよい。

- **何をもって「よい」とするかを定義する**：チャネルやメディアごとのベストプラクティスは存在するが，エクスペリエンス原則を導入すれば，共通の規準ができ，エンドトゥエンドのエクスペリエンスに全体的に適用できるようになる。
- **意思決定の指針をもたらす**：戦略的に何をすべきか，また戦術的にそれをどのように実行すべきかを決定するプロセス全体を通じて，エクスペリエンス原則に立ち返ることで，顧客のニーズや欲求が意思決定に取り込まれるようになる。
- **踏み越えてはならない境界線を徹底する**：境界線や制約は，ブランドとしての志と顧客の欲求を整合させるために存在する。エクスペリエンス原則は，その整合にそぐわないアイデアやソリューションを篩にかけるのに役立つ。
- **効率化する**：一貫して使用すれば，エクスペリエンス原則は，曖昧さを抑える効果がある。どのコンセプトを採用すべきか，どのようにデザインすべきかを決定する際に，無駄な消耗を避けることができる。
- **クリエイティビティを刺激する**：エクスペリエンス原則は，顧客のニーズに重なる新しいアイデアを刺激するうえで非常に効果的だ。そうしたアイデアを，自信を持って出せるようにする（第8章「アイデアを生成して評価する」を参照）。
- **品質を管理する**：実行のライフサイクル全体にわたってエクスペリエンス原則を使用して，タッチポイントのデザイン（部分）の評価尺度とすることにより，大きなエクスペリエンス（全体）との整合性を確認していくことができる。

エクスペリエンス原則を効果的に策定して組織内で実際に使ってもらえるようにするには，エクスペリエンス原則の提案と啓蒙にエネルギーを注ぐだけでなく，実際にエクスペリエンス原則を策定する際にブラックボックスのなかで進めないことも重要だ。ま

るで天からお触れを受けて十戒が定められたかのように，同僚にエクスペリエンス原則を課すことはできない。同僚と一緒に一連のエクスペリエンス原則を策定して，全員が意欲的に従えるようなものを作る必要がある。

6.3　原則を暫定的に定義する

顧客の生活やジャーニーをリサーチしたことで，かなりの洞察ができていることだろう。これらの洞察は，**反映的**な性質のものだ。現在のエクスペリエンス，すなわち満たされたニーズや満たされなかったニーズ，それらが顧客の世界や望ましい結果にどう影響したかをとらえている。しかし，有益かつ適切なエクスペリエンス原則を策定するには，その洞察の方向を転換して**投影的**なものに変え，未来のエクスペリエンスがどうあるべきかを語る必要がある。

リサーチが（まだ）できないとき

有意義な顧客インサイトを持っていない（それを集めるための支持や時間もない）場合でも，同僚と一緒にエクスペリエンス原則を策定することには価値がある。そのプロセスから，社内で意思決定の際に使われている様々な規準が見えてくるためだ。また，満たすべき顧客のニーズとして同僚が何を最も重視しているかも分かるようになる。リサーチ主導で原則を策定するのに比べると健全性の面で劣るのは事実だが，一定のガイドラインで社内が協調し，全員の仕事に参照ポイントや規準をもたらせるようになる。これがひいては，もっとよいエクスペリエンス原則を作るために洞察を集めようとする意欲につながっていくだろう。

ボトムアップのアプローチ

洞察をエクスペリエンス原則へと飛躍させるには，数回のイテレーションが必要になる。リサーチに基づいて2，3の候補は出せるかもしれないが，より厳密なアプローチを取って，ボトムアップで個人の洞察から精巧な原則へと高めていくのが望ましい。時間はかかるが，それだけの価値がある。このプロセスは，次のような手順で始めることができる。

- ファシリテーターとエクスペリエンスマップの制作者を再度集める。リサーチで学んだことを最もよく理解しているからだ。
- 発見とリサーチで浮上した主な洞察をおさらいする。マップ，モデル，リサーチのレポートといった成果物にまとめられているはずだ。また，必要であれば生データに戻ることもできる。
- 洞察をそれぞれ付箋に書き出す。原則として使えそうなアイデアの草稿として使え

るだろう。
- この洞察それぞれを全員が見て，個人作業で原則に書き換えてみる。これにも付箋を使用できる。または，A6サイズのテンプレートを使用して，もう少し構造を持たせることもできる（図6.3）。
- この段階では，完璧な言葉や凝った表現を見つけようとしないことを同僚に心がけてもらう。むしろ重要なのは，洞察から学んだ主な教訓に特化して，製品やサービスに関する今後の意思決定の際にどんなアドバイスをしたいかを考えることだ。この第1稿の段階で目指すべき書き方の例を，表6.1に示した。
- この段階では，新語を作ったりしないこと。手早く作業して，すでに知っていることから得た洞察（「ほとんどの人は……は望んでいない」）を，その洞察に即して物事を実践するためにすべきこと（「……が簡単にできるようにする」）に変化させる。
- すべての洞察でこれを実践して，全員がひとつひとつの洞察を原則に変える作業を完了する。

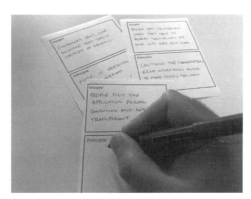

図6.3　単純なテンプレートを使って，洞察レベルの原則をすばやく生成する

表6.1　洞察から原則の第1稿へ

洞察	原則
ほとんどの人は，予習から着手したいとは思わない。とにかく実際に始めてみて，知る必要のあることを知る必要のあるときに学んでいきたいと考える。	最初から実践に突入して，最も関連性のあるタイミングで知識を簡単に集められるようにする。
実際はどうかに関係なく，誰もが自分の置かれた立場（金銭，住居，健康など）はほかの人の立場とは異なり，特有の状況を反映していると考えている。	人に接する際には，その人が思っているとおり，すなわち固有の立場に置かれた固有の人として接する。

パターンを見つける

こうして作成した個別の原則の上位集合から，一握りのエクスペリエンス原則が出現する。次のステップは，これらのなかにパターンを見つけることだ。アフィニティ（親

和性）マッピングを使用して，類似したテーマや意図を表現している原則を特定することができる。どんなグループ化のアクティビティでもそうだが，相互排他的なカテゴリーにまとまったと思えるまでには，2，3回のイテレーションが必要になるかもしれない。これは，次の簡単なステップで行うことができる。

- ワークショップの参加者1人が発表者となって，原則とその背後にある意図を1つずつ全員に説明する。
- グループ全員で，似た原則を合体させたり，対立する原則を見つけたりする。このグループ化に際して行われる会話は，最終的な原則と同じぐらい重要だ。
- 一通りグループにまとめることができたら，同僚と一緒に各グループを原則として表現してみる。A5サイズの単純なテンプレートを使って，このステップに構造をもたらすことができる。ここでもやはり，言葉や表現を凝りすぎないことだ。エッセンスのみを書き出して，同僚が理解できるようにし，他の原則と併せてさらに洗練させていく。
- 最終的には，3つか4つの相互排他的なカテゴリーにまとまり，それぞれに原則の第1稿が書かれるはずだ。

システムとして原則をデザインする

　エクスペリエンス原則は，孤立して存在するものではない。単体で意味を成すべきだが，全部が合わさったときに1つのシステムを作ることも重要だ。互いに補完し，強化し合うものであるべきだ。また，すべてのチャネルに適用でき，製品やサービスの開発プロセス全体にわたって使うことができなければならない。そのためのヒントは，この章の後のワークショップ「エクスペリエンス原則の改良」を参照してほしい。全体としてうまく機能するエクスペリエンス原則を作るための方法を紹介している。

6.4　実用的な原則を策定する

　同僚と一緒にコラボレーションで原則を策定することで，全員が納得できるものができ上がる。しかし，最終的にエクスペリエンス原則の表現を考え，それを導入して説明する役目は，数人の肩にかかってくるだろう。そこで入念に配慮して，組織内で広く理解され，使ってもらえるようにしなければならない。このために十分に時間をかけて，正しいスキルセットを揃え，意図を効果的にコミュニケーションすることが重要だ。

　私たちが実践し推奨している経験則を紹介しよう。ただし，すべての文脈が異なることは意識すべきだ。これらはあくまでヒントとして使用し，厳密なルールではないと理解してほしい。

一貫性のある二重構造を使用する

　エクスペリエンス原則は，覚えやすく，使いやすいものでなければならない。1つのシステムであるからには，エクスペリエンス原則すべてに共通する構造があるのが望ましい。私たちは二重構造を推奨していて，明確で覚えやすいキャッチフレーズとそれを補完するコンテンツで，意図を理解できるようにしている。実用的には，キャッチフレーズが原則のニックネームとして機能し，それを補完する詳細のコンテンツが肉付けに当たる。このアプローチの例を示したのが図6.4だ。

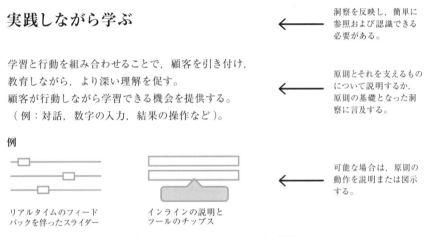

図6.4　エクスペリエンス原則の構造

短くて覚えやすいフレーズを使う

　エクスペリエンス原則は，簡潔さと明瞭さの間でバランスを取らなければならない。「導く」のような1語では，意図を十分に伝えられないし，行動を刺激することもできない。一方，「知識，ツール，ガイダンス，人脈を提供して，私の成功を助けてほしい」のように言葉が多すぎれば，覚えにくいうえ，具体的すぎて新しいアイデアをあまり刺激しないだろう。そこで，比較的短いながらも，意味が明確なものを目指すとよい。

　原則として，クリエイティブに書きながらも，気取りすぎず，また両意性を作り出さないよう気を付けることだ。「私のバットマンのロビンになって」は，覚えやすいかもしれないが，文化的な前提がかかわるため，ユニバーサルな理解という点で欠点がある。逆に「私をサポートして」は，幅広すぎて，インスピレーションに欠ける。一方，「私の味方になって」は，明確で覚えやすく，顧客にとって重要なニーズと感情を伝えている。

> **一人称か，三人称か**
>
>
> ここで紹介した例には，顧客の視点から一人称で書かれたもの（例：私の味方になって）と三人称で書かれたもの（例：やりながら学ぶ）があることに気付いたかもしれない。私たちの経験から言うと，どちらも効果があり，インパクトがある。実験してみて，あなたの同僚や組織の文化に合ったものを選ぶことだ。ただし，どちらを選ぶにせよ，一貫性が重要だ。一人称か三人称で統一し，混在させないこと。

補完的な詳細をほどほどに添える

　短く覚えやすいフレーズに加えて，補完的な詳細を添えると，そのエクスペリエンス原則の意図をよく理解してもらえるようになる。これは1～3文で書くのが適切だ。顧客のニーズ，感情，メンタルモデル，行動，目指すエクスペリエンスなどについての関連情報を伝えるようにする。メインのキャッチフレーズと同様，明確で，両意性がなく，実際に活用しやすいものであるべきだ。例えば，次のような書き方ができる。

　　　私の味方になって

　　自分の利益が守られていないと感じると不安になる。私のニーズを尊重していると明確に伝えて，その認識をインタラクションで示してほしい。

　たくさんの段落を使ってエクスペリエンス原則を詳しく説明するのは避けるべきだ。あまりにも詳細にすると，画一的なソリューションや特定の製品，サービス，アイデアを規定しているかのような印象を与える。原則を理解して活用するのに十分なだけの詳細に留めて，規定的にしすぎないことだ。

使ってもらえるようにデザインする

　エクスペリエンス原則の表現を工夫するだけでなく，コミュニケーション上のデザインも複数作成する必要があるだろう。これにより，エクスペリエンス原則が業務のプロセスや組織の文化に統合されていくようになる。すべての組織が異なるが，次のような戦術は効果的だ。

- **よい結果と悪い結果の例を示す**：エクスペリエンス原則は，策定後すぐに使い始めることができる。現行のエクスペリエンスや進行中の作業を評価するのに役立つだろう。ランチ説明会やもう少しフォーマルなセミナーを開催して，よい例と悪い例を示すと効果的だ。
- **他の制作物に統合する**：エクスペリエンス原則を他の制作物にも活用し，エクスペリエンスマップ，機会マップ，エクスペリエンスストーリーボード，コンセプトプ

図 6.5 エクスペリエンス原則がストーリーボードのツールに統合されている

レゼンテーションなどに統合していく（図 6.5）。

- **意思決定の支援ツールを作る**：エクスペリエンス原則を様々な役割の人にとって使いやすいものにすることが重要だ。アイディエーションのワークショップやアジャイル開発の部屋，デザイン批評会などで使えるツールをデザインするとよい。例えば，スプリントのデモや振り返りで使うためのエクスペリエンス原則スコアカードなどが考えられる。または，アイディエーションキットに組み込んで，ワークショップやブレーンストーミングで使ってもらう（第 8 章「アイデアを生成して評価する」，第 11 章「指揮棒を手にする」を参照）。
- **一部のチームで試験運用する**：戦略から実践まで様々なプロセス段階にあるチームに，エクスペリエンス原則を試験的に運用してもらう。そのフィードバックを受けて，原則とツールを改良することができる。有効性が確認された場合は，組織内で幅広く共有して，ほかの人にも使い始めてもらう。

まとめ

- エクスペリエンス原則は，互恵的で差別化された CX を組織がもう少し予測可能な方法で実現するのに役立つ。
- エクスペリエンス原則は，厳密な規準ではない。様々なチームに共通の基礎をもたらして，顧客の問題を解決できるようにすると同時に，顧客の真のニーズに目を向け，すべてのタッチポイントにわたる接続性と継続性を実現できるようにする。
- エクスペリエンス原則は，それまでに蓄積してきた顧客のニーズについての知恵から浮かび上がってくるべきだ。ただし，1 つの部署が単独で策定すべきではない。同僚を巻き込んで，すべてのチームに支持される原則を作る必要がある。
- 原則を入念に策定し，デザインも工夫することで，組織内で使ってもらえるようにする。これはツールとして位置付ける。どのように使われているかを観察して，新しいアプローチを常に実験し，できる限り有用かつ有益なものにしていく。

WORKSHOP

エクスペリエンス原則の改良

エクスペリエンス原則の改良ワークショップは，ステークホルダーで集まって，草稿として策定したエクスペリエンス原則をストレステストにかけるものだ。このセッションでは，エクスペリエンス原則を向上させる方法，そして主なステークホルダー間の意見の違いに対処する方法を見つけていく。全員に納得してもらうために取るべき追加的な行動についての情報がもたらされるだろう。エクスペリエンス原則は，組織内で幅広く活用され順守されてこそ真価を発揮することを忘れないでほしい。

WS 6.1　ワークショップの目標

- エクスペリエンス原則の価値をステークホルダーに理解してもらう。
- 暫定的なエクスペリエンス原則を策定した際に実践したプロセスを振り返る。
- これまでに遂げた前進を共有する。
- コラボレーションを実践して，エクスペリエンス原則を見直し，改良し，選択する。

WS 6.2　アジェンダ

このワークショップは，小休憩を含んで4時間で終えるものとしてデザインされている。参加者が多い（20人を超える）場合は，もう少し時間を取るとよいだろう。また，リサーチの段階でステークホルダーとほとんどあるいはまったくコラボレーションしていない場合は，ワークショップの冒頭で少し時間がかかるだろう。この場合は，どのようなリサーチのアプローチを使用し，どのような洞察から原則が引き出されたかを，少し詳細に説明する必要がある。

表6.2　ワークショップのアジェンダ

アクティビティ	説明	所要時間
導入	名前と役職名だけでなく，参加者が知り合う機会を作る。	10分間
アジェンダと目標を説明する。	このワークショップで行うアクティビティについて説明し，終了時点で何を達成するかを共有する。	10分間
原則の候補を紹介する。	原則の草稿とそれを策定したプロセスについて，参加者に説明する。	40分間
原則を改良する。	参加者にフィードバックを提供してもらい，どのように改良できるかについてのディスカッションを進行する。	60分間
予備選考する。	次のプロセスに進めるべきだと思う原則を，参加者がそれぞれ個人的に選ぶ。	15分間
休憩	最後のアクティビティの準備をする間，参加者に休憩してもらう。	15分間
ストレステストにかける。	全員でディスカッションし，多くの参加者が選んだ原則が1つのシステムとしてうまく機能するかどうかを批評する。原則の改良を続ける。	75分間
振り返り	ワークショップのプロセスと成果について振り返る。次のステップを決める。	15分間

役割

- **ファシリテーター（1人）**：ワークショップのホスト役を務め，セッション中のアクティビティを進行する。
- **ファシリテーター補佐（1人または複数）**：準備と片付けを手伝い，アクティビティをサポートする。
- **カメラマン**：セッション中の写真を撮って，参加しなかった人がコラボレーティブなプロセスを理解できるようにする。

参加者

- リサーチのファシリテーターとエクスペリエンスマップの制作者
- 個別のチャネル，製品，タッチポイントの責任者
- ブランド，業務推進，デザイン，技術など，関連するチームの実践者

用意するもの

- **原則の草稿**：以前のアクティビティの成果物を大型のシートに印刷し，このセッションの間に出るフィードバックや改良のアイデアを貼り付けられるようにする。
- **プロセスについてのプレゼンテーション**：このセッションの背景説明として簡単なプレゼンテーションを行って，エクスペリエンス原則がどのような価値をもたらすか，またどのようなプロセスでこれを策定しようとしているかを説明する。これまでに行ったエクスペリエンス原則のアクティビティの写真を見せると，プロセスとその厳密さを伝えるうえで効果的だ。
- **ブランドの原則**：ブランドの原則がすでに策定されているのであれば，それを印刷

して壁に貼っておくか，参加者それぞれにコピーを配布する。これにより，これから策定するエクスペリエンス原則を組織のペルソナに合致させていけるようになる。

- **リサーチの成果物**：エクスペリエンスマップ，エコシステムマップ，その他のモデルなど，これまでに制作したものをディスカッションの基礎として使用し，現在のCXについての知識と未来のCXへの構想を示すことができる。
- **その他の原則**：様々な部署の担当者を集めてみると，往々にして他の原則がすでに存在していることが分かる。シンプルにすること！　直観的にすること！　これらを部屋に貼っておき，その存在を認めると同時に，ディスカッションで使用して整合性を生み出していく。

文具

- フリップチャートの替え用紙（壁に貼ってキャンバスとして使用する）
- 丸シール（投票の際に使用する）
- マーカーペン
- 付箋
- カメラ

WS 6.3　ワークショップの準備

　本書で推奨している他のワークショップと同様に，このセッションで効果を挙げられるかどうかは，事前にどれだけ準備し，コミュニケーションするかにかかっている。コラボレーターを事前に啓発して，エクスペリエンス原則がもたらす価値（この章で紹介したリストを参照してほしい）に賛同してもらうことが重要だ。ワークショップの焦点を明確に絞り込んで，プロセスではなく原則に対するフィードバックを集めるようにする。エクスペリエンス原則とは何かを詳細に説明したり，その有用性を弁護したりするのに，ワークショップの時間を費やしたいわけではない。ツールを一緒に作れることを参加者が楽しみにしているのが望ましい。この概念についてここで初めて聞かされるようでは，有効なワークショップにはならないだろう。

WS 6.4　ワークショップの進め方

　「何」を原則とするかについてのコンセンサスを作っていくことが重要だ。原則を「どのように」表現するかは，ここではあまり重視しない。ワークショップのアクティビティを進める間に，疑問があれば質問するよう奨励し，原則のエッセンスとそれが実践的に何を意味するかを全員が理解できるようにする。このワークショップ後にもエクスペリエンス原則の改良を続け，表現を変えるだけでなく，統合や分割を繰り返していくことになるだろう。表現や言葉に対するフィードバックも提供してもらうことはでき

るが，最終的なコピーライティングの作業はこのセッションの終了後に行われることを参加者に伝える必要がある。

　まずは，ワークショップの冒頭でエクスペリエンス原則の価値についておさらいし，これまでに行われたプロセスを理解してもらう。次に参加者を率いて，次のアクティビティを実践する。

1.　原則の候補を紹介する。
2.　原則を改良する。
3.　予備選考する。
4.　ストレステストにかけ，イテレーションする。
5.　振り返る。

原則の候補を紹介する

　簡単なプレゼンテーションを行って，暫定的なエクスペリエンス原則を策定した際に実践したプロセスを振り返る。このワークショップの目標は，エクスペリエンス原則それぞれを全員がよく理解したうえで，チーム全体で改良していくことだと説明する。

　草稿として策定したエクスペリエンス原則を1つずつ紹介する。少人数のチームで草稿を作った場合は，そのチームのメンバーに1つずつ原則を割り当てて，それぞれに発表してもらい，その原則の背後にある洞察について説明することもできる。また，この原則を実践的に活用するとどうなるかを，具体的な状況を示して説明する。これは口頭で説明してもよいし，コンセプトの簡単なスケッチや何らかのエクスペリエンスをとらえた写真を使って原則の質を示すこともできる。

　このプレゼンテーションの間に参加者は，フィードバックや質問を付箋に書き留める。全員がすべての原則を理解して熟考したうえで，ディスカッションで批評していくのが望ましい。そうすることで，エクスペリエンス原則をすべて説明されれば解消したであろう疑問を参加者が早計に質問することがなくなり，会話が脱線せずに済む。

原則を改良する

　草稿の原則をすべて導入したら，ディスカッションを開始する。プレゼンテーションの間に書き出したフィードバックの付箋を印刷した用紙に貼り付けながら話し合う。ディスカッションを進めながら，原則に注釈を書き込んで，どこを改良できるか，どこに質問が集中するかをまとめていく。言葉やフレーズに丸印や下線を付け，考えられる変更を書き足す。

予備選考する

　原則のエッセンスが理解され，改良点が一通り出尽くしたら，コアの原則に絞り込む作業の準備として，投票してもらう。図6.6のように，参加者それぞれに4〜6個の丸

シールを渡し，次の段階に進めるべきだと思うものに貼ってもらう。この投票と小休憩の後，全員で結果を確認し，投票数の多かったものを選ぶ。必要に応じて投票を繰り返し，最終的に5～8個の原則を選ぶ。

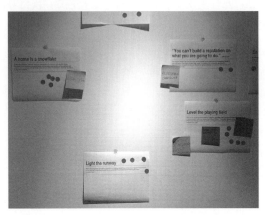

図6.6　丸シールを使って5～8個の原則に絞り込む

ストレステストにかけ，イテレーションする

　エクスペリエンス原則は，孤立して存在するものではない。単体で意味を成すべきだが，全部が合わさったときに1つのシステムを作ることも重要だ。互いに補完し，強化し合うものであるべきだ。また，すべてのチャネルに適用でき，製品やサービスの開発プロセス全体にわたって使うことができなければならない。

　エクスペリエンス原則が単体として意義があり，また1つのシステムとしてもまとまりがあるようにするため，投票で選ばれたものについての品評会を行う。これがストレステストの意味を持ち，さらに改良するためのプロセスとなる。この段階で原則が削除されたり，場合によっては新しく追加されることもある。次の問いかけを使って，システムとしてうまく機能しているかどうかを評価していくとよい。

- 重複しているものはないか？　あれば，類似した原則を統合する方法を考えてみる。
- 対立・矛盾しているものはないか？　あれば，洞察に立ち返って，優先事項を明確にする必要があるかもしれない。
- ブランドの原則と整合しているか？　例えば，ブランドが「権威的」な立場を築こうとしているのであれば，エクスペリエンス原則がその属性を反映しながらも，どのように顧客のニーズとつながろうとしているかを考えてみる。
- すべての原則をすべてのチャネルやメディアに適用できるか？　適用できないのであれば，言葉遣いを変更して，範囲を限定しすぎないようにする。
- 製品やサービスのエクスペリエンスの幅広さと奥深さをとらえたエクスペリエンス

原則になっているか？　なっていないのであれば，投票で落としたエクスペリエンスを見直して，抜けている部分を埋められるかどうかを考えてみる。

● 重要な意思決定の場面であなたやほかの人がこのエクスペリエンス原則を活用できると思うか？　思えないのであれば，シミュレーションや試験導入をしてみて，計画の策定と実行の場面で有用であることを確かめる。

● 最後に，すべてのエクスペリエンス原則が明確で，かつ意思決定のツールとして有効なものになっているか？　なっていないのであれば，改良してエクスペリエンス原則が伝えていることを明確にする必要があるかもしれない。

振り返る

　セッションの締めくくりとして，このワークショップで遂げた前進についての感想を話してもらう。原則を絞り込むことができ，このセッション後にさらなる改良作業ができると思える段階にまで達したのであれば理想的だ。まだそこまで到達していない場合は，どうすればそこまで前進させられるか，もう一度集まる必要があるかどうかを話し合う。

WS 6.5　ワークショップの後にすること

　2，3日以内に，ワークショップの総括と次に何が起こるかをまとめて，参加者全員に報告する。共通の原則を持つことについて，まだ完全に賛同していないと思えるステークホルダーがいるのであれば，その人たちに働きかけることも重要だ。原則を策定するための努力と，原則の価値を認める文化を醸成するための努力を，どちらも進めていかなければならないだろう。

第7章
機会を特定する

7.1	機会はソリューションではない	150
7.2	機会とは何か	151
7.3	機会，意図，タイミング	155
7.4	機会についてコミュニケーションする	165
まとめ		167

■ワークショップ—第7章：機会の特定と優先順位の決定

WS 7.1	ワークショップの目標	168
WS 7.2	参加者への提案の例	168
WS 7.3	アジェンダ	169
WS 7.4	ワークショップの準備	170
WS 7.5	ワークショップの進め方	170
WS 7.6	ワークショップの後にすること	177

顧客がジャーニーの間にしているエクスペリエンスを幅広く見ていくと，パターンが見えてくる。顧客のニーズやインタラクションの方法に共通点があるのに気付くだろう。また，あなたの組織がそのニーズをどのようにサポートし，様々なチャネルでどのように対応し，どのような順路を示しているかが，一貫していなかったり，欠落していたりすることも見えてくるはずだ。これらは，見逃している機会と言うことができる。様々な時間と空間にわたってエクスペリエンスにまとまりを持たせ，価値を創造できる機会だ。

しかし，理解することは，行動のための環境作りでしかない。いつ，どこに重点を置くかは，どうすれば決められるのだろうか。これには，あなたと同僚でコラボレーションを実践し，厳密なプロセスで機会を特定していくことができる。

7.1　機会はソリューションではない

最初に大切なことを言っておくと，機会とはソリューションではない。人間は，問題を解決しようとする傾向を自然と備えている。企業のような環境でこの本能を発揮すると，「何」を解決しようとしているのかを明確にしないうちから「どのように」解決するかに話を進めがちだ。次のような話は，皆さんも聞いたことがあるかもしれない。

> リサーチの結果，申込手続きに時間がかかりすぎると顧客が感じていることが分かった。それ以外にも多数の洞察が得られたが，これはすぐに解決できそうな問題と思われた。そこで同僚と一緒に，どうすれば画面の数を減らせるかを話し始める。画面が少なければ時間が短縮され，時間が短縮されれば顧客が喜ぶ……というロジックだ。このディスカッションからホワイトボードのスケッチと要件ができ上がり，あっという間にソリューションの開発が始まる。

このようなシナリオは，製品やサービスのチームで何度となく繰り返されている。ある1つの事業メトリクスや顧客のペインポイントと見られるものから早急な意思決定が下され，エクスペリエンスを改良・革新するためのもっとよい機会がうやむやにされてしまう状況だ。上の例では，興味深いことに，「どうすれば画面の数を減らせるか」として機会が定義されている。この結果，狭い枠組みが確立して，顧客のニーズに関する他の洞察を無視するようになり，他のソリューションを模索する可能性に蓋がされている。

言うまでもないが，製品やサービスの悪しきエクスペリエンスへと至る道のりには，「ここにある真の機会は何なのか」を問いかけないまま開発されたソリューションのごみが散在している。

7.2 機会とは何か

　機会とは，ポジティブな変化を生み出すことができる状況を指す。変化の意味は多岐にわたり，顧客のペインポイントを和らげること，製品やサービスを拡張して満たされていないニーズに対応すること，さらにはニーズへの対応方法を抜本的に考え直すことが含まれる。機会とは，組織と顧客，また他のステークホルダーに新しい価値を創造するための肥沃な土壌だ。

　これらの機会を特定し，それに優先順位を付ける作業は，コラボレーションで行い，厳密なプロセスに則って進めるべきだ。これまでの章で説明してきたセンスメイキングの様々なテクニックを実践することで，組織の能力，顧客のニーズ，製品やサービスが置かれている大きな文脈を理解できるようになる。この洞察に基づいて機会を適切に特定することで，多数のアイデアやソリューションの可能性を考案できるようになる。このプロセスを踏む結果として，まずは問題を正確にとらえたうえで，ソリューションと思えるものを想像し，最後にようやく開発に着手するようになる。

　エクスペリエンスをオーケストレーションするということは，これまでの業務のあり方，すなわち一足飛びにソリューションを考えるアプローチとは決別することを意味する。むしろコラボレーションを歓迎して，顧客のニーズにフォーカスする真の整合性を作り出し，組織全体に恩恵をもたらす最も重要な機会に目を向けることだ。

　これを実践している例として，Airbnb を紹介しよう。この人気の民泊サービスの発祥は，事業トレンドや技術トレンドへの反応ではなく，ニーズだった。2007 年，サンフランシスコの家賃が高騰した結果として，設立者の Brian Chesky と Joe Gebbia は家賃が払えない状況に陥っていた[1]。一方，サンフランシスコで開かれる会議のために数百人という訪問客が押し寄せていて，市内のホテルが客室不足になり，宿泊料金が上がっていることも知っていた。ここに，解決できるかもしれない真の機会があると認識した。ほかの人たちが安価に泊まれるよう助ける一方で，自分たちの収入の足しにすることができる。Chesky と Gebbia が考えた最初のソリューションは，宣伝用のウェブサイト，空気で膨らませるエアーベッド３つ，それに自分たちで手作りする朝食だった。以来，Airbnb は，小さな実験から高度な旅行関連サービスへと進化した。とはいえ，同社の当初の成功は，ホストとゲストのニーズを整合させる機会を特定した故に実現した。

　すべての文脈に固有の影響力が作用して，そこに真の機会とそうではないものの線引きが生じる。Airbnb のケースでは，地理的な場所，経済の状況，設立者のスキルという条件が揃っていたために，真の機会を特定して問題を解決し，価値を創造することができた。一般に，機会を定義する際に確認すべき重要な点は３つある。価値の整合性，未来の複数の可能性，そして変化を起こす能力と意志だ（図7.1）。

---

[1]　Morgan Brown, "Airbnb—The Growth Story You Didn't Know," growthhackers/growth-studies/Airbnb

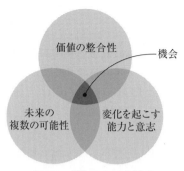

図 7.1　機会の 3 つの側面

価値の整合性

　価値の創造は，多くのイデオロギーを支える礎石として大きな組織に浸透しつつある。例えば，バリューストリームマッピングは，製品やサービスの提供に際して非効率を生じる活動を特定し排除するためのリーンのアプローチだ。エクスペリエンスのオーケストレーションという文脈では，タッチポイントとして説明されるアクティビティが明確に価値をもたらしていることをデザイナーが単に確認することで，これが行われている。

　事業中心の組織では，この種の問いかけに対する答えが浅薄だったり 1 次元的だったりするかもしれない。申込手続きにかかる時間を短縮すれば，顧客に喜んでもらえる。不満を抱えた顧客が減れば，コールセンター担当者の仕事も楽になる。それにもちろん，NPS（ネットプロモータースコア）が上がれば，会社としても嬉しい。しかし，同僚がもっと深く踏み込めるようサポートしていく必要がある。

　ソリューションの事業価値を明確に定義して測定することは重要だが，エクスペリエンスを重視していくということは，事業価値から**共価値**へとディスカッションを移していくことを意味する。共価値とは，事業だけでなく関連するステークホルダー全員にどのように恩恵をもたらすかという視点から，機会とソリューションを評価することを意味する。オンラインの申込手続きを刷新すれば，コンバージョン率が上がり，顧客獲得コストが下がるかもしれないが，そこからいったいどのような価値が申込者に提供されるのだろうか。新規顧客にサービスを提供している従業員にはどのような価値があるのだろうか。会社の利益だけでなく，ステークホルダーそれぞれの視点から，この機会をどのように定義できるだろうか（図 7.2）。

　共価値のレンズを使って機会を特定し，優先順位を付けることは，組織のマインドセットを人間中心に変えていくうえで欠くことのできない重要な行動だ。また，イテレーションのアプローチも同様に重要だ。リサーチから機会へ，ソリューション定義から開発へ，すべてをイテレーションで進めていく必要がある。これまでの章で解説した概念とメソッドを使うことで，価値についての会話を同僚と一緒に変化させていけるよ

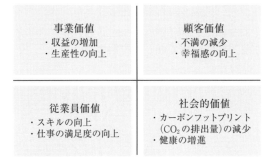

図7.2 事業にとっての価値を超えて，機会を評価する

うになるだろう。簡単におさらいしておこう。

- **タッチポイントとタッチポイントインベントリー**：現在のタッチポイントを評価し，新しいタッチポイントを定義するに当たって，企業，顧客，その他のステークホルダーにどのように価値を創造するかを考える。
- **エコシステムとエコシステムマップ**：様々なアクターがどのように価値を見て，模索し，創造しているかを理解する。
- **ジャーニーとエクスペリエンスマップ**：顧客が模索している価値と現行のソリューションがエンドトゥエンドのエクスペリエンスの様々な段階や瞬間で提供しているものの間にあるギャップを特定する。
- **エクスペリエンス原則**：顧客のニーズと価値を見据え，なおかつブランドの価値観に合ったソリューションを定義して開発するためのガイドラインを策定する。

未来の複数の可能性

1つの機会から，複数のソリューションの可能性が示唆されるべきだ。先ほどの申込手続きの例に戻って，今度は異なったとらえ方をし，よりよい結果を導いてみよう。

> リサーチの結果，申込手続きに時間がかかりすぎると顧客が感じていることが分かった。この感情は，手続きにかかった時間が数時間の人から数日の人まで，すべてに共通している。また，手続きの主な段階についてのコミュニケーションが不足しているために顧客の不満が高まっていること，さらに手続きに際して必要なステップや情報が全般に不明瞭で混乱を招いていることも，リサーチの洞察として得られた。全体的な問題が起こっていることは明らかだ。これを受けて，あなたのチームは，この機会を次のように表現した。「自信を持って簡単にサービスを使い始めてもらうために，私たちに何ができるか」。

この例で分かるように，機会をどのように定義するかは，クリエイティビティと問題解決の焦点を定めるうえで非常に重要だ。機会は，1つの具体的なソリューションのア

ンカーとなるのではなく，複数の可能性を飛び出させるびっくり箱の役割を果たすように定義し，表現すべきだ（図7.3）。この章の後のセクションで，同僚と一緒に機会を適切に定義する方法について詳しく説明する。

図7.3　機会を適切に定義することで，多数のソリューションの可能性を刺激すべきだ

変化を起こす能力と意志

　多数の方法で共価値を創造できる機会があるとしても，あなたの組織に変化を起こす能力と意志があるかどうかを常に確認する必要がある。これは，それほど容易ではないかもしれない。

　これまでの常態に挑むことは，エクスペリエンスをオーケストレーションする際に避けて通れない。特定した潜在的な機会が部署間の垣根を越える新しい働き方を要求することもしばしばある。何をもって成功とするか，その定義を変え，どこかの部署の功績として認識できるような成功ではなく，コラボレーションと責任の共有が必須とされるような成功を目指していく必要がある。主なステークホルダーと親しい人間関係を築いてパートナーシップを組むことで，機会が確認されたときに変化を生み出すための環境ができるだろう。

　部署間の垣根を取り払ってみると，新しい可能性ができる。しかし，それだけでは理想的とは言えないことを，あなたと同僚が真摯に認識しなければならない。解決しようとする問題の領域内にある真の制約を特定する必要がある。これに対して行動を取れるときに，その状況は**機会**になる。行動を取れない，すなわち何かを変化させられないのであれば，それは**制約**だ。機会をとらえ，制約を受け入れることだ[†2]。

　エクスペリエンスのオーケストレーションという文脈での制約としては，次のような

---

†2　これについては，Charles Eames が次のように説明している。私たちにはとてもできない，すばらしい説明だ。「デザイン問題の解決において重要なカギを握る点の1つが，デザイナーがどれだけ多くの制約を認識できるかだ。（中略）問題ごとに制約のリストは異なる」。ルーブル宮のパリ装飾芸術美術館で行われたインタビュー「デザインとは何か」で Charles Eames が語った言葉。

例が挙げられる。

- 会社の事業戦略
- 業務活動や提供物を統制している法令・規制
- サードパーティーのサービスなど，自社ではコントロールできない事象
- リスク許容度
- 責任とリスクの共有を奨励しない組織構造

制約の範囲内で，あるいは制約をうまく避けて行動できる機会もあるかもしれない。しかし，エンドトゥエンドのエクスペリエンスを改良するための行動計画を立てる際には，その違いを理解しておくとよい。例えば，申込手続きに際して社会保障番号を入力するのは嫌だと顧客が感じているという洞察が得られたとする。社会保障番号を聞かれると，顧客は疑わしい気持ちになる。しかし，規制上の理由から，社会保障番号がなければ手続きできない。ここに機会があるかもしれない。社会保障番号を聞く手続きを，異なるやり方で提示できる可能性がある。このようにとらえるのであれば，制約を特定して，その洞察を自分たちでは変えられないものとして片付けてしまうのではなく，機会を生み出したことになる。

7.3　機会，意図，タイミング

価値の整合性，未来の複数の可能性，変化を起こす能力は，究極的に組織が置かれた固有の文脈とエコシステムを反映する。組織のマインドセットを個別のタッチポイントからカスタマージャーニーへと変化させていくには，全体的な意図を明らかにし，いつ行動を取るつもりかを明確にしておくことが非常に重要だ。

エクスペリエンスの全体的なオーケストレーションへとつなげるうえで役に立つ機会の特定方法は3つあり，次のカテゴリーに分けることができる。

- **エンドトゥエンドのエクスペリエンスの最適化**：ばらばらな瞬間を，複数のチャネルとタッチポイントがつながった1つのシステムにする。
- **エンドトゥエンドのエクスペリエンスの再想像**：製品やサービスのエクスペリエンスを拡張して，満たされていない顧客のニーズに対応しながら，一貫性とまとまりを強調する。
- **抜本的なイノベーション**：新しい製品やサービスを創造し，オーケストレーションされたエンドトゥエンドのエクスペリエンスとしてデザインする[3]。

---

[3]　これらのカテゴリーの定義は，『*The Alchemy of Growth*』で説明され，McKinsey & Company が広めた「スリー・ホライズンモデル」に触発されている。詳しくは次の記事を参照してほしい。「Enduring Ideas—The Three Horizons of Growth」，www.mckinsey.com/business-functions/strategy-and-corporate-finance/our-insights/enduring-ideas-the-three-horizons-of-growth

エンドトゥエンドのエクスペリエンスを最適化する

　既存の製品やサービスのエクスペリエンスには，通常，改善の機会が多数ある。これは驚きではないはずだ。成り行きに任せておけば，マーケティング，製品，デザイン，技術，業務推進などの様々なチームが，それぞれの責任範囲内で最適化に向けた独自のビジョンや優先事項を打ち出すようになる。これらの部署間には相互依存性があるため，よかれと思って開発した局部的なソリューションが，顧客の全体的なエクスペリエンスの他の部分で問題を引き起こす可能性が高い。

　よくある例の1つが，マーケティングと製品またはサービスのチーム間で調整が図れていないケースだ。Brandon Schauer が「**サービス期待ギャップ**」と呼んだ現象[4] を，皆さんも経験したことがあるだろう。マーケティングの伝統的な役割は，製品やサービスが何を提供するかについての欲求と期待を作り出すことだ。しかし，あまりにも多くのケースで，実際に提供されるソリューションがそのビジョンからかけ離れていて，カスタマージャーニーをサポートするチーム間での調整が図れておらず，実行が伴っていない。例として，航空会社を考えてみよう。細部まで配慮の行き届いた快適な空の旅のイメージを描くために多大な広告費を投じているが，実際には空港でのチェックインから，搭乗手続き，機内のエクスペリエンスまで，決して快適ではないことが多々ある。このギャップを少しずつでも埋めていくことができれば，収益と顧客満足度をどれだけ高められることだろうか。

　エクスペリエンスのオーケストレーションは，このパラダイムを変化せる。顧客のエンゲージメントをコラボレーションでデザインすべきエンドトゥエンドのエクスペリエンスとしてとらえることで，多数のペインポイントに光を当てて，簡単に見つけられるようにするためだ。本書で紹介しているタッチポイントインベントリーやエクスペリエンスマップなどのメソッドは，先進的な組織が実践している作業，すなわちエンドトゥエンドのエクスペリエンスの最適化を支える。

　この文脈での最適化とは，既存の製品やサービスのジャーニーを全体的にオーバーホールして，一貫性とまとまりの感じられる完全なジャーニーにすることを意味する。この変化が大きな新規投資を必要とすることはあまりないが，すでに予定された，または既存の投資をスマートに使用して，すべてのチームの活動をオーケストレーションする必要がある。具体的には，次のようなことをする。

- 顧客に価値をもたらしていないタッチポイントを廃止する。
- 既存のタッチポイントを変更して1つのシステムとしてうまく機能するようにする。
- 重要な顧客のニーズをうまくサポートするタッチポイントを新規に創造する。
- タッチポイントをより適切なチャネルに拡張する。
- チャネル間・文脈間をもっと効果的に橋渡しするブリッジを構築する。

---

[4]　Brandon Schauer, "Serious Service Sag," adaptivepath.org/ideas/serious-service-sag/

ペインポイントを超えて

適切なコーディネーションの下に進められているかどうかにかかわらず，エンドトゥエンドのエクスペリエンスを最適化する作業は，ほとんどの組織の業務の大半を占めている。これは適切だ。顧客が現在の提供物とどのようにかかわっているかが，組織の短期的な健全性に影響し，また将来の製品とサービスに投資する能力も左右するためだ。しかし，大きな組織は，デザイン（やデザイナー）の力をもっと活用して，単に現在のエクスペリエンスのペインポイントを和らげる以上のことをすべきだ。デザイナーが最適化を超える目標を目指し，本書で紹介したようなアプローチを使用して新しい領域に踏み込み，エクスペリエンスを通じて顧客にとっての価値を創造しようとするのが，成熟の兆しだ。

- エンドトゥエンドのエクスペリエンスのすべての部分に共通のエクスペリエンス原則を適用する。
- カスタマージャーニーの出発点と終了点を改善する。
- 弱さが見られる部分に集中的に取り組み，強みと言える部分は強調する。
- 部署間で協力して，様々なチャネルが連携して同じタッチポイントをサポートできるようにする。
- ジャーニーのある段階から次の段階へスムーズに移行できるようにする。

これらの機会の多くは，比較的簡単に実現することができる。カスタマージャーニーの途上にある「でこぼこ」を均すようなものだ。小さな投資で修正でき，集合的にエクスペリエンスを高めることができる。しかし一方で，厳密にアプローチして，慎重に部署間のトレードオフのバランスを取り，カスタマージャーニーを全体としてサポートする必要のある機会もある。また，顧客のニーズをもっと効果的に満たす新しいタッチポイントの開発につながることもある。

例えば，Rail Europe International は，様々な鉄道会社を利用する旅行の計画をそれぞれのサイトに行かなくても立てられる機能が顧客に喜ばれているという洞察を手に入れた（図7.4）。しかし，実際にこの機能を使うに当たっては困難な点もあった。利用する予定の駅や他の物理的な場所を顧客が視覚的にイメージできないことが原因だった。複数の予約サイトにアクセスする必要はなかったが，1つの予約サイトで地図やガイドブックなど様々なリソースを使う必要があった。これは明らかな機会だった。そしてこの機会を，「顧客が旅行の行き先を計画する際に，どうすれば空間と時間をもっと明確に視覚化するのを助けられるか」と表現した。エンドトゥエンドのエクスペリエンスを最適化するということは，タッチポイントを個別に改善することから，カスタマージャーニー全体をコラボレーションでデザインすることへの移行を意味する。

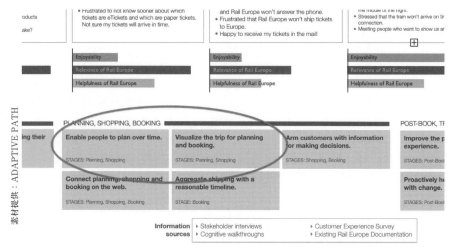

図7.4　Rail Europeは特定した機会を最適化した

エクスペリエンスを再想像する

　最適化のほかにも機会はあり，エクスペリエンスを拡張する，あるいは再想像して，満たされていない顧客のニーズにもっと幅広く対応することができる。ここでは，現在のどのタッチポイントを改良するか，どれをうまく接続するかではなく，新たな価値をもたらす機会を特定することに集中する。エクスペリエンスの各部や全部の再想像につながるような機会はしばしば，人，プロセス，技術への新たな投資に行き着く。このため，そのつもりで事前に調査して，これらの機会に対して個別に，または協調的に行動することでステークホルダーにとって適切な投資リターンがあることを確信しなければならない。

　これまでの章で説明したとおり，エコシステムマップとエクスペリエンスマップはどちらも，満たされていないニーズを解決する機会についての貴重な洞察をもたらす。よくあるパターンとして，次のような機会が考えられる。

- **ジャーニーの段階が無視されている，またはあまりサポートされていない**：多くの製品やサービスが，大きな文脈から切り離されたユースケースをサポートするためだけにデザインされている。例えば，美術館に行くことには，単に展示物を見る以上のエクスペリエンスが含まれる。その前後のジャーニーの段階に，新しい価値を提供し，美術館のエクスペリエンスを拡張する大きな機会が存在する。
- **大きなジャーニーをとらえていない**：現行のエンドトゥエンドのエクスペリエンスを最適化するのとは異なり，より高いレベルのジャーニーに新しい機会があるかもしれない。Airbnbは，ゲストがホストの家に一緒に滞在するというエクスペリエンスから始まった。しかし今では，全体的な旅行のジャーニーをとらえて，より幅広い価値と差別化されたエクスペリエンスを提供している。

- **対応されていないアクターがいる**：エコシステムマップを制作すると，問題の状況で重要な役割を果たしている人がいると分かることも多い。例えば，パートナー，家族，友人，サードパーティーなどが意思決定のプロセスにかかわっている。住宅購入であれば，不動産の仲介業者がエンゲージメントの新たな機会となるかもしれない。

　再想像するには，表面的なレイヤーに留まらず，エクスペリエンスをもっと深く見つめる必要がある。ここでの目標は，製品やサービスについての「何」，「なぜ」，「どのように」を，部分的または全体的に体系立てて再定義することだ。具体的には，次のような点を考えることになる。

- 戦略的な根拠と意図（なぜ）
- ステークホルダーに対して創造する価値（なぜ）
- エンドトゥエンドのカスタマーエクスペリエンス（CX，顧客体験）のビジョン（何）
- 様々な人，タッチポイント，チャネル，プロセス，技術の役割（何）
- 時間をかけてビジョンを進化させていくための計画（どのように）
- タッチポイントと業務体制のデザインおよび運用（どのように）

抜本的なイノベーションを実現する

　画期的なエクスペリエンスを創造し，同時に新しいビジネスモデルで革新を起こしていくための機会は，特定するのが比較的難しい。必然的にこの種の機会に関しては，スタートアップがエクスペリエンスのオーケストレーションのアプローチで成功するケースが多い。スタートアップは，最適化や拡張に適した成熟した提供物を持っていないためだ。むしろスタートアップが目指すのは，既存のシステムにイノベーションやディスラプションを起こすことだ。

　新しい製品とサービスのイノベーションを実現した例には，Uber Eats がある（図7.5）。Uber の中核サービスは，A 地点から B 地点へと人を運ぶことだ。これを基本として高度なインフラを構築し，広範な場所でジャストインタイムの配車をオーケストレーションしてきた。Uber の価値のほとんどは，このプラットフォームにある。そして同社は，この強みを活かす新しい方法を模索していた。2015 年，Uber は，フードデリバリーを実験的に開始した。人ではなく食事を運ぶサービスには，中核サービスと同じようにピックアップと到着の要素があるが，解決すべき新しい課題も含まれていた。レストランとそのメニューを取り込むこと，調理にかかる時間を考慮すること，パートナーを管理すること，さらにはプロセスを完了するためにドライバーが車を駐車しなければならないことなどだ。

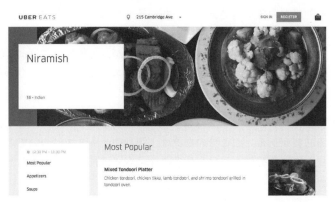

図 7.5 Uber Eats のエンドトゥエンドのエクスペリエンスは，プロトタイピングと試験運用に 3 か月を費やした

　すばやくパイロットを導入するため，Uber のチームは，サービスデザインイノベーションのワークショップを社内で開催して，完全なフードデリバリーのエクスペリエンスを提供するための機会を踏み込んで検討した[†5]。このワークショップを受けて，エスノグラフィックリサーチが計画された。顧客，レストラン従業員，ドライバーから成るフードデリバリーのエコシステムを理解するためだ。こうして洞察を手に入れた後，チームは，3 か月でサービスのパイロット版（既存の Uber アプリに重ねたもの）を構想し，デザインし，導入することができた。Uber Eats は，数回のイテレーションを経て，数十の都市で事業展開する完全なサービスに進化し，スタンドアローンのアプリになった。

　スタートアップと異なり，より確立した企業は，すでに存在する製品やサービスを最適化するのに多大な時間と労力をかけている。この漸進的な改良によって列車を走らせ続けることはできるが，私たちがよく見かけるのは，イノベーションチームが新しい技術や外部の競争環境に注目していて，時間をかけ空間を変えて展開していくニーズやエクスペリエンスにはそれほど注意を払っていないという状況だ。部署横断的なチームで顧客のエコシステムとジャーニーの両方を理解していくと，物事をどのように実践すべきかを**再考**できるようになる。

　第 3 章「エコシステムを探究する」で紹介した HomePlus のケーススタディが，その好例だ。HomePlus は，スーパーに行くという既存のエクスペリエンスを単に改良しようとしたわけではなかった。自分たちの置かれたエコシステムを新たな目で見つめ直して，自分たちの整合させられる共通のジャーニーとして日々の通勤を見つけた。その結果として生まれたソリューションは，食料品の配達に必要となる業務体制の多くを活用しながら，これまでにないショッピングエクスペリエンスというパッケージでラッピングして，しかも顧客に行動の変化を要求することがほとんどなかった。

[†5] Jessi Hempel, "The UberEats Standalone App Has Nothing to Do with Rides," www.wired.com/2015/12/ubereats-is-ubers-first-app-thats-not-about-rides

最終的に組織は，3つのカテゴリーの機会すべての間で投資と努力のバランスを取る必要がある。あなたの立場上の責任が，具体的な問題領域の範囲内にあるエンドトゥエンドのエクスペリエンスの管理やサポートであるのなら，常に次のことを問いかけるべきだ。

- エンドトゥエンドのエクスペリエンスを最適化して，すべてのステークホルダーのニーズをもっと効果的に満たすために，どのような機会があるだろうか。
- カスタマージャーニーの構成要素を再想像して新しい価値を創造するために，どのような機会があるだろうか。
- 顧客との関係や顧客との間で交換する価値を抜本的に再定義するために，どのような機会があるだろうか。

> **Amazonと次のホライズン**
>
>
> Amazonは，3つのカテゴリーすべてにわたる機会を特定するという点で模範的かもしれない。エクスペリエンスのすべての部分を最適化することで知られている。また，顧客のショッピングエクスペリエンスも再想像してきた。1-Click機能はもちろん，Amazon Dashボタンの導入では，デジタルチャネル以外にもエコシステムを広げ，ニーズが発生する場所で必要に応じて製品を購入できる（洗剤が足りなくなったら注文できる）ようにしてきた。AWS（Amazon Web Services）を開発した際には，技術インフラとデータへの既存の投資を利用してまったく新しい新規事業にし，コストセンターをプロフィットセンターに変化させた。ジャーニーに含まれるアクターを再考して，配送のエクスペリエンスにおいても，自社で所有する構成要素を常に増やしている。Kindle，Prime，Echo，ドローン配達など，機会を特定し，再想像し，再発明するというミッションを，まるで取りつかれたかのように常に追求している。

機会を特定して比較するアプローチは多数存在する。次のセクションでは，よく使われているデザイン戦略のアプローチである「How Might We?」クエスション，すなわち「どうすれば……できるか」の形式で機会を表現する方法について説明していこう。さらに，機会に優先順位を付けるためのテクニックも紹介する。

機会を特定する

エンドトゥエンドのエクスペリエンスの機会を特定するために本書が提唱する基本的な理念は，次のステップに集約できる。

- すべての顧客タイプ，チャネル，タッチポイント，および自社の製品やサービスを超える文脈を全体的に眺めてみる。
- 定性的リサーチを行って，顧客のニーズ，個人的なエコシステム，エクスペリエン

162　第 7 章　機会を特定する

スを理解する。
- タッチポイントインベントリー，エコシステムマップ，エクスペリエンスマップを活用して，顧客の幅広いジャーニーと自社の製品やサービスに特有のインタラクションについての理解を統合し，コミュニケーションする。
- センスメイキングのプロセス全体を通じて部署間のコラボレーションを実践し，整合性と共通の理解を確立する。

機会にラベルを付ける

「How Might We?」クエスション，すなわち「私たちはどうすれば……できるか？」の形式で表現することは，機会に適切なフレームをもたらすためのテクニックとして効果的だ。1960 年代に Sydney J. Parnes 博士[6] が考案した方法で，水平思考を促し，問いかけを通じて多数のアイディエーションを刺激する。例えば，顧客の申込手続きの際にペインポイントがあることを観察したのであれば，次のように表現できるかもしれない。「どうすれば申込手続きの効率を高め，顧客が取るステップをもっと明確にすることができるか」。

この形式で表現する際に重要なのは，広すぎず，また狭すぎない問いかけにすることだ。特に，限られたソリューションの選択肢を示唆するような表現は避けるべきだ。悪い例とその改良方法を表 7.1 で示した。

これらの例から分かるように，チャネル，メディア，タッチポイント，手段（例：トレーニング）などのソリューションを指定した疑問文は避けるべきだ。オープンなブレーンストーミングを促し，明らかなものに留まらないアイディエーションを刺激するような問いかけにしなければならない。

表 7.1　効果的な「How Might We?」クエスションの書き方

悪い例	よい例
どうすれば陳列棚の表示を改良して，顧客が製品をもっと簡単に見つけられるようにすることができるか。	どうすれば陳列棚の前に立った顧客をサポートして，製品をもっと簡単に見つけられるようにすることができるか。
どうすればモバイルアプリを使用して顧客が店を出た後も製品のリサーチを続けられるようサポートすることができるか。	どうすれば顧客が店を出た後も製品のリサーチを続けられるようサポートすることができるか。
どうすれば従業員をトレーニングして，店舗に来る顧客を親切に迎えられるようにすることができるか。	どうすれば来店客を歓迎する姿勢をもっと効果的に伝えることができるか。
どうすれば返品に時間がかかる理由を顧客にグラフィックな方法で説明することができるか。	どうすれば返品に関する顧客の期待をうまく設定し管理することができるか。

---

[6]　Humantific の GK VanPatter が，このアプローチの起源とオープンソースのステータスについて説明している。www.humantific.com/who-owns-how-might-we/

機会に優先順位を付ける

　優先順位を付けるメソッドも，デザイン，ビジネス，製品，イノベーションの文献で無数に説明されている。シンプルなメソッド，例えば丸シールの投票やMoSCoWメソッド[†7]などを使ってラフな感覚をつかむことはできるが，機会を評価する際には少なくとも2つの規準で判断するアプローチを選ぶべきだ。使用する規準は，最適化，再想像，イノベーションの戦略的重点に基づき，かつすべての参加者にとって明確な規準とする。ここでは，異なる文脈（最適化，再想像，イノベーション）で使える優先化のメソッドを2つ紹介しよう。また，3つ目のメソッドとして「価値 vs. 複雑さ」も機会の優先順位を決める際に使うことができ，これについては第8章「アイデアを生成して評価する」で取り上げる。

価値 vs. 緊急度（最適化，再想像）

　最適化の取り組みは，通常，直近または短期的に実行できる方策をとらえていて，製品に関係した具体的なメトリクスに対応することを目指している。そこで，このテクニックでは，機会が創造し得る共価値とその問題の解決がどれだけ早急に必要かを見比べる。この分析を視覚化するための簡単なモデルを示したのが図7.6だ。この章のワークショップでは，このメソッドを同僚と一緒に使う方法を例として紹介する。

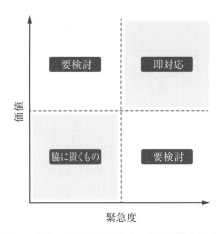

図7.6　価値と緊急度を比較して優先順位を付ける

満足度 vs. 重要度（再想像，イノベーション）

　この評価においては，実行の時期や実行に際して必要となる労力はあまり重要ではなく，むしろ製品やサービスの現行のパラダイムの外にある価値提供の機会を特定しようとする。Uberがフードデリバリーに進出し，Airbnbが幅広い旅行エクスペリエンスへ

[†7] MoSCoWは要件に優先順位を付けるためのメソッドだが，機会にも容易に応用できる。詳細は次のサイトを参照してほしい。en.wikipedia.org/wiki/MoSCoW_method

と拡大したことは，その事例と言える。

このテクニックでは，Anthony Ulwick が提唱する「結果主導のイノベーション」の機会スコアリング[†8] を一部変更して使用し，満足度と重要度の両方を 10 段階評価したうえで，顧客の視点から機会について話し合って評価を付けていく。この機会は，新しいソリューションをどれだけ必要としているか。顧客のニーズを満たす他の製品やソリューションをリサーチで見つけなかったか。これらの点を議論しながら，図 7.7 に示したモデル上に機会を配置していく。

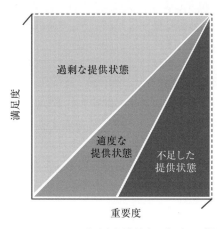

図 7.7　機会スコアリングでは，重要度と満足度に基づいて機会を評価する[†9]

このメソッドで効果を挙げるには，リサーチの洞察を手元に用意して，顧客のニーズを参照し，また既存の製品やサービスがそのニーズをどれだけ効果的に満たしているかについての見方を示せる必要がある。このため，リサーチを周到にデザインして，既存の顧客ベース（またはこれから取り込もうとする新しい顧客セグメント）に存在する満たされていないニーズ，および十分に満たされていないニーズを表面化させることがきわめて重要だ。第 1 章から第 4 章で紹介したフレームワークのうち，エコシステムマップは特にこのタイプの機会の特定と優先化において有用だ。エコシステムマップには，顧客が使用する可能性のある製品，サービス，ほかの人やモノが含まれる。例えば，Uber Eats の潜在顧客は，すでにフードデリバリーのサービスを使用しているかもしれない。このため，その部分をリサーチすることで，ジャーニーのなかでニーズをうまく満たしていない部分を浮き彫りにできる可能性がある。

[†8] Ulwick の完全なアプローチは非常に定量的だが，私たちはそれを利用してコラボレーションのワークショップのアプローチを作ってみた。詳しくは，次の文献の第 3 章を参照してほしい。Anthony W. Ulwick, *What Customers Want—Using Outcome-Driven Innovation to Create Breakthrough Products and Services* (New York: McGraw-Hill, 2005).

[†9] 次の文献を一部変更して引用。Anthony W. Ulwick, *What Customers Want—Using Outcome-Driven Innovation to Create Breakthrough Products and Services* (New York: McGraw-Hill, 2005).

7.4 機会についてコミュニケーションする

こうして同僚と作業を進めていくと，どこかの時点で，発見した機会とその優先順位を社内でもう少し幅広く共有する準備が整うだろう。ここでは，優先的な機会に賛同してもらい，スマートに，かつ自信を持って，組織全体でソリューションモードに飛び込むための準備のアプローチをいくつか紹介したい。

● **機会カード**：機会（あるいは提案）をそれぞれ個別の項目として分解することで，チャネルや事業部門の責任範囲，主な依存関係といった重要な情報を整理して示せるようになる（図7.8）。また，その機会の根底にある具体的な事象，例えば事業上の価値や特定された顧客のニーズなどに結び付けるのにも役立つ。これがトレーサビリティとして機能し，それまでの作業に参加しなかった人に対して，なぜこの機会が浮上したかを説明する効果がある。他のステークホルダーも，この機会が優先される根拠を理解できるようになる。

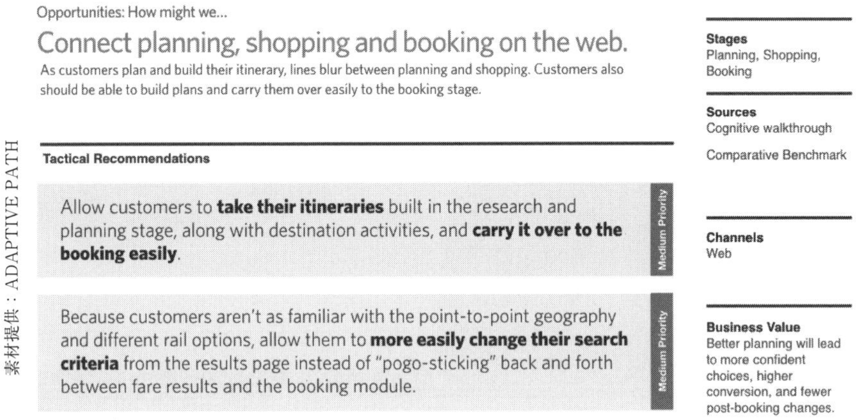

素材提供：ADAPTIVE PATH

Opportunities: How might we...

Connect planning, shopping and booking on the web.

As customers plan and build their itinerary, lines blur between planning and shopping. Customers also should be able to build plans and carry them over easily to the booking stage.

Tactical Recommendations

Allow customers to **take their itineraries** built in the research and planning stage, along with destination activities, and **carry it over to the booking easily**. — Medium Priority

Because customers aren't as familiar with the point-to-point geography and different rail options, allow them to **more easily change their search criteria** from the results page instead of "pogo-sticking" back and forth between fare results and the booking module. — Medium Priority

Stages
Planning, Shopping, Booking

Sources
Cognitive walkthrough

Comparative Benchmark

Channels
Web

Business Value
Better planning will lead to more confident choices, higher conversion, and fewer post-booking changes.

図7.8 機会カードは多くの場合，A5またはA6サイズの紙を使用し，依存関係の情報やその機会が引き出された経緯を説明する

● **段階別の機会**：機会をカスタマージャーニーの段階別，または2つか3つの段階ごとに整理する（この章のワークショップにある図7.12を参照）。

● **エクスペリエンスマップの注釈**：段階別に機会を示す代わりに，エクスペリエンスマップを利用して，注釈として機会を書き込むこともできる。マップの様々なセクションに引き出し線などを入れて，機会の説明を加える。または，現在の状態を半透明化した画像で背景に薄く入れて，その上に機会をかぶせたようなマップを作ることもできる。

● **チャネルおよび段階別の機会**：具体的なチャネルだけに該当する機会も多数あるかもしれない（ただし，その機会に取り組む際には，他の部署の協力が必要になるかもし

れないが)。この場合は，タッチポイントインベントリーのフレームワークを使用して，チャネルを横の行，ジャーニーの段階を縦の列に取って，様々なチャネルに対する提案をエンドトゥエンドのエクスペリエンスにわたって示すことができる。

- **機会マップ**：機会マップとは，テーマ別に機会を分類するものだ。多くの場合，エクスペリエンス原則などの洞察や情報も盛り込む（図7.9）。このタイプの成果物は，どこにデザインインターベンション（デザイン介入）を作ればエクスペリエンスが向上し，新しい価値が創造されるかを，ステークホルダーに一目で示す効果がある。機会マップは，どの機会を追求するか，いつ追求するか，カスタマージャーニーのどの側面に影響するかを見極めるうえでも役立つ。

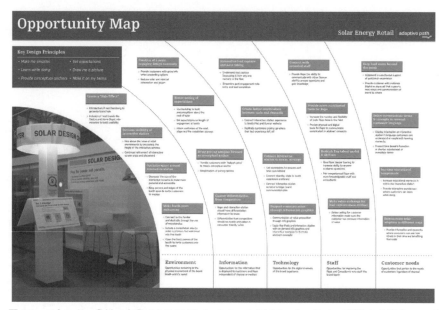

図7.9　エネルギー業界の企業のためにChrisのチームがAdaptive Pathで制作した機会マップ

- **エコシステム機会**：同様に，エコシステムマップにも注釈として機会を書き込み，新しい製品やサービス，再想像した製品やサービス，さらには新たな価値を創造する関係などを示すことができる。

機会の視覚化のアプローチを1つ使うだけでは，伝えたいストーリーを完全に伝えられないことも多い。その場合は，ジャーニー別，エコシステム別など，複数の視点を組み合わせてみるとよい。あなたと同僚が特定した機会，すなわちエンドトゥエンドのCXを改善して大きな価値を創造することのできる機会を，ほかの人にも理解してもらえるようになるだろう。

まとめ

- 機会はソリューションではない。機会とは，ポジティブな変化を生み出すことができる状況を指す。

- 厳密なアプローチに則ってコラボレーションで機会を特定し，優先順位を付けることで，部署横断的な支持が得られるようになり，調整の図れていない個別のプロジェクトで一足飛びにソリューションへと進んでしまう事態を回避できる。

- 真の機会とそうではないものを見分けるには，3つの規準を確認すべきだ。価値の整合性があるかどうか，未来の複数の可能性をもたらすかどうか，そして変化を起こす能力があるかどうかだ。

- 機会は大きく3つのカテゴリーに分けることができる。エンドトゥエンドのエクスペリエンスの最適化，エンドトゥエンドのエクスペリエンスの再想像，抜本的に新しい製品やサービスのイノベーションだ。

- 機会を特定して優先順位を付ける際には，エクスペリエンスマップとエクスペリエンス原則を使用し，機会のカテゴリーに合った具体的な規準（緊急度，重要度，複雑さ，価値など）に基づいて評価する。

- 機会を提案する際には，様々なアプローチを試して，視覚的にコミュニケーションすることで説得力を高める。複数のアプローチを組み合わせてみて，伝えたいストーリーをコミュニケーションする。

WORKSHOP

機会の特定と優先順位の決定

このワークショップでは，エクスペリエンスマップ，エクスペリエンス原則，その他のセンスメイキングの制作物を使用して，機会を特定し，それに優先順位を付ける。これまでの発見とリサーチのプロセスで，幅広いステークホルダーを巻き込んできたのであれば理想的だ。たとえそうでないとしても，このワークショップには様々な部署の代表者に参加してもらい，最も重要な機会で合意し，行動への幅広いコミットメントを取り付けることがきわめて重要だ。

WS 7.1　ワークショップの目標

- 顧客のニーズに基づいて，エンドトゥエンドのエクスペリエンスにわたる機会を特定する。
- 機会を整理し，アイディエーションのセッションに向けて準備する。
- 機会に優先順位を付け，今すべきことと後ですべきことを判断する。

WS 7.2　参加者への提案の例

このワークショップは，リサーチからアイディエーションおよび行動へと前進するための重要な橋渡しとなる。然るべき人たちに参加してもらうため，次のような文言で招待することができるだろう。

顧客から学ぶということを，私たちはこれまでしてきませんでした。しかし，新しい洞察を利用して，よりよいエクスペリエンスと価値を創造するための機会を見極めるべき時が来ています。

このワークショップでは，エクスペリエンスマップを使用して，顧客のエンドトゥエンドのエクスペリエンスを（短期的に）最適化する機会と（長期的に）再想像する機会を特定し，明文化します。また，価値と緊急度に基づいて，それぞれの機会に優先順位も付けます。このワークショップの成果は，追って特定した機会を全

員で一緒に実現していくためのアイディエーションのワークショップで活用していきます。

WS 7.3　アジェンダ

このワークショップは，通常，丸一日を費やして実施し，休憩と昼食の時間も含める。実際には2日目（場合によっては3日目）も予定して，当初のアイディエーションも直後に行うと効果的かもしれない。第8章「アイデアを生成して評価する」で，このワークショップをうまく補完するアプローチについて説明する。

表7.2　ワークショップのアジェンダ

アクティビティ	説明	所要時間
導入	名前と役職名を紹介するだけでなく，参加者が知り合う機会を作る。	10分間
アジェンダと目標を説明する。	このワークショップで行うアクティビティについて説明し，終了時点で何を達成するかを共有する。	10分間
主な洞察を共有する。	リサーチで得た主な洞察を振り返り，全員がエクスペリエンスマップとエクスペリエンス原則について精通するようにする。	45分間
休憩	エネルギー補給！	15分間
ニーズを引き出す。	主な顧客ニーズをジャーニーの段階別に特定する。	60分間
機会を特定する。	機会を特定し，対応の必要性を説く。	75分間
ランチ	食べる！	45分間
機会をグループ化して，カテゴリーに名前を付ける。	パターンを見つけ，「How Might We?」クエスションとして表現する。	90分間
機会を記録する。	機会をまとめて，機会カードに記録する。	60分間
休憩	最後のアクティビティに向けてエネルギーを補給する。	15分間
機会に優先順位を付ける。	価値 *vs.* 緊急度などのフレームワークを使って機会を評価し，優先順位を付ける。	105分間
振り返って次のステップを考える。	ワークショップのプロセスと成果について振り返る。 次のステップを決める。	10分間

役割

- **ファシリテーター（1人）**：ワークショップのホスト役を務め，セッション中のアクティビティを進行する。
- **ファシリテーター補佐（1人または複数）**：準備と片付けを手伝い，アクティビティをサポートする。
- **カメラマン**：セッション中の写真を撮って，参加しなかった人がコラボレーティブなプロセスを理解できるようにする。

参加者

- リサーチのファシリテーターとエクスペリエンスマップの制作者

- 個別のチャネル，製品，タッチポイントの責任者
- ブランド，業務推進，デザイン，技術など，関連するチームの実践者

用意するもの
- エクスペリエンスマップをポスターのような大判の紙に印刷したもの
- B3（または B4）サイズの用紙にマップを印刷したもの（参加者の人数分）
- その他の関係する制作物（エコシステムマップ，ペルソナ，タッチポイントインベントリー）
- エクスペリエンス原則（マップや参加者向けの配布物の横に記載）
- 機会カード

文具
- 見出しサイズの付箋
- マーカーペン
- 正方形の付箋
- マスキングテープ（模造紙用，またはジャーニーのフレームワークを作るため）
- フリップチャートの替え用紙や大判の模造紙（壁に貼ってキャンバスとして使用する）

WS 7.4　ワークショップの準備

　機会とは，学んだことを解釈し，組織の目標や事業戦略といった文脈のなかで整理するうちに浮上してくるものだ。機会特定のコラボレーションに同僚を招待する際には，その背景を明示的に伝えておく必要がある。最適化，再想像，イノベーションのどれに焦点を当てているのか（この3つの何らかの組み合わせでもよい）を明確にすることだ。

　リサーチで得た洞察の概要とワークショップのアジェンダをあらかじめ参加者に送付して，事前に目を通してもらう。これにより，ワークショップの本題にすぐに突入できるようになるだろう。

　重要な点として，ワークショップで使用するエクスペリエンスマップは，あくまでも草稿であって，最終的なものではない。その有用性や使い勝手をワークショップで試す必要がある。有効性を理解できたら，今後のためにマップを改良すべきだ。

WS 7.5　ワークショップの進め方

　このワークショップでは，主な洞察の概要を理解してもらい，そこから引き出された機会に優先順位を付けるところまでを進行する。次の5つのアクティビティに分けて進めるとよいだろう。

- 主な洞察と戦略的な文脈を共有する。
- 顧客のニーズを引き出す。
- 機会を特定する。
- 機会をグループ化して，名前を付ける。
- 機会を記録する。
- 機会に優先順位を付ける。

主な洞察と戦略的な文脈を共有する

これまでのセンスメイキングやエクスペリエンス原則の策定のプロセスを同僚と一緒に進めてきたのであれば，このステップは簡単な復習と位置付けることができる。リサーチで得た主な洞察をおさらいして，エクスペリエンスマップの最新バージョンを見せ，全員がエクスペリエンス原則をよく理解していることを確認する。これらの説明は，リサーチに参加した人に担当してもらって，コラボレーションのアプローチを強調する。

洞察をおさらいするほかに，このワークショップで考慮すべき文脈や制約についても，あらためて確認する。例えば，既存の製品やサービスに6か月以内に導入できる改良点を提案せよという課題を課されているかもしれない。または，向こう12～18か月間の戦略と投資に役立つ情報を示すことが目標かもしれない。この種の文脈は非常に重要だ。同僚のなかには，来春，来期，来年などのスパンで機会を定義する人がいるかもしれない。

顧客のニーズを引き出す

基本的な理解を浸透させたところで，参加者を少人数のチームに分ける。どのように分けるべきかは，いくつかの要因によって異なるが，一般に次の点を考慮すべきだ。

- 顧客ベースに見られる具体的な行動を表現した顧客のペルソナとニーズがあるのであれば，そのペルソナ別に参加者を分ける。そして，そのジャーニーを記録するために制作した具体的なマップを各チームに割り当てる。
- すべてのチームに，リサーチの洞察に精通した人を必ず入れるべきだ。エクスペリエンスマップの制作者が，その役割を果たせるだろう。
- 役割，職位，機能などを取り混ぜて，部署横断的なコラボレーションが行われるようにする。

チームごとにエクスペリエンスマップを詳細に検討して，主な顧客ニーズを段階別に特定してもらう。特定したニーズは，1件につき1枚の付箋に書き出す。例えば，投資のジャーニーであれば，次のようなニーズが出てくるかもしれない。

- 様々な投資商品を基本的に理解したい。

- 口座の開設方法を素人でも分かる言葉で分かりやすく説明してほしい。
- 簡単に始められる投資の選択肢を比較したい。
- 自分のニーズにとってベストの選択肢を，自信を持って選択したい。
- 口座情報に 24 時間いつでもアクセスしたい。

これらを書き出したうえで，チームに発表してもらい，ポスター大のマップに貼り付けていく（図 7.10）。参加者が発表する間にも，似たものをグループ化していく。この発表が終わる時点で，顧客が様々な段階で抱えているニーズが多数集まるはずだ。グループに名前を付けて，次のステップである機会の特定へと進む。

図 7.10　エンドトゥエンドのエクスペリエンスにわたって顧客のニーズを特定する

機会を特定する

このアクティビティでは，参加者がそれぞれ機会を特定し，対応の必要性を説明する。参加者に B3 または B4 サイズの用紙に印刷したエクスペリエンスマップと見出しサイズの付箋を 3〜5 枚配布する（図 7.11）（見出しサイズの付箋は既製品を購入することもできるし，正方形の付箋を短冊状に切ってもよい）。必要な付箋の数は，エクスペリエンスの複雑さと参加者の数による。配布する付箋を減らせば参加者が慎重に選ばなければならなくなるため，付箋の数に制約を設けることで，価値創造や対応の可能性が最も大きい機会に焦点を絞り込むのに役立つ。

次に，真の機会かどうかを見分けるための規準を確認する。価値の整合性，未来の複数の可能性，変化を起こす能力だ。また，関連性のある顧客のニーズと事業上のニーズ，および制約もあらためて確認する。ただし，制約についてはそれほど厳密にならなくてもよい。後で優先順位を考える際に，制約についての見方の違いを解決していく。

5〜10 分かけて参加者がそれぞれマップを検討し，洞察や顧客のニーズなどの情報も参照しながら機会を特定する。そして，手元のエクスペリエンスマップに付箋を貼って，機会のある部分を示す。

機会とは，どのようなものであるべきか。このアクティビティにおいては，単純にエ

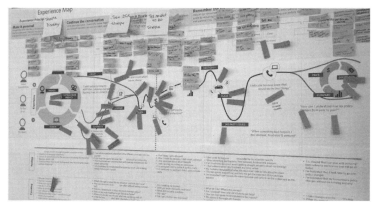

図7.11 ピンクの付箋が機会を特定している。青の付箋は、ジャーニーの段階にどのエクスペリエンス原則を適用できるかを示している

ンドトゥエンドのエクスペリエンスのなかで参加者が対応すべきだと感じるものすべてを意味する。付箋のほとんどは、特定の瞬間やタッチポイントに貼られるだろう。ただし、マップ上のどこにでも付箋を貼ってよいと奨励すべきだ。顧客の語った言葉、特定のデータなど、重要性が高いと思うものすべてを対象とする。この作業に個人で取り組むことで、全員が自分の考えを出せるようになり、他の参加者（上司かもしれない）の考えに流されないようになる。

機会をグループ化して、カテゴリーに名前を付ける

次に、全員が自分の特定した機会を大判のエクスペリエンスマップに貼って、図7.11のようなものを作っていく。ファシリテーターの役割は、ディスカッションを刺激して、マップ上で機会をグループ化していくことだ。見えてくるパターンについての会話を誘導して、どこにも属さないアウトライヤーについても検討する。会話に出るトピックを記録して、参加者の視点の幅広さを確実にとらえるようにする。

このプロセスでは、なぜジャーニーのその部分に対応すべきだと思うかを参加者に尋ねる。機会が何か、なぜそれが重要かを全員で明確にするよう促していく。リサーチで発見したニーズとエクスペリエンス原則に立ち返ることで、主観的な好みではなく事実に基づいてこのディスカッションを進めていけるようになるだろう。また、ソリューションモードに入ってしまわないようにすることも重要だ。例えば、旅行のエクスペリエンスであれば、次のような会話が行われるかもしれない。

> **ファシリテーター**：ホテルのチェックインの部分にグループが見られますね。これがなぜ重要なのでしょうか。
>
> **参加者1**：リサーチの結果、チェックインに関する不満のレベルが高いことが分かりました。時間がかかりすぎるという理由です。多くの人が疲れてホテルに到着

し，とにかく部屋に行って荷物を置きたいと思っています。疲れているため，インターネット接続の方法やフィットネスセンターの場所などを聞くのも忘れてしまい，後で聞くことになって，これもまた不満の原因になります。

ファシリテーター：そうですね。これを個別に解決する方法を想像することはできますが，ここでは何が機会かを特定して明確に説明することに集中しましょう。機会が複数あるように見えますが，いかがでしょうか。

参加者2：チェックアウトのプロセスも時間がかからないようにする必要があります。

参加者1：少なくともチェックインをもっと快適なエクスペリエンスにすべきではないでしょうか。

参加者3：時間を取らずに，しかも滞在中によいエクスペリエンスをするために必要な情報をすべて伝えるには，どうすることができるのでしょうか。

このようなディスカッションの展開は決して珍しいことではない。「必要がある」，「すべきだ」，「どうすれば」といった言葉が多用され，これはよいことだ。機会という観点から考えていて，ソリューションを規定しているわけではないことを意味する。ファシリテーターを務めるあなたの仕事は，注意を払ってこれらの機会の可能性を特定する作業に集中することだ。

提案された機会を確認してグループ化したうえで，そのグループが何を意味するかを明文化して，大きな付箋に「How Might We?」メソッド，すなわち「私たちはどうすれば……できるのか？」というラベルを付けていく（その方法はこの章で説明した）。機会の数が限られている場合は，全員で話し合いながらラベルを書くことができる。機会が多い場合は，少人数のグループに分けて機会を割り当て，分担して「How Might We?」を考えることができる。

これで，ステークホルダーが重要だと考える主な機会すべてを検討したことになる。5個ぐらいに絞られることもあれば，数十個に上ることもあるだろう。この時点で特定する機会の数に制約を設ける必要はない。

機会を記録する

このワークショップの最後の作業は，機会に当面の優先順位を付けることだ。これまでのアクティビティの結果，付箋があちこちに貼られて，かなり散らかった状態になっているだろう。優先化のステップへと上手に進める方法が，付箋よりももう少しフォーマルな形式のものに置き換えていくことだ。図7.12のように，単純な機会カードを作って，それを単純なジャーニーのフレームワーク上に置いていくと効果的だ。カードには，「How Might We?」クエスションのほか，その機会がもたらす潜在的な価値について説明する欄もある。価値については後で詳しく説明するが，まずは参加者にコラボレーションしてもらって，機会を1つずつカードに書いてもらおう。

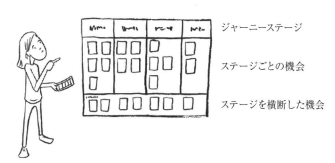

図 7.12　優先順位を付けるための準備

　次に，それぞれの価値がもたらすであろう潜在的な価値についてのディスカッションを進行する。参加者の人数があまり多くないのであれば，全員でディスカッションできるだろう。大人数の場合はいくつかのチームに分けて，機会の価値をチームごとに書き出したうえで，全員で見直して統合していくようにする。

　事業上の価値と顧客にとっての価値は，別々に説明すべきだ。また，従業員や他のステークホルダーにとっての価値の記入欄を設けて，分析することもできる。これらの価値を書き出した例が，表 7.3 だ。この段階では，創造される価値を定量的に示したり，使うべきメトリクスについて厳密になる必要はない。カードがすべて記入されたら，ジャーニーのフレームワークに貼って，優先順位を付ける作業へと進む。

表 7.3　価値の説明

段階	リサーチ
How Might We……	どうすれば顧客が店を出た後も製品のリサーチを続けられるようサポートすることができるか。
事業にとっての価値	顧客を競合他社に奪われるリスクを減らす。 下流の売上高（リサーチ後の購入）を段階的に増やせる可能性がある。 NPS（ネットプロモータースコア）を改善できる。 顧客の意思決定のパターンについて洞察を得られる。
顧客にとっての価値	利便性が高い。 手間が減る（以前のリサーチを繰り返す必要がない）。
従業員にとっての価値	店頭で製品についての質問にすべて答えて成約まで到達するというプレッシャーが軽減される。

機会に優先順位を付ける

　最後に，機会に優先順位を付けて，相対的な価値についての見方と実際に行動に移す準備がどれだけあるかを明確にしていく。ここでは，価値 vs. 緊急度のフレームワークの使い方を説明しよう。

　2, 3 回のイテレーションを経て，価値と緊急度をほぼ正確に見極めると，機会を視覚的に各カテゴリーに分布した状態ができ上がるだろう（図 7.13）。右上の「即対応」のマスに入った機会は最も優先順位が高く，左下の「取り置き」のマスに入った機会は

当面は対応しないことを意味する。それ以外の機会については，もう少しディスカッションをして，対応すべきかどうか，いつ対応すべきかを決める必要がある。通常，これらの機会は，プロセスの次の段階（アイディエーション）へと進めるべきだ。

- ［機会の総数×3＝総ポイント数］の計算式でポイントを計算する。3を掛ける理由は，1〜5の5段階評価の中間値を取るためだ。例えば，機会が20個あれば，分配できる価値ポイントは60ポイント（20×3＝60），緊急度ポイントも60ポイントとなる。
- 大判の模造紙を使用して，価値と緊急度のマトリックスを壁に作成する（図7.13）。

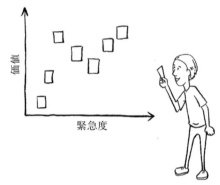

図7.13 価値と緊急度のマトリックスを使ってコラボレーションでマップを作成する

- 機会カードを1つずつ見直して，価値に1〜5の5段階評価を付ける。価値を話し合う際には，事業，顧客，他のステークホルダーのそれぞれを評価する。
- 次に，緊急度をやはり5段階評価して，今すぐ対応すべきか，将来のどの時点で対応すべきかを考える。
- 機会カードにポイントを書いて，分配した総ポイント数も計算する。
- すべての機会を評価したら，総ポイント数が目標値を上回ったか，下回ったかを見てみる。機会が20個で総ポイント数が60だったにもかかわらず，67ポイントを分配しているかもしれない。その場合は，機会をもう一度見渡して，いずれかの値を下げ，合計が60になるよう調整する。

このステップは，別のワークショップとして行うこともできる。特に，特定した機会にポイントを付けていく段階では，組織，顧客，他のステークホルダーにもたらす価値を正しく判断するため，参加する同僚の数を増やしたいこともあるかもしれない。これは，イテレーションの第1回目と位置付けるべきだ。最終的に優先順位を固めるまでには，おそらくフォローアップのディスカッションを重ねる必要があるだろう。

WS 7.6　ワークショップの後にすること

　このワークショップの後も，機会を特定して相対的な優先順位を付ける作業をイテレーションする。これに際しては，発見の作業を追加で行って，規準を評価する必要があるかもしれない。例えば，機会のなかには複雑なものもあり，まずは疑問を解決しなければならないこともある。あるいは，機会の重要度と満足度を定性的な観点から評価したいと思うかもしれない。いずれにせよ，このプロセスをコラボレーションで行って，優先順位の高い機会について幅広く賛同を得たうえで，ソリューションの探究へと進むべきだ。

パート III
ビジョンと行動

　顧客についての理解を深め，最も有望な機会を特定したことで，部署横断的なチームに自信とやる気がみなぎるようになったはずだ。この勢いを維持していくことは非常に重要だ。コラボレーターの多くがそれぞれの部署に戻ってソリューションの定義を始めようとするかもしれないが，それではこれまでのあり方に戻るだけだ。それを起こしてはならない！　ここから先の目標は，プロセスをオーケストレーションして，機会を魅力的なビジョンに変え，その未来を全員が達成したいと思うような状態を作っていくことだ。

　本書の最後のパートでは，それをするための方法を紹介していく。最初に，アイデアを生成して評価するための様々なメソッドについて学習しよう。個別に切り離されたソリューションではなく，1つのシステムとして機能させるためのアイデアだ。次に，未来のエクスペリエンスの視覚化，ストーリーテリング，フレームワークといったテクニックについて見ていく。これらのテクニックは，全員で目指していくべき結果についての曖昧さをなくすのに役立つ。さらに，ほかの人たちと協力して進化を後押しし，最終的に理想的な状態に到達するためのアプローチも紹介する。

　また，この最後のパートでは，戦略を超えて，ビジョンの意図とその背後にある洞察に忠実であり続けるための方法も取り上げる。オーケストレーションされたプロセスを実践して，大きな1つのシステムとしてつながりながら，なおもそれぞれの持ち場ですべき仕事を達成するタッチポイントを作る方法について考察していこう。部署横断的なチームワークは，エクスペリエンスのオーケストレーションにとって不可欠だ。このため，コラボレーションの文化を醸成し，人間中心のメンタリティを組織全体で共有するためのアドバイスを紹介して，本書の締めくくりとしたい。

第8章
アイデアを生成して評価する

8.1	アイデアの探究を率いる	182
8.2	構造と焦点	183
8.3	インプットと制約	185
8.4	表現と形式	187
8.5	評価と優先順位	193
まとめ		200

■ワークショップ―第8章：アイデアからストーリーへ

WS 8.1	ワークショップの目標	202
WS 8.2	アジェンダ	202
WS 8.3	ワークショップの準備	204
WS 8.4	ワークショップの進め方	204
WS 8.5	ワークショップの後にすること	207

ここまでの作業で，機会を確かな情報に基づいて特定し，クエスションとして定義することができた。ここからは，あなたと同僚で自信を持って機会に対応していく段階だ。しかし，いったいどうすれば有望なアイデアを発想できるのだろうか。出てくるアイデアをどのように篩にかけて，実効性の高いソリューションを導くのだろうか。

第一に，認識しなければならない事実がある。それは，組織内の様々な人が，未来のソリューションに影響を受ける立場にあり，それに対するアイデアも持っているということだ。その人たちは，重要な視点や知識を持っているだけでなく，ロードマップにすでに組み込まれたソリューションの存在も知っている。そのうえ，誰かのビジョンを単に実行するだけでなく，未来の定義に自分でも貢献したいという，きわめて人間的なニーズも持っている。このため，これまでに作ってきたコラボレーションの雰囲気を保持して，ほかの人たちを巻き込みながら，新しいアイデアを生成し探究していく必要がある。

この段階では，様々なスキル，知識，経験を持った人たちと一緒にアイデアを生成することが重要だ。ただし，それには克服すべき課題も伴う。同僚の多くは，あまり有意義とは言えないブレーンストーミングを経験したことがあるはずだ。集団思考に陥ったり，単に声の大きな人が勝ってしまったりする結果に終わってきたかもしれない。また，この段階で初めて参加する同僚が，それまでのリサーチと特定された機会に異議を唱えるかもしれない。自分が直接的に関与しなかったことが根本的な不満の原因だ。そこへ至る前に，そもそも全員に時間を取ってもらうだけでも大問題かもしれない。このため，あなたの仕事は，これらの点を克服できるようにワークショップや他のアクティビティをデザインして，質の高いアイデアを導き，その後の評価・選定へとつなげていくことだ。この章では，その方法を紹介する。

8.1　アイデアの探究を率いる

アイディエーションについての書籍や文献は山ほどある。個人や集団でのブレーンストーミングの有効性については，賛成派と反対派が論争を繰り広げている。イノベーションを達成するうえで最も効果的とうたったアプローチも数百と存在する。さらには，昔ながらの定理も存在する。「シャワーを浴びているときにベストのアイデアがひらめくものだ」。

現実を直視しよう。アイデアというのは不可解なものだ。プロジェクトやスプリントの段階などとはまったく無関係に，いつでも生まれる可能性がある。それに，ほとんどのアイデアは（「悪いアイデアなどない」と繰り返し言われているにもかかわらず），結局は無効または実行不可能という結論に終わる。単純に実行に移されないまま放置されるアイデアも多い。

それでもなお，ほかの人に積極的に参加してもらってアイデアを生成し，特定した機会に基づいてソリューションの合意を形成していくことは可能だ。これは1回のワーク

ショップで起こることではない。入念に計画して，様々なインプットとメソッドを活用し，ファシリテーターが巧みに誘導していく必要がある。また，多少のクリエイティビティと多大な柔軟性も求められる。コラボレーションをデザインし管理していく際に，次の4つの側面を考察すべきだ。

- 構造と焦点
- インプットと制約
- 表現と形式
- 評価と優先順位

8.2　構造と焦点

　どのようなタイプのオーケストレーションにも共通することだが，アイディエーション（アイデア生成）においても，好ましい結果を出すうえで構造と焦点が欠かせない。同僚（と顧客）のエンゲージメントをどのように計画するかは，あなたの置かれた文脈によって異なる。ステークホルダーが地理的に様々な場所にいるのであれば，複数の場所でワークショップを開催するか，リモート形式や個人形式のアイディエーションを組み合わせるとよいかもしれない。組織のヒエラルキーの文化故に，多数の階層の意思決定者やインフルエンサーを含めて大人数でワークショップを開催しなければならないこともあるかもしれない。時間が限られていれば，毎回のワークショップの参加者を入念に調整することはできず，オープン参加として来られる人は誰でも歓迎にしなければならないかもしれない。

　どんな文脈であれ，成功裏に行うために，次のガイドラインに従うことは検討すべきだ。

- **事前にコミュニケーションする**：部署横断的なチームで発見とリサーチを行ったときと同様に，早くから頻繁にコミュニケーションして，新しいアイデアとソリューションが後にどのように使われていくのかを伝えることだ。問題を見つけたら解決しようとするのが，人間の自然な性質だ。このため，期待をうまく管理して，ソリューションに向けて進むよう促しながらも，早計にソリューションに飛び付かないよう抑止する必要がある。
- **浮かんでくるアイデアを確実に記録する**：アイデアが自然と浮かんできたときは，それを見失わないこと。どこか1か所に集めて記録しておき，センスメイキングからソリューション定義へと進む準備ができるまで溜めておく。これらのアイデアをワークショップに持ち込んで，あらためて検討し，拡張し，新しいアイデアと一緒に評価してみるとよい。
- **ワークショップを複数開催する**：エンドトゥエンドのエクスペリエンスは，多数の可動部品で構成されていて，それ以上に多数のステークホルダーが関与している。大人数で（長時間の）ワークショップを1回だけ開催してすべてのアイデアを集めようとするのは，実践上の都合と品質の両方の理由からおすすめできない。数回に

分けてワークショップを開催し，異なる機会をテーマにして，特定のステークホルダーに参加してもらい（地理的な場所によるかもしれない），様々なメソッドを試してみる。あるいは，前回のワークショップで出たアイデアを後日あらためて吟味して，それを素材にさらなるアイディエーションをしてみることもできる[†1]。

- **「無制限」のブレーンストーミングはせず，的を絞る！**：コラボレーションで行うアイディエーションは，「何でもあり」でやるよりは明確な焦点を定めたほうが，はるかに効果が上がる。特定した機会を使って焦点をもたらすことだ。顧客のタイプ，機会の領域，ジャーニーの段階など，様々なテーマ別に機会を絞り込んで，その分野の知識がある参加者を招待する（表8.1）。

表8.1　トピック別のアイディエーション

ワークショップ	機会	参加者
1—製品のリサーチと検討	どうすれば陳列棚の前に立った顧客をサポートして，製品をもっと簡単に見つけられるようにすることができるか。 どうすれば顧客が店を出た後も製品のリサーチを続けられるようサポートすることができるか。	コアチーム 店舗運営 フロア勤務の担当者 製品 モバイル 顧客インサイト 情報アーキテクチャ 店舗環境
2—返品	どうすれば返品待ちのプロセスの不満を抑えることができるか。 どうすればオンラインとオフラインの返品をうまくつなげられるか。	コアチーム 店舗運営 返品カウンターの担当者 モバイル 返品業務マネジャー 法務担当者 プロセスエンジニア
3—来店時のエクスペリエンス	どうすれば来店客を歓迎する姿勢をもっと効果的に伝えることができるか。 どうすれば急ぎの用件で訪れる顧客を来店時にサポートできるか。	コアチーム マーケティング ターゲット顧客 店舗運営 フロア勤務の担当者 デジタル

- **ステークホルダーを戦略的に巻き込む**：アイディエーションのワークショップでは毎回の参加者を慎重に選んで，適切な機能の担当者を含めるのがよい。参加者の時間は貴重であるため，責任，専門知識，役割にとって関連性のあるワークショップでなければならない。ワークショップを終えた参加者が今後は招待されても来たくないと感じるようであってはならない。
- **整理して，すべて記録する**：ワークショップでは数百というアイデアが出るだろ

---

†1　O. Goldenberg and J. Wiley, "Quality, Conformity, and Conflict—Questioning the Assumptions of Osborn's Brainstorming Technique," *Journal of Problem Solving*, 3, no. 2 (2011): 96-118.

う。ほとんどが「ボツ」になるとはいえ，トップに上がらないアイデアも捨てないようにする。アウトプットをすべて写真に撮るかスキャンして，整理してアクセスできるようにしておく。

- **賢明な評価の規準を持つ**：始める段階で，終わりの状態をイメージしておく必要がある。アイデアを生成し始める時点で，どのように評価し，優先順位を付けるかが分かっていなければならない。これについても，すべてのワークショップで全体的な説明の一環として伝達すべきだ。

アイデアを1つも取りこぼさないこと

これまでの章で，新しいプロジェクトを開始するに当たってワークショップを開催し，問題のある部分についてステークホルダーがその時点で何を考えているかを理解することをおすすめした。この種のワークショップは，ソリューションとしてほかの人が考えている既存のアイデアを集めるうえでも効果がある。私がファシリテーターを務めるワークショップでは，これまで何か月，時には何年にもわたってアイデアを蓄積してきたという参加者が含まれていることもよくある。アイデアが日の目を見るタイミングと予算を待っていたという人たちだ。こうしたアイデアを早期に集めておくことで，日陰から日向へ出すのに役立つ。ほとんどはプロセスの最終段階までは到達しないが（問題が適切に定義されると落選していく），ステークホルダー（自分のこともある！）に温めてきたアイデアがあると知っておくことは有意義だ。それに，そのアイデアがプロセスを経て適切だと確認され，実現することもある。それを見届けるのも嬉しいものだ。

8.3　インプットと制約

　特定された機会を使用すると，アイディエーションに具体的な焦点ができる。しかし，アイディエーションのインプットとして使えるものは，機会だけではない。センスメイキングの間に浮上した様々な洞察やフレームワークが，ここでツールとして活躍し，クリエイティブにソリューションを考えるプロセスを助けてくれる。タッチポイントインベントリー，エクスペリエンスマップ，エコシステムマップは，適切な文脈をもたらし，エンドトゥエンドのエクスペリエンスを最適化または再想像するのに役立つ。ペルソナや他のモデルは，常に人々のニーズを考え，様々なステークホルダーにとってよい状態を作っていくためのインスピレーションとなる。

　最も重要な点として，アイディエーションのプロセス全体を通じてエクスペリエンス原則も使用すべきだ。エクスペリエンス原則は，機会，ジャーニーの段階，満たされていないニーズ，チャネル，技術など，他のインプットと組み合わせることができ，多岐にわたるクリエイティブなソリューションを刺激する材料になる。この章では，エクスペリエンス原則を使ってアイデアを生成し評価する例をいくつか紹介していく。

これらのインプットは，新しいアイデアを刺激するだけでなく，アイディエーションの焦点を保持して生産性を維持するための重要な制約ももたらす。これは微妙なバランスだ。「How Might We?」クエスチョンでうまく定義された機会は，問題を描写した文言にあまり制約されずにアイデアを発想できるようにするし，人間中心のフレームワークは，個人的な視点やバイアスからの脱却を助けてくれる。しかし，これらのインプットと変数をすべて使えば，情報過多になる恐れもある。様々なインプットを組み合わせてアイディエーションに制約と焦点をもたらしている例が，表8.2だ。ただし，どのような機会を取り上げる場合でも，複数のインプットを様々な方法で組み合わせてみて，ベストの結果が出るものを見つける必要がある。

表8.2　アイディエーションの焦点

問いかけ	インプット・制約
どうすれば陳列棚の前に立った顧客をサポートして，製品をもっと簡単に見つけられるようにすることができるか。	カスタマージャーニーのタイプ（ミッションまたはリサーチ）＋エクスペリエンス原則
どうすれば顧客が店を出た後も製品のリサーチを続けられるようサポートすることができるか。	ジャーニーの段階（前・最中・後）＋エクスペリエンス原則
どうすれば返品待ちのプロセスの不満を抑えることができるか。	ジャーニーの段階＋アナロガスインスピレーション（類似した事象の観察）
どうすれば来店客を歓迎する姿勢をもっと効果的に伝えることができるか。	ペルソナ＋チャネル
どうすれば急ぎの用件で訪れる顧客を来店時にサポートできるか。	ジャーニーの段階＋技術

アイディエーションの際に必ず出る質問で，答えを用意しておかなければならないのが，「実行可能性はどうなのか」という質問だ。この段階での目標は，新しいソリューションとなり得るアイデアを多数出すことだ。このため，組織に実行する力があるのか，組織が何をしようとするかを考えて制約をもたらすべきではない。ただし，何らかの境界線は引いておくべきだろう。物理の法則に反したり，人間の自然な能力の限界を超えたりするアイデアを除外するためだ。実行可能性についての質問にうまく対応するためのヒントを次に紹介しよう。

- **時間的なスパンと意図を明確にしておく**：一連のタッチポイントを向こう3か月以内に最適化したいと思っているのか。それとも，数年先を見越してエンドトゥエンドのエクスペリエンスを再想像しようとしているのか。このような文脈を聞けば，参加者に境界線の感覚ができるだろう。ただし，実行可能性を過度に意識することはないと説明して，自由な発想を奨励すべきだ。
- **エクスペリエンスに焦点を当てる**：実現の可能性が最も高いエクスペリエンスではなく，考え得るベストのエクスペリエンスを目指してアイデアを出すよう促す（そもそも実現の可能性が高いかどうかは，各自の解釈に基づくものだ）。

- **理想形を最初に考える**：作業用のアイデアが出た後で，イテレーションを行って，実行可能性（や他の規準）に照らしてアイデアを評価していけるようになる。最終的なソリューションは，最初に出たアイデアの理想形とは異なるかもしれないが，機会に対応するという意味でオリジナルの核は保つことができる。また，ソリューションには進化の計画があり，時間をかけて理想形に近付いていくこともある（第9章「具体的な未来のビジョンを打ち出す」を参照）。
- **新しい問いかけを構築する**：実行可能性のハードル（と見なされているもの）を超えるアイデアは，新たな問いかけやチャレンジに変えることができる。例えば，モバイルアプリを使って製品リサーチを促進するというアイデアは，次のようなクエスションにすることができる。「どうすれば，新しい技術を使用せずに製品に関する『おすすめ』をパーソナライズして提供できるか」。

8.4 表現と形式

様々なインプットで遊んでみるだけでなく，様々なメソッドも使用してアイデアを生成することができる。次の3つのメソッド（図8.1）は，エンドトゥエンドのエクスペリエンスに関してコラボレーションでアイデアを生成しようとする際のワークショップにおいて非常に効果的だ。ビジュアルブレーンストーミング，ストーリー制作，ボディストーミングだ。

ビジュアルブレーンストーミング　　　ボディストーミング　　　ストーリー制作

図8.1　特定した機会のためのアイデアを生成して探究する際に有効な3つの方法

> **解説　メソッドを組み合わせる**
>
> この章の後のワークショップで，これらのメソッドを組み合わせてアイデアを生成・評価する方法を一例として紹介する。

ビジュアルブレーンストーミング

ほとんどの人がブレーンストーミングに参加したことがあるだろう。参加者がアイデアを付箋に書き，類似性に基づいて整理したり，ラベルを付けたりするセッションだ。すでに述べたとおり，この種のアイディエーションには賛成派も反対派もいて，どちら

の視点をも裏付けるリサーチが存在する。とはいえ，ブレーンストーミングは正しく行えば，真のソリューションの「種」を生み出すよいメソッドになる。様々なスキルと視点を持ったステークホルダーを建設的な方法で巻き込む方法にもなる。

エンドトゥエンドのエクスペリエンスのためのブレーンストーミングを行う際には，次の点を考慮するとよい。

- **時間制限付きのセッションで様々なインプットを試してみる**：前述したとおり，構造と焦点はアイディエーションのワークショップにとって不可欠だ。ブレーンストーミングは，短時間の集中的なアクティビティとして行って，フォローアップとして評価と振り返りを行うのが最も効果的だ。数回のラウンドに分けて実施し，毎回異なる機会を取り上げるか，異なる変数の組み合わせを使用するアプローチをおすすめしたい。毎回のラウンドで，ジャーニーの各段階，異なるペルソナ，あるいはエクスペリエンス原則の個別のサブセットに焦点を当ててみる。そして，時間制限を設ける（通常4～6分間）。例えば，「どうすれば顧客が店を出た後も製品のリサーチを続けられるようサポートすることができるか」であれば，2つの方法でアプローチして新しいアイデアを刺激できるかもしれない（図8.2）。

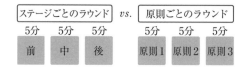

図8.2　2つのアプローチでビジュアルアイディエーションのラウンドをデザインする

- **量産を目標にする**：アイディエーションの毎回のラウンドでは，参加者1人につき複数のアイデアが出るのがよい。他のブレーンストーミングのアプローチと同様だが，ここでも質や実行可能性ではなく量を重視する。アイデアの詳細を書くことにはあまり時間をかけず，次のアイデアを出すことに時間をかけるようすすめるべきだ。
- **エクスペリエンスを絵で見せる**：ブレーンストーミングでは付箋にアイデアを書くが，その言葉が分かりにくいこともある。アイデアを視覚的に表現することで，ニュアンスを明確に伝えられるだろう。アイデアに名前を付け，説明を書いたら，簡単なスケッチも入れて，概念を完全にとらえるよう参加者に促す。図8.3のように，A4サイズの用紙を使うとアイデアを視覚的に表現するのに十分なスペースがありながら，不必要な詳細を書き込まないようにすることができる。
- **最初は個人で作業し，次にシェアする**：参加者が同時にアイデアを出すような「ポップコーン・スタイル」のブレーンストーミングはしないことだ。このアプローチを取ると，声の大きい人ばかりが話す結果になったり，集団思考に陥ったりする。そうではなく，最初のラウンドでは各人にアイデアを書き出してもらい，次に順番に発表してアイデアを共有する。

図 8.3　語るのではなく見せる

ストーリー制作

　1 枚につきアイデア 1 件のビジュアルブレーンストーミングは，すばやく多数のアイデアを出すメリットがあるが，単発の表現や瞬間にコンセプトを限定しがちだ。エンドトゥエンドのエクスペリエンスを改良したり新たに発明したりする機会を探究するからには，実験的な思考の流れをうまくサポートする方法も用いるべきだ。これは，ニーズからニーズへ，タッチポイントからタッチポイントへ，チャネルからチャネルへの顧客のインタラクションを新しい順序でとらえるアイデアを生成することを意味する。このタイプのアイディエーションにとって最適な手段がストーリーだ。

　ストーリーを考えるようにすると，人間的な視点からアイデアを発想して表現するようになる。通常は，顧客がストーリーの主人公で，その人が明示的な目標を達成したり暗示的なニーズを満たしたりする過程を，新しいタッチポイントや改良されたタッチポイントがどのようにサポートするかを示す。顧客が将来何をするかを示すだけでなく，新しいソリューションと接する間に何を考え何を感じるかも現実的に示すことができる。顧客のエコシステムにいるほかの人たち，すなわちあなたの組織の顧客対応担当者も，この物語で役割を果たす。ストーリーの設定は顧客の世界で，組織の世界ではない。

　ただし，ストーリーには限界もある。作成するのに時間がかかり，他のメソッドほど量産できないことだ。付箋を使ったブレーンストーミングほど一般的でないため，参加者に方法を説明して理解してもらい，このメソッドで楽しみながらも生産性を維持するために，サポートが必要だ。とはいえ，ストーリーテリングは人間として自然な行動だ。あなたと同僚で，顧客や他のステークホルダーの視点から多数の現状のストーリーを収集して分析してきたことだろう。ワークショップの参加者がこのメソッドにいったん慣れれば，アイデアを表現するうえで自然な形式だと感じてもらえるはずだ。ストーリーは，プレゼンテーションの際に説得力を発揮し，顧客への共感を作れるうえ，聞いた人の記憶に残りやすい。最終的にストーリーは，製品やサービスの部分部分が「何を

できるか」だけでなく，「どのようにエクスペリエンスされ得るか」についてのアイデアを全員が出すのに役立つだろう。

ストーリーを使ってアイデアを生成する際には，他のメソッドと同様，様々なインプットを試してみて，また特定した機会に焦点を当てるべきだ。さらに，ストーリー制作に際して次の点も注意するとよい。

- **視覚的に表現する**：ビジュアルブレーンストーミングと同じように，語るのではなく見せることだ。これにより，顧客の置かれた文脈や提案するアイデアの豊かさを表現することができる。その場の状況をとらえる第三者的な視点を使用すると同時に，時には視点を変化させて最も重要な行動を強調するよう，参加者に促す（図8.4）。

Timは，面接に行く途中で車が故障して，イライラしています。

彼は，シンプルなチャットインターフェースを使って，自分の状況を報告します。彼の車の情報と位置が入力されます。

最寄りの整備士に通報され，派遣されます。Timは，その直後に整備士が15分以内に到着するというメッセージを受信し，安心しました。

図8.4　様々な視点からエクスペリエンスを示して，アイデアの最も重要な部分にフォーカスする

- **行動以外の要素も示す**：視覚的な形式にすることで，顧客が考えていることや感じていること，新しいソリューションがどのように新しい認識と感情を生み出すかも表現しやすくなる。顔の表情やボディランゲージを使用して感情を示すよう，参加者に促す。心のなかで言っていることをフキダシで示すこともできる。
- **ビジュアルと説明を組み合わせる**：ストーリーテリングのほとんどはイラストで行われるが，肉付けとして説明文も使用するのがよい。どの機会に対応しているか，顧客と事業にとってどのようなメリットをもたらしているか，そのエクスペリエンスを実現するための具体的な機能などを付け加えることができる。
- **舞台裏を示す**：他のアクターが関与するサービスの場合は，顧客には見えない所で行われているアクティビティも示して，アイデアを完全に伝える必要があるかもしれない。図8.4の3コマ目は，この舞台裏の瞬間を示している。
- **ストーリーボードのテンプレートを使用する**：ワークショップ参加者のストーリーテリングをサポートするため，テンプレートをデザインする。複数のコマ（通常は3～5コマ）を1枚の紙に描くか，1コマを1シートにして，つなげてシーンを作る

ことができる。ストーリーの名前を書く欄や各コマの説明を記入する欄も設ける。また、ニーズ、ジャーニーの段階や瞬間、エクスペリエンス原則など、他の要素を書き込むためのスペースを設けてもよい（図8.5）。

![図8.5のテンプレート]

図 8.5　アイディエーションのためのストーリーボードのテンプレートの例

- **アイデアを引き出す**：多数のストーリーが出されたら、その各部をマイニングして、含まれているアイデアを抽出していくことができる。これをすると通常は、「何をすべきか」、「どのようにすべきか」という点で同じことを表現しているアイデアが見つかるだろう。あるチャネルやメディアに関するアイデアを、別のチャネルに移したり拡大したりすることができるかもしれない。さらに、複数のストーリーを統合して発展させていくこともできる。
- **ビジュアルブレーンストーミングと組み合わせる**：ストーリーのもう1つの使い方として、ビジュアルブレーンストーミングと組み合わせて、アイデアをつなげたり発展させたりすることが挙げられる。この章の後のワークショップで、複数のメソッドを組み合わせる方法の一例を紹介する。

テンプレートを使用する

　個別のアイデアをつなぐためにストーリーを使う場合は、A4サイズのテンプレートに則ったコンセプトカードを作成することをおすすめしている。このカードには、そのアイデアで対応するジャーニーの段階、具体的な機会（またはHow Might We?）、および関与するチャネル、メディア、リソース（スタッフなど）といった他の詳細を書き込む欄が設けられている。これはビジュアルブレーンストーミングではそれほど重要ではないが、アイディエーションで数十ものアイデアが出されるのであれば、このようなカードにまとめておくことで後の作業に大いに役立つ。例えば、段階別・機会別にアイデアをグループ化したり、関与するチャネルやメディアについてのディスカッションをしたりすることができる。

ボディストーミング

第三のアプローチは，紙とペンではなく，声と体を使うことだ。これは「ボディストーミング」や「サービスストーミング」と呼ばれている。少人数のチームでジェスチャーや即興の演技をして，アイデアを出し，つなげ，発展させていく（図8.6）。第三者から当事者に視点を転換して，参加者が直接，顧客の様々なタッチポイントをエクスペリエンスするかのように，様々な瞬間でインタラクションして，そのインタラクションが起こす感情を表現する。

図 8.6 演技を通じて新しいアイデアを生成する

ボディストーミングに最初は抵抗感を抱く人もいるかもしれないが，これは非常に大きなメリットがある。顧客のエクスペリエンスをシミュレーションするだけでなく，演技やジェスチャーによって他のアイディエーションのメソッドでは使わない脳の部分が刺激されるため，クリエイティビティが高まる[†2]。立ち上がって遊ぶことで，普段とは異なるエネルギーが生まれ，典型的な仕事のモードを打破するのに役立つだろう。

また，即興とは，問題を提示し，アイデアを生成し，その有効性を試してみるという3つのことを同時に行うという点でユニークな形式だ[†3]。さらに，ツールを使わず体だけを使うため，手っ取り早く柔軟性があり，何度もイテレーションして短時間にアイデアを生成して発展させていくことができる。

アイディエーションのワークショップでジェスチャーや演技を使う場合は，次の点に注意しよう[†4]。

- **ウォームアップする**：簡単なジェスチャーのエクササイズで参加者にウォームアップしてもらう（効果的なエクササイズはオンラインで簡単に見つかるだろう）。この種

[†2] C. J. Limb and A. R. Braun, "Neural Substrates of Spontaneous Musical Performance—An fMRI Study of Jazz Improvisation," *PLoS ONE*, 3, no. 2 (2008): e1679. doi: 10.1371/journal.pone.0001679

[†3] Colin M. Fisher and Teresa M. Amabile, "Creativity, Improvisation, and Organizations," in *The Routledge Companion to Creativity*, ed. Tudor Rickards, Mark A. Runco, and Susan Moger (Oxford, U.K.: Routledge, 2009).

[†4] Adaptive Path の同僚時代にこれらのポイントの多くを考案してくれた Jamin Hegeman にお礼を申し上げる。

のエクササイズをすることで，緊張を解き，参加者の快適度をチェックできるだけでなく，考えすぎずに即興し（とにかくやってみよう！），アイデアを積み重ねていく（それならこれも！）という，このアクティビティのポイントを理解してもらえるようになる。

- **少人数のチームでする**：機会と他のインプットを使用して少人数のチームに分け，一緒にアイデアを考えてもらう。参加者は，互いのアイデアに付け加えるかたちで，様々なアクターやタッチポイントの真似をしてエクスペリエンスをシミュレーションする。
- **筋書きを作る前にアイデアで遊んでみる**：1つのストーリーにまとめる前にアイデアで遊んでみるよう，各チームに促す。様々な変数（原則，チャネル，ペルソナなど）を使って機会を検討したうえで，具体的なエクスペリエンスに焦点を定めて，それを進化させていく。
- **物語風の構成を持たせる**：複数のアイデアを探究したうえで，それらを単純な構成にまとめて物語を構築する。例えば，時系列の3つのシーンかもしれないし（これはストーリーボードのテクニックと同じだ），問題解決のストーリーや現状と将来を対比して見せる描写かもしれない。
- **起こったことを記録する**：その場限りの演技でエクスペリエンスを示すということは，そのアウトプットを別のメディアに記録しなければならないことを意味する。一般的な方法は，ビデオで録画する，写真を撮って後で注釈付きのストーリーボードにまとめる，または他の参加者に重要なアイデアを書き留めてもらうなどだ。
- **他のメソッドと組み合わせる**：ジェスチャーや演技は，他のメソッドで生成したアイデアをつなぎ発展させる際にも有用だ。ビジュアルブレーンストーミングで出た個別のアイデアを持ち込んで，それらを改良してストーリーボードを制作し，そのうえでストーリーボードを演技してみて，どう発展していくかを見ることができる。

8.5　評価と優先順位

どこかの時点で，アイディエーションのプロセスを収束させて，その後のプロセスへと前進させる最も有望なコンセプトを選び始めなければならなくなるだろう。どれがベストのアイデアかについて，すでにおおよその感触は持っているかもしれない。個別のワークショップでトップに上がってきたかもしれないし，何回ものワークショップで共通するテーマが浮上していて，焦点を当てるべき場所を指し示しているかもしれない。

「How might we……」の「might（するとよいかもしれない）」の部分を「should（すべきだ）」に変えていく過程は，少し注意が必要だ。エンドトゥエンドのエクスペリエンスを考える際には，提案されたソリューションが組織の多数の部分に影響を及ぼすこともある。例えば，マーケティング，製品，技術，業務推進といった部署が調整する必要のあるアイデアを選べば，実行可能性についての疑問が多数出てくるかもしれない

194 第 8 章　アイデアを生成して評価する

し，各部署の負担と全体的なメリットを天秤にかける必要もあるかもしれない。これ故に，新しいアイデアを生成する前，最中，後にわたって部署横断的にコラボレーションすることが非常に重要だ。主なステークホルダーが向かっている方向性を理解して賛同すればするほど，核心に入りやすくなる。

このため，提案された多数のアイデアやコンセプトから意味を形成する段階でも，本書全体を通じて推奨しているパターンに従うことになる。具体的には，次のような行動だ。

- 様々な立場の同僚に参加してもらう。
- 単純なフレームワークと原則を活用して，意思決定をサポートする。
- 最適化，再想像，イノベーションのどれに焦点を当てているのか（この 3 つの何らかの組み合わせでもよい）を明確にする。
- 事業にとってだけでなく，人々にとって価値をもたらすアイデアに集中する。
- 瞬間，タッチポイント，チャネルを橋渡しする接続部分に着目する。

ワークショップを超えて

体系立てたワークショップはすばらしい結果をもたらすが，それなりの限界と課題もある。然るべき人たちを同じ場所に（物理的またはバーチャルに）集め，適切な文脈とエネルギーをもたらすには，入念なプランニングとコーディネーションが必要だ。また，現行の製品やサービスについてのアイデアは，いつでも生まれる可能性がある。それをとらえて評価するのは継続的なプロセスであって，プロジェクト計画の 1 段階でのみ予定して行うことではない。

幸いにも，ステークホルダーのエコシステム全体にわたってアイデアを刺激し，見つけ，つなげていく方法はほかにも存在する。エクスペリエンス原則，ジャーニーモデル，エコシステムマップ，「How Might We?」クエスチョン，その他のツールを使って，組織内の様々な立場にいるステークホルダーをまとめ，エンドトゥエンドのエクスペリエンスを改良するためのアイデアを生成することは可能だ。検討すべきアイデア集めのアプローチには，次のようなものがある。

- **既存のアイデアを集める**：新規のプロジェクトや新しい業務体制の導入など，様々な文脈で製品やサービスを改良するためのアイデアがすでに出されている。これらは記録されていることもあれば，単に暗黙の知識となっていることもある。そこで同僚に呼びかけて既存のアイデアを送ってもらい，それをエクスペリエンス原則，エクスペリエンスマップ，ジャーニーモデルなどの新しいフレームワークにマップ化してみる。
- **エクスペリエンス原則を共有する**：エクスペリエンス原則について知ってもらい，ツールとして使ってもらえるようなかたちで提供すると，DNA を共有するアイデアが組織内の各所で生まれていくようになる。それらを集めて潜在的なソリューションを見つけ，評価し，接続し，優先順位を付けることができる。
- **「How Might We?」の機会を浸透させる**：「How Might We?」クエスチョンの構造は，

ファシリテーションのないアイディエーションにとってすばらしいツールになる。このように定義された機会とエクスペリエンス原則を幅広くチームと共有し，大きな価値創造が見込まれる部分にフォーカスをもたらすことができる。

- **フレームワークを採用する**：これまでの章で紹介してきたフレームワークは，アイディエーションに際しての共通の基礎となるはずだ。ジャーニーモデルやエコシステムマップは，ある問題を解決するために導入する変化がどのように他の部分に影響するか，その文脈を示してくれるだろう。また，段階，瞬間，関係といった単純な共通構造をもたらすため，組織内の様々なチームがそれぞれに活用しながらも，全体として大きくつながりのあるものができる。
- **アイディエーションキットをデザインする**：コラボレーションのワークショップは，ファシリテーターが率いることで構造をもたらし，その構造のなかで異なるバックグラウンドやスキルの人たちが貢献できるようになるというメリットがある。ワークショップ以外の場所でも適切なメソッドとフレームワークを使ってもらうため，アイディエーションキットをデザインしてみるとよいかもしれない。このキットには，明確な説明と十分に配慮したツールを含める。また，1人または複数のプレイヤーで遊ぶゲームとしてキットをデザインすることもできる。図8.7は，この種のキットを使っている様子を示している。
- **収集の準備をする**：新しい問いかけやツールを組織の文化に導入するよりも前に，出てくるアイデアを集めるための計画を持つべきだ。共有フォルダのような簡単な仕組みでもよいし，高度なアイデア管理ソリューションを使うこともできる。どのような手段を使うにしても，同僚が簡単にアイデアを共有するだけでなく，ツールをどのように使用したかを説明できる方法を提供すべきだ。
- **ループを完結させる**：最後に，アイデアを出してくれた人たちにその後の進捗を報告することも重要だ。アイデアを使って何をしているのか，これから何をするのかを知らせる。また，プロセスとツールについてのフィードバックも提供してもらって，今後のためにアプローチを改良していく。

図8.7　エクスペリエンス原則，戦略的な目標，その他のインプットを盛り込んだキットを使用して，新しいアイデアを刺激し，小さなカードに記録する

また，アイデアの評価と選定は厳密に進めなければならない。最終的なソリューションがどのコンセプトから生まれ，どの機会に基づいていて，どの洞察がアイデアを刺激したかを，ほかの人が理解できるようにする必要がある。ほかの人と協力してプロセスを整然と進め，行動に移すベストのアイデアを選ぶためのコツをいくつか紹介していこう。

遊び，プロトタイプを作り，つないでみる

アイデアはそれぞれ個別に評価すべきだが，多くのアイデアを様々な方法でつなげて，もっと大きな価値を創造できないかどうかも検討することが重要だ。部分（アイデア）を見て，次に全体（集合的によりよいエンドトゥエンドのエクスペリエンスを実現する複数のアイデア）を見るという作業をイテレーションで行うべきだ。このイテレーションの初回はワークショップで行うが，その後も最も有望なアイデアで継続すべきだ。この章のワークショップで，そのアプローチの例を紹介する。

また，顧客や従業員ともイテレーションを実践して，コンセプトが正しい方向に向かっているかどうかを検証する。これは，主なシナリオのストーリーボードを作ったり，主な機能，主なタッチポイントを紙のプロトタイプにするといった単純な方法でできる。また，顧客，現場の従業員，その他のステークホルダーなどとの共同デザインのセッションを開いて，ロールプレイをしてみたり，ニーズを満たす新しいコンセプトを開発してみたりすることもできる。

サービスブループリントも，このプロセス段階で使える有益なツールだ。ほかの人と一緒にブループリントを使いながら，ストーリーボードや演技を通じて記録したコンセプトを検討してみる。このアプローチについては次章で取り上げる。

アイデアを明文化する

アイデアを簡単に比較し，つなげるようにするために，一定の体系に則って分類していく必要がある。この分類体系はできるだけ早い段階で導入する。テンプレートのデザインやワークショップなどで集めるアウトプットの保管方法に影響するためだ。例えば，ビジュアルブレーンストーミングのテンプレートに「段階」という記入欄を入れておけば，すべてのコンセプトを段階別にすばやく見られるようになる。

分類方法やその表現の仕方には多少のバリエーションがあるかもしれないが，よく使われる体系を表8.3に示した。多数の有益な角度からアイデアを評価するうえで，これらの項目が役立つだろう。この表では，各項目の記入例も示している。

あなたの置かれた状況によって，組織的なアプローチは異なるだろう。小さなプロジェクトやエンドトゥエンドのエクスペリエンスでは，何らかの詳細なリストや壁に貼った大きな付箋がいくつか必要になるだけかもしれない。製品やサービスが複雑な場合やアイデアが数十も出ている場合は，スプレッドシートを使うと，すべてのアイデアを整理して説明しやすくなる。スプレッドシートは，項目別の並べ替えや絞り込みに特に便利だ。このアプローチの例を示したのが図8.8だ。

表8.3　アイデアの説明方法の例

項目	説明	記入例
ID	固有の識別子	001
名前	固有の名前	AR（拡張現実）を使った陳列棚の案内
何	アイデアの詳細とそれがどのようにエクスペリエンスされるかを説明したテキストと視覚表現	モバイルカメラの画像にARデータを重ねて，顧客が陳列棚にある商品を簡単に見つけられるようにする。
誰	ペルソナ，顧客の役割，他のステークホルダー	認証済みのモバイルアカウントを持っている顧客
いつ	段階または瞬間	店内での買い物中
どこ	チャネルまたは物理的な場所	小売りチャネルの売り場，モバイルアプリやウェブのセクション
どのように	運用方法，パートナーシップ，主な技術	店舗運営，モバイルアプリ開発，デジタルチーム，商品マーチャンダイジング，マーケティング
なぜ	事業，顧客，従業員，他のステークホルダーにとっての価値	事業：顧客が購入を希望していたものを確実に購入してもらえる，ネットプロモータースコア（NPS） 顧客：時間節約 従業員（店内）：顧客をサポートできる。
つながり	これと類似した，または組み合わせることのできる他のアイデアのID	007，103，105
機会	機会または「How Might We?」	どうすれば買い物に来た顧客が商品をもっと簡単に見つけられるようサポートすることができるか。

Ideas	barrier type	Peril to Precarious Stage 1 / Precarious to Choice stage 2 / Choice t Stage 3
Build a Budget	Situational	Overspending
	Emotional	Stress leading to avoidance
	Experiential	Negative past experiences with other tools
	Psychological	Not knowing where/how to start
	Psychological	Belief that I can't budget
	Psychological	Perception of budgeting as too restrictive - seeing it as limitation not tool
Reduce discretionary spend	Behavioral	Overspending on self
	Social	Desire for a certain status or lifestyle
	Psychological	Not foregrounded / not top of mind
	Financial	Comfort with a small amount of savings
	Situational	Overspending on luxury items for dependents
	Financial	Having no goals or plans
	Financial	Having vagu
Automate savings	Psychological/ Emotional	Fear and lack of control over money
	Situational	Variable income
	Psychological/ Emotional	Belief one can't save even $1
	Situational	Credit debt is so high that they are budgeted to the penny
	Psychological	Belief that I can't make it to the end of the month

図8.8　アイデアをスプレッドシートに整理する

> **スプレッドシートを使う**
>
>
> 私は，比較的小さなプロジェクトでもスプレッドシートをよく使っている。様々な角度からすばやくアイデアを評価できるためだ。スプレッドシートは，InDesignのデータ結合機能と組み合わせて使用し，ツールの作成や視覚化を自動化させるうえでも便利だ。例えば，アイデアを個別に書いたカードを作って，優先順位を付けるアクティビティに使うことができる。

価値と実行可能性に基づいて評価する

最も有望なアイデアを特定したら，次の作業は，価値と実行可能性に基づいてそれぞれを評価することだ。これは少し厄介な作業かもしれない。ほとんどの組織には，価値と影響度を測定する方法が複数あるためだ。ここでも部署横断的なチームに相談して，ニーズに合った評価システムを見つけるとよい。アイデアを評価したり優先順位を付けたりする前に，まずは相対的な価値や実行可能性を見極めるための規準を一緒に定義する必要がある。

これを有効に進めるため，次のステップを検討してほしい。

- **既存の方法を理解する**：関係部署のステークホルダーを集めて，様々なソリューションの価値と実行可能性をどのように測定して見極めているかを比較する。何らかの共通性や矛盾が見つかるかどうかを検討する。
- **価値と実行可能性の尺度を定義する**：チームで協力して，価値と実行可能性の共通の規準を検討する。例えば，事業にとっての価値（NPSの向上，効率化，売上計上，コールセンターの通話件数の削減）と顧客にとっての価値（自信を感じられる，手間がかからない，楽しい）を測定しているメトリクスが特定されるかもしれない。
- **正しいステークホルダーに参加してもらい，すべてのアイデアを個別に評価する**：共通の尺度が定義されたら，知識のあるステークホルダーに関与してもらって，アイデアの価値と実行可能性を比較していく。一連のワークショップや会話を通じて，これができるかもしれない。先に紹介したスプレッドシートのアプローチを使用しているのであれば，そのファイルを評価で使用することもできる。

優先順位を付ける

どこかの時点で，アイデアの評価は終わりにして，決定を下さなければならない。どのアイデア，どの将来のエクスペリエンスを実現するかについての分析を，同僚と一緒に最終化することだ。優先順位を付けるアプローチは，前章で紹介したものを使うこともできるし，次ページのコラムで説明する「価値 *vs.* 複雑さ」を使うこともできる。こうして優先順位を付けたら，次はビジョンを策定して，計画をプレゼンテーションする段階だ（第9章）。

優先順位を付ける：価値 vs. 複雑さ

会社がアイデアの複雑さを知りたがることはよくある。実現に必要となる投資と労力を，達成できる価値と見比べて判断するためだ。この場合は，相対的な価値と複雑さを使って優先順位を付けるとよいだろう。このメソッドでは，「価値 vs. 緊急度」で使用したのと同じ分配アプローチの多くを使用するが（前章のワークショップ「機会の特定と優先順位の決定」を参照），2点ほどひねりを加えている。そのステップは次のとおりだ。

1. **価値の尺度を定義する**：「機会の特定と優先順位の決定」ワークショップで説明したように，価値は5段階評価で評価すべきだ。1が低，5が高を意味する。そして，事業，顧客，（当てはまる場合は）従業員にとっての結果を考えて価値を計算する。
2. **複雑さの尺度を5段階で定義する**：これもやはり，1が低，5が高だ。複雑さは，そのアイデアに基づくソリューションの定義，デザイン，導入にどれだけ労力がかかるかを検討する。また，潜在的なソリューションに対して組織がどれだけ寄与しなければならないかも反映すべきだ。
3. **大きな紙に評価尺度の軸を書く**：紙にテープを貼って軸を作ることもできる。価値を Y 軸に取り，下から1〜5の目盛りを振る。X 軸の複雑さは尺度を逆にして，一番左に5を取り，右に向けて数値を下げていく。このように X 軸と Y 軸を取ったのが図8.9だ。こうすることで，価値が高く複雑でないアイデアが右上，価値が低く複雑なアイデアが左下に置かれる[†5]。
4. **価値 vs. 緊急度のときと同じ計算式を使用する**：［アイデアの総数×3＝総ポイント数］で総ポイントを計算し，それぞれに割り当てていく。価値と複雑さのスコアをそれぞれ調整して，合計ポイントがターゲットに合致するようにする。

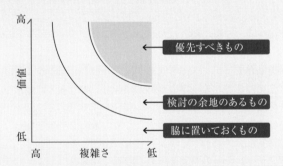

図8.9　価値と複雑さを比較して優先順位を付ける。複雑さの軸は目盛りを逆向きに取っている

この視覚化のアプローチを使う結果，アイデアが3つのカテゴリーに分けられる。一番右上に入るアイデアは，投資対効果が最も高いもの，つまり優先的に実現すべきアイデアだ。真ん中のカテゴリーは，さらに検討の余地ありのアイデアで，価値が比較的大きいが，ソリューションがやや複雑であったり，多少の費用がかかったりすることを意味する。それ以外のアイデアは，ひとまずは着手せず，他の機会を追求すべきだ。

[†5] このメソッドは Adaptive Path のお気に入りで，私たちのデザイン戦略コースでも指導されている。David Gray が「Impact Effort Matrix（影響度・労力マトリックス）」と称する同様のアプローチについて，この動画で説明している。www.youtube.com/watch?v=_grj-UKUAVM

まとめ

- アイデアを集める際は，対象を広げ，組織全体のステークホルダーに関与してもらう。これはワークショップや個別のアクティビティを通じて実践できる。
- プロセスを厳密に進めること。優先順位の高い機会に集中し，フレームワークやツールキットを使って構造をもたらし，顧客のニーズとエクスペリエンス原則を見据え続けなければならない。
- メソッドを組み合わせる。ビジュアルブレーンストーミング，即興，ストーリー制作はそれぞれ異なる方法でクリエイティビティを刺激し，様々な組み合わせで用いることができる。
- 整理する。共通の方法を使ってアイデアを説明しカタログ化していくことで，個別に，あるいは組み合わせて評価できるようになる。
- 部分と全体を評価する。共通の規準を定義し，それに則ってアイデアを個別に評価する。ただし，1つのシステムとしての評価も行って，エンドトゥエンドのエクスペリエンスを高めるかどうかも検討する。

リモートワークショップ

　本書の最後のワークショップに入る前に，リモートワークショップのおすすめもしておきたい。コラボレーター全員で同じ部屋に集まれるのであればそのほうが効果が高いが，時間や予算の関係からこれが現実的ではないこともある。そこで，リモートにワークショップをしなければならない場合のコツをご紹介したい。

- **手を動かす**：テキストをタイプ入力したり，デジタルでオブジェクトを動かしたりすることのできるリモートコラボレーションのツールにはメリットもあるが，アナログツールの触感的なインタラクションは欠いている。むしろビデオを使って互いに見ながら，自分の書いたものを見せ合うことで，紙のツールを使ったアクティビティをするほうが効果的だ。
- **アクティビティの時間を多めに取る**：対面のワークショップと比べてリモートのワークショップでは，何もかもに時間がかかる。コミュニケーションが一呼吸遅れたり，個人個人の成果物を組み合わせるのに手間がかかったりするためだ。対面のワークショップであれば1回ですることを，リモートの場合は2回の短いセッションに分けて，集中力とエネルギーを保持できるようにするとよいかもしれない。
- **テンプレートをデザインする**：同じ部屋にいない状態で効果的に作業するには，普段以上に説明と構造が必要になる。このため，無地の付箋はできるだけ使用しないほうがよい。単純なテンプレートをデザインして，そこに説明を添え，アイデアをどのような形式で書き込むべきかを参加者が理解できるようにする。
- **携帯電話やスキャナを活用する**：アイディエーションのメソッドの多くは，生成と評価

のサイクルに則っている。リモートのワークショップでは，参加者それぞれにアイデア
を書いてもらい，それを写真やスキャンしたドキュメントで送信してもらう。その後，
小休憩を取って，全員のアイデアを印刷し，大きなボード上に貼る。それをビデオで見
せながら，参加者の意見や提案に応じて動かし整理して，どんな結果になるかを見る。

- **共同ファシリテーターと打ち合わせしておく**：可能であれば，ステークホルダーのいる
  場所それぞれに共同ファシリテーターを指名して，あらかじめ打ち合わせをしておく。

WORKSHOP

アイデアからストーリーへ

　このワークショップでは，この章で詳細に取り上げた複数のメソッドを組み合わせ，コラボレーションでアイデアを生成して評価していく。実践に際しては，これらのメソッド（や他のメソッド）の順序を実験してみて，プロジェクトにとって正しいアプローチを見つけるべきだ。また，短めのワークショップを何度か開催して，1回につき1つのメソッドを使うこともできる。とはいえ，複数のメソッドを組み合わせることで，機会を様々なアングルから見られるようになり，イテレーションを重ねるたびにアイデアを発展させていくことができるだろう。

WS 8.1　ワークショップの目標

- 機会に対応するためのアイデアを数多く生成する。
- アイデアを発展させ，つなぎ合わせて，エンドトゥエンドのエクスペリエンス全体にわたって顧客のニーズをうまく満たすためのコンセプトを開発する。
- エンドトゥエンドのエクスペリエンスのコンセプトを洗練させ，記録したうえで，他のステークホルダーや顧客と共有する。

WS 8.2　アジェンダ

　このワークショップの所要時間は6〜8時間だ。探究する機会の数と参加者の数によって異なってくる。必要であれば，小さめのワークショップ複数回に分けることもできる。次の例では8時間を想定している。

役割

- **ファシリテーター（1人）**：ワークショップのホスト役を務め，セッション中のアクティビティを進行する。
- **ファシリテーター補佐（1人または複数）**：準備と片付けを手伝い，アクティビティをサポートする。

表8.4　ワークショップのアジェンダ

アクティビティ	説明	所要時間
導入	名前と役職名だけでなく，参加者が知り合う機会を作る。	15分間
アジェンダと目指す結果を説明する。	このワークショップで行うアクティビティについて説明し，終了時点で何を達成するかを共有する。	15分間
機会を導入する。	このセッションで取り上げる機会について共有する。	30分間
ビジュアルブレーンストーミング（パート1）	機会に基づいて，個人作業でアイデアを生成する。	60分間
休憩	次のアクティビティの準備をする間，参加者に休憩してもらう。	15分間
ビジュアルブレーンストーミング（パート2）	ワークショップで話し合うためのアイデアのサブセットを選択する。	30分間
ボディストーミング	即興の演技を使用して，エンドトゥエンドのエクスペリエンスのフレームワーク内で新しいアイデアを生成し，つなぎ，発展させる。	90分間
ランチ	食べる！	60分間
ストーリー制作（パート1）	ストーリーボードを制作して，将来のエンドトゥエンドのエクスペリエンスを記録する。	75分間
休憩	エネルギー補給！	15分間
ストーリー制作（パート2）	ストーリーボードを共有して，フィードバックを記録する。	60分間
振り返り，次のステップを確認する。	ワークショップのプロセスと成果について振り返る。次のステップを決める。	15分間

- **カメラマン**：セッション中の写真を撮って，参加しなかった人がコラボレーティブなプロセスを理解できるようにする。

参加者

- コアチーム
- 個別のチャネル，製品，タッチポイントの責任者
- ブランド，業務推進，デザイン，技術など，関連するチームの実践者
- 現場の従業員（該当する場合）

用意するもの

- 関連するフレームワークやモデルの印刷物（エクスペリエンスマップ，現状のサービスブループリント，タッチポイントインベントリー，ペルソナなど）
- 個別に印刷または画面上に表示した機会
- エクスペリエンス原則（参加者それぞれに配布する）

文具

- 投票用の丸シール
- A6サイズの用紙（ビジュアルブレーンストーミングに使用する）

- ストーリーボードのテンプレート
- マーカーペン
- 付箋
- フリップチャートの替え用紙（壁に貼ってキャンバスとして使用する）
- カメラ（写真またはビデオ）

WS 8.3　ワークショップの準備

　ワークショップの効果を高めるには，取り組みの焦点，目標，アジェンダ，資料などを少なくとも1週間前に参加者に配布すべきだ。これは特に，それまでの機会特定のアクティビティにあまり関与してこなかった同僚にとって重要だ。目的と結果をコミュニケーションしておくことで，あまり外向的ではない人もワークショップの最中にそれほどプレッシャーを感じず，リラックスして発言できるようになるだろう。参加者にとって目新しいメソッドを使うことになるため，最終的に目指す成果物の写真やサンプルも事前に配布しておくとよいかもしれない。このプロセスをできるだけ明確にして，不安感を取り除いておくことだ。

WS 8.4　ワークショップの進め方

　このワークショップでは，参加者を4～5人ずつのチームに分ける。各チームに様々な部署と職位の代表者が含まれるよう配慮する。最初にアジェンダを確認して，このワークショップで検討する機会について説明する。その後，3回のイテレーション（ビジュアルブレーンストーミング，ボディストーミング，ストーリー制作）を実践して，アイデアを生成し探究していく（図8.10）。生成されるアイデアのサブセットを選んで，ワークショップのプロセスを進める。

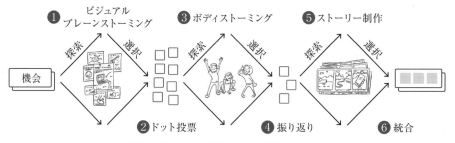

図8.10　個別の機会から，接続された瞬間へと発展させていく

ビジュアルブレーンストーミング

最初のアクティビティでは，参加者がそれぞれアイデアを生成し，これを数回のラウンドにして行う。各人にA6サイズの紙の束とマーカーペンを配布する。アイデアを視覚的に表現し，名前と説明も付けるよう促す。このアクティビティの有効性を高めるため，A6サイズのテンプレートを作って配布することも検討しよう。

> **ウォームアップする**
>
>
> ブレーンストーミングの前に，アイデアを視覚的に表現することに慣れてもらうとよい。少し時間を取って，単純な形や物体をスケッチすることでウォームアップしてもらう。また，練習の機会を提供することもできる。これには，「どうすれば会社の休憩室のエクスペリエンスを改良できるか」や「どうすればこのプロジェクトの終了を祝福できるか」のようなクエスションを使うことができる。遊び感覚でやってみよう！

通常は30分で十分だ。30分もあれば，かなりのアイデアが出るうえ，参加者に過度な負担をかけることもない。毎回のラウンドは4〜6分とすべきだ。このため時間割としては，5〜7分で次のステップに進むように計画する。毎回のラウンドは次の構成で行う。

- **焦点を明示する**：ラウンドは様々な方法でデザインできる。例えば，毎回のラウンドで異なる機会に焦点を当てることができる。または，すべてのラウンドで1つの機会に集中して，ただしジャーニーの段階，エクスペリエンス原則，ペルソナなど，毎回異なる視点から探究することができる。最初に焦点を読み上げ，付加的な文脈を説明することで，全員が意図を理解できるようにする。
- **音楽をかける**：エネルギーのレベルを高めるため，陽気な音楽を用意する（ただし，うるさすぎて気が散るようであってはならない）。
- **アイディエーションを開始する**：参加者がそれぞれ，自分のアイデアをA6サイズの用紙に書き始める。その様子に注意を払って，何も書けずにいる人がいないかどうかを確かめる。最初に思い浮かんだことをとにかく書き出して，リズムをつかむよう促すとよい。数量を目指すと，品質が付いてくるものだ。
- **時間経過を伝える**：ラウンド時間の半分が過ぎたら知らせ，終了1分前にもう一度告知する。
- **話し合いや共有は控えてもらう**：このブレーンストーミングのアプローチは，個人個人でアイデアを出したうえで，全員でアイデアを批評できるようにする。「案内ロボット」のような簡単な言葉で参加者が自分のコンセプトをほかの人に話すのはかまわないが，詳しく話すことは控えてもらう。与えられた時間は毎回5分ほどしかなく，あくまでも量産が目標だ。

- **終了を告げて，すぐに次のラウンドに進む**：エネルギーのレベルが落ちないように，すぐさま次のラウンドに進むべきだ。

すべてのラウンドを終えたら，それぞれのチーム内でアイデアを共有して，次のアクティビティに進めたいと思うアイデアを選んでもらう。これは，次の単純なアプローチで実践できる。

- **立ち上がる**：少しストレッチして，活動的になってもらおう。大きな紙を壁に貼って（テーブルに置いてもよい），作業スペースを作る。
- **5つ選ぶ**：全員に多数のアイデアがあるはずだが，チームに発表するものは5つに制限する。全員がそれぞれ数十ものアイデアを発表していると時間がかかりすぎるためだ。ただし，時間があれば，全員が各5つを発表した後で，追加のアイデアを発表できることにする。
- **共有して整理する**：各人が自分で最も有力だと思うものを共有する。似たコンセプトを考えたチームメンバーがいる場合は，発言して付け加えることができる。こうして共有していきながら，類似したアイデアをグループ化し，機会やジャーニーの段階などのカテゴリー別に整理していく。
- **投票する**：すべてのアイデアが発表されたら，チーム内で簡単な丸シールの投票を行って，最も有望なアイデアを特定する。この評価に際しては，エクスペリエンス原則を規準の1つとして使用するよう促す。

ボディストーミング

よいアイデアがある程度出たところで，次はボディストーミングだ。このアクティビティの目的は，エンドトゥエンドのエクスペリエンスのフレームワーク内で新しいアイデアを生成し，つなぎ，発展させることにある。このアクティビティは，次のステップに分けて実践するとよいだろう。

1. **ルールを説明する**：エンドトゥエンドのエクスペリエンスを創造することが目的だと説明する。各チームに与えられる時間（5分以内）を指定する。ボディストーミングの方法については，この章の説明を参照してほしい。
2. **作戦会議をする**：チームごとに先のアクティビティで選んだアイデアを検討して，互いにどう関係し得るかを話し合う。（先のアクティビティで済ませたかもしれないが）コンセプトをジャーニーの段階別に整理してみると，アイデアを順序立てる方法が見えてくるかもしれない。
3. **演技してみる**：話し合うばかりでなく，アイデアを演じ始めることが重要だ。とにかく即興して，何が見えてくるかを試してみるよう促す。
4. **つなぎ，発展させ，追加する**：各チームで即興を繰り返すうちに，自然とコンセプトがつながり，別のコンセプトへと発展していくはずだ。また，よいエクスペリエ

ンスとは何かを手探りするうちに，新しいアイデアも出てくるかもしれない。

5. **アドバイスする**：ファシリテーターは，すべてのチームを観察して，フィードバックを提供し，調整すべき点をアドバイスする。

6. **発表し，再演し，記録する**：エンドトゥエンドのエクスペリエンスのコンセプトが形成されたら，各チームに発表してもらい，それを見る人はノートを取る。毎回の発表が終わるたびに，そのコンセプトの批評を行ってから，次のコンセプトの発表に移る。ファシリテーターは，すべてのチームに関与して，コンセプトの特定の瞬間を繰り返してもらうことができる。例えば，タッチポイントを別のチャネルに移す（「顧客がカスタマーサービスに電話した場合はどうなりますか」），特定のインタラクションを再考する（「フローの早い段階で推薦してみてはどうでしょうか」）といった示唆を出すことができる。

ストーリー制作

　この最後のイテレーションでは，各チームがテーブルに戻って，ボディストーミングとそのフィードバックから学んだことを振り返る。ここでの目標は，ストーリーボードを制作して，将来のエンドトゥエンドのエクスペリエンスを1つまたは複数記録し，どの機会に対応しているかを示すことだ。このアクティビティは，次のように進める。

- **決定する**：これまでのアクティビティに基づいて，各チームで最終コンセプトを決定し，それをストーリーボードでどうやって表現するかを話し合う。例えば，2つのストーリーボードを使って，別のペルソナのエクスペリエンスを示したいかもしれない。または，1つのストーリーボードで，ジャーニー全体にわたる多数の瞬間を示すこともできる。
- **ストーリーボードを制作する**：チームごとにストーリーボードを制作し，提案するコンセプトを含んだエンドトゥエンドのエクスペリエンスを詳細に示す。ストーリー制作の方法については，この章の説明を参照してほしい。
- **振り返り，改良する**：最後に，各チームがグループ全体にストーリーボードを発表する。そして，タッチポイント，機能，インタラクション，瞬間などの類似点と相違点をストーリー全体にわたって話し合う。付箋を使用してフィードバックと質問を記録する。

WS 8.5　ワークショップの後にすること

　このワークショップを終えたことで，エンドトゥエンドのエクスペリエンスを向上させるためのアイデアを多数盛り込んだコンセプトがいくつかでき上がったはずだ。その後も別のワークショップを開催したり，ワークショップ以外の他のメソッド（この章のコラム「ワークショップを超えて」を参照）を実践して，アイディエーションを続け，ス

トーリーとアイデアを集めていく。そして，すべてを整理し続け，共通のテーマ，アイデア，疑問などを特定し始める。これらが，すべてのオプションをさらに評価し，前進のための戦略を見極める段階で価値を発揮するだろう。

第9章
具体的な未来の
ビジョンを打ち出す

9.1　意図の重要性　　　　　　　　　　　　　　　210
9.2　ビジョンを定義する　　　　　　　　　　　　213
9.3　進路を決めて進んでいく　　　　　　　　　　226
まとめ　　　　　　　　　　　　　　　　　　　　233

210 第 9 章 具体的な未来のビジョンを打ち出す

スタートアップのように小さな会社で働いていれば，全員で同じ楽譜を見て一緒に音楽を作っていくことも比較的容易だ。しかし，組織が大きくなればなるほど，エンドトゥエンドのエクスペリエンスとして何を目指すのか，なぜ目指すのかについて共通の理解を持つことが困難になる。ヒエラルキー，部署の垣根，各地に点在するチームの構造などが，コミュニケーションとコラボレーションの壁を生み出す要因だ。スライドのそっけない個条書きで戦略を説明しても，様々に解釈される。エンドトゥエンドのエクスペリエンスに関するビジョンは，事業目標，チャネルの優先事項，業務上の要件といったありとあらゆる命題の森に飲み込まれて見えなくなってしまうだろう。結果として，エクスペリエンスの美しいオーケストレーションを夢見たはずが，不協和音を出し始める。

この章では，製品やサービスのための具体的な未来のビジョン，すなわち「北極星」と言えるものを作るための方法を考察していく。これらのアプローチは，組織全体で共通の目的地を目指し，よりよいエンドトゥエンドのエクスペリエンスを生み出すための環境をコラボレーションで作っていくうえで有効だ。

9.1　意図の重要性

「意図」という言葉が，ほとんどの大手企業でよく使われるようになっている。意図の責任者や担当部署が決まっていることもあれば，戦略や実行プロセスの一環として意図の表明文が作られていることもある。意図とは，物事を成し遂げる際に理解し，また整合すべき重要な概念だ。特にエンドトゥエンドのエクスペリエンスをオーケストレーションするということは複雑な取り組みであるから，意図の重要性は無視できない。

戦略的な意図とリーンマネジメント

1980 年代終わり，経営コンサルタントの Gary Hamel と C. K. Prahalad が，日本企業の強さの秘密を研究した。当時の日本企業は，イノベーションにおいても事業の実績においても欧米の競合を寄せ付けない勢いだった。そして，従業員を同じ目標に向かわせるために日本企業が用いている方法を「戦略的な意図」と呼んだ。全般的なミッションステートメントではなく，シンプルでやる気を奮い立たせるようなスローガンがあった。毎年の戦略計画は廃止され，代わりに短期目標が導入され，それを達成する方法は従業員に決める自由が与えられた[1]。Hamel と Prahalad は，このやり方のほうが従業員のモチベーションが高まり，比較的少ないリソースで大きな結果を出す方法を発明できると論じた。

それから数十年の間に多くの企業が戦略的な意図の意義を認め始め，またその親戚とも言えるリーンマネジメントの概念も取り入れるようになった。大手から中規模の組織

---

[1]　G. Hamel and C. K. Prahalad, *Competing for the Future*（Boston: Harvard Business School Press, 1996）．［邦訳：『コア・コンピタンス経営—未来への競争戦略』，日本経済新聞出版，2001］

で働いていれば，リーンの触手が業務の隅々にまで到達するのを見てきたはずだ。少人数の部署横断的チーム，カンバンボード，バリューストリームマッピング，SMART目標などだ。これらの戦術に一貫する理念は，戦略的な意図を実現するための権限を少人数のチームに与え，焦点の絞り込みとコラボレーションを重視し，また顧客に直接的に価値をもたらさないプロセスは合理化または排除するという考え方だ。このため，リーンマネジメントは，戦略的な意図として目指す目的地に到達するための主な手段の1つになっている。

司令官の意図とアジャイル

意図の一種であり，やはり多くの組織に共通しているものとして，「司令官の意図」がある。これは軍隊の運営法から引き出された概念で，軍事作戦の目的と目指す結果を司令官が短い言葉で語ることが意図となる。有効性の高い意図とは，司令官より2階層下の上級将校が理解でき，かつ下級将校が成功を収めるために達成しなければならないことに集中できるようにするものだ[†2]。これはトップダウンのように聞こえるかもしれないが，司令官の意図は，概念的なアプローチの責任を負う者と詳細な実行計画を練る者の間の対話に文脈をもたらす（図9.1）。

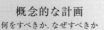

図 9.1 意図と実行の間の関係。米陸軍のフィールドガイド『*The Operations Process*』（ADRP5-0）に記載されている[†3]

理念としての司令官の意図は，指揮統制からの脱却であり，明確なビジョンの策定と半自律行動の権限付与への移行を意味する。この種の意図が，急速に展開する複雑な変化に直面している他のタイプの組織にアピールするのは驚きではない。これと同じ力の作用は，アジャイルのアプローチが大規模な古くからの組織で採用されている背景にも見られる。アジャイル開発では，例えば製品オーナーが司令官の意図を発して，アジャ

---

†2　U.S. Army, *The Operations Process*, (ADRP 5-0. Washington DC, Army Publishing Directorate, 2012). https://fas.org/irp/doddir/army/adrp5_0.pdf

†3　同上

イルなチームをサポートする。それを受けたチームは，その目標を達成するためにタスクをどのように定義し，どのような順序で進めていくかを自分たちで判断することができる。

曖昧な意図とエクスペリエンスデザイン

　組織は，従業員が高みを目指すよう鼓舞すると同時に，従業員に十分な力をもたらして戦略的に重要な目標を達成していくべきだ。変更することのできない固定的な業務運営手順ではなく，従業員のチームが賢明かつ柔軟な働き方を模索していく必要がある。これらのアプローチは，理論上は，人間が本来持っている創意工夫を歓迎し，解決しようとしている問題の複雑さを認識している。

　しかし，実践的には，製品やサービスの文脈で意図を応用してエンドトゥエンドの効果的なエクスペリエンスを目指そうとすると，多くの困難に遭遇する。例えば，次のような点だ。

- **言葉に曖昧さや両意性がある**：意図は言葉でコミュニケーションされ，しかも多くの場合は2，3の簡潔なポイントで言い表される。しかし，組織内の様々な人が同じことを見聞きして想像するソリューションやエクスペリエンスは，各自の事業目標によって，わずかどころか時には劇的に異なることもある。
- **事実だけを伝達する**：成功を事業の結果（顧客増，利益増，NPSの向上）と機能のリスト（モバイルチェックイン，コンテンツのパーソナライゼーション，セルフサービスのヘルプ）で定義し，カスタマーエクスペリエンス（CX，顧客体験）のビジョンや様々なチャネルとタッチポイントが果たすべき役割を定義しない。
- **価値が不完全である**：事業にとってのメリットは明確だが，顧客や他のステークホルダーにとっての価値が示されていない，あるいは不明である。
- **コミュニケーションを浸透させる必要がある**：比較的フラットな組織でも，上層部から一般社員にコミュニケーションする過程で，あるいは戦略を実行に移す過程で，重要なニュアンスが失われる。各部署のリーダーやマネジャーのレンズを通してビジョンが伝えられていくためだ。
- **管轄の領域が分かれている**：ほとんどの組織で，エンドトゥエンドのエクスペリエンスのすべての責任を負っている部署は存在せず，ブランド，チャネル，タッチポイント，プロセス，技術などの単位に責任が分割されている。これら部署のリーダーは，自分が担当するパズルの一片のパフォーマンスで評価されているのであって，カスタマージャーニーの品質という高次のメトリクスではない。このような文脈では，曖昧なビジョンは容易に無視できる。リップサービスだけして，優先順位を下げることができてしまう。
- **リリース後に何も行われない**：意図の表明文や戦略の文書は，どれだけ効果的にコミュニケーションされたとしても，始まりにすぎない。よりよいエンドトゥエンド

のエクスペリエンスへと組織を前進させていくには，それ以上の努力が必要だ。成功の確率を高めるには，継続的なコミュニケーションとコラボレーションが欠かせない。順応性も重要だ。どんなに優れた戦略でも，実行し始めると足りない部分が見えてくるためだ。

これらの欠点を克服するには，未来のCXを明確に説明して意図を補完する必要がある。つまり，意図には具体的な未来のビジョンが必要だ。

9.2　ビジョンを定義する

具体的な未来のビジョンとは，製品やサービスの望ましいエクスペリエンスを例として具体的に伝えるだけでなく，組織がその状態をどうやって達成していくかもコミュニケーションするものだ。意図の表明文や要件とは異なり，主に顧客の視点から，入念にデザインされオーケストレーションされたタッチポイントのシステムがどのようによりよい結果を達成するかを示す。プロセスや使用するものを示して，あなたや同僚が次のことをできるようにする。

- エクスペリエンスのオーケストレーションを向上させることで，顧客，事業，他のステークホルダーにとってどのような価値が作られるかを明確に定義する。
- 各部署が自らの担当領域外に目を向け，自分たちの業務が全体のどの部分に寄与しているかを理解できるようになる。
- ホリスティック（俯瞰的・全体的）なエクスペリエンスを作るためにチャネル，機能，タッチポイント，能力，瞬間をどこで統合しなければならないかを示す。
- 組織全体で顧客への共感を維持して，社内の各部署が自分の担当するチャネルやタッチポイントのデザインに関して重要な決定を下せるようになる。
- 将来の行動の参照ポイントとして機能して，意図したCXに整合する意思決定を導く。
- 社内のステークホルダーが共通の意図の下に団結し，意図の精神を汲んでそれぞれの役割を果たすことで，未来を現実に変えていく。

具体的な未来のビジョンとは，北極星のようなものだ。北極星は道しるべでもある。天測航法，すなわち陸地の見えない外洋での航海術に使われている。北極のほぼ真上にあって，地球の回転軸の延長線上にあるため，常に動かず，他の星が周りを回っているように見える。ただし，北極星は目的地ではない。目的地へ向かって航行するための定点として使われる。

意図と同じように，製品やサービスのエクスペリエンスの北極星を定義するということは，あらゆる詳細を決めることではない。北極星は，実行のメソッドを誘導するものであって，規定するものではない。どのような種類のエクスペリエンスが顧客のニーズ

を満たすかを，瞬間別，チャネル別，ジャーニー別に定性的に定義しなければならない。北極星が十分な詳細を指し示していれば，下流で行われるチャネルやタッチポイントのデザインに情報がもたらされ，整合性が生まれる。ただし，それぞれの担当者が決められた線の内側を決められた色で塗っているだけのような気持ちになることはない。

戦略を形成し，空に北極星を掲げる過程においても，組織全体の同僚とコラボレーションを続けることが重要だ。願わくば，これまでの過程ですでに多種多様な専門領域の同僚たちとコミュニケーションし，協力してきたのであってほしい。なぜなら，これはパラダイムシフトを起こす行動だからだ。多くの組織が望んではいるものの，実際には成功できずにいるのも現実だ。

これまでは，コールセンターは顧客が電話をかけてきたときのエクスペリエンスだけを気にかけてきた。この部署にとって，カスタマーサービス原則に基づく業務モデルを推進していくのは比較的簡単だった。同じように，ウェブチームはウェブサイトのエクスペリエンス，モバイルチームはモバイルのエクスペリエンスに特化してきた。ジャーニーの全工程，すなわちエンドトゥエンドのエクスペリエンスを組織内の誰か1人が完全に管轄しているケースはほぼない。このため，対立するビジョンや目標のジャングルで北極星を見上げてもらうには，様々なリーダーとそのチームに賛同してもらうことがきわめて重要だ。

これから策定する具体的な未来のビジョンは，現状から未来の可能性への重要な橋渡しだ。CX の意図的なオーケストレーションのためのテーブルを整え，そこに組織のメンバーを招待して着席してもらうことを意味する。この橋を構築するための板となるのが，次の材料だ。

- **未来を描いたストーリー**：CX の未来の状態を描いたストーリー。十分な詳細を盛り込み，組織全体にコミュニケーションして理解してもらう。
- **サービスブループリント**：顧客のたどる主な順路を示したプロトタイプ。実際の業務でエクスペリエンス原則を満たしながらその順路を支えられることを示す。
- **能力の説明と未来のタッチポイントインベントリー**：顧客にとって重要な瞬間で価値提案を実現するために欠くことのできない個別の能力（すなわち機能）の説明。および，CX をサポートするすべてのチャネルのタッチポイントを定義したフレームワーク。

これまでに策定したエクスペリエンス原則，エクスペリエンスマップ，戦略なども，社内でビジョンを理解してもらい，賛同を得るうえで役立つだろう。これらや全体的な価値提案を具体的な未来のビジョンにどのように織り込むべきかを，ここから先のセクションで考察していく。それでは，3つの材料を詳しく見ていこう。

未来を描いたストーリー

すでにお気付きかもしれないが，エクスペリエンスのオーケストレーションにおいてはストーリーが重要な役割を果たす。顧客から集めたストーリーにパターンを見つけていくと，製品やサービスの現在のエクスペリエンスと顧客のニーズの間にギャップがあることが分かる。そのストーリーを繰り返して共有していくうちに，部署横断的なチームに共感が生まれる。ストーリーテリングと即興の演技は，新しいアイデアを生成する際に顧客中心の形式をもたらす。

このため，未来のCXがどのようなものであるべきかを提案する際にもストーリーが有効な手段となるのは驚きではない。顧客の視点から一人称で語られるストーリーで，あなたの組織が目指すべきインタラクションとその結果を示す。このストーリーには，それぞれの瞬間でチャネルやタッチポイントが果たすべき役割も盛り込む。そして，顧客の文脈のなかで製品やサービスがどのような場所を占めているかも，具体的な例で示す。このようにホリスティック（俯瞰的・全体的）なストーリーテリングは，ビジョンとその有効性を理解してもらううえで非常に重要だ。エグゼクティブコーチのHarrison Monarthは，次のように語っている。「ストーリーは，定量分析では到達できない場所，すなわちハートに到達することができる」[†4]。

では，このような未来のストーリーをどのように制作し，コミュニケーションすべきなのだろうか。第8章「アイデアを生成して評価する」で紹介したアプローチが，ここでも使える。顧客の視点からエクスペリエンスを示し，説明するのではなく視覚的に表現し，そのエクスペリエンスを様々な角度から探究して，文脈を補完していくことだ。

未来のストーリーを語るための形式としては，ストーリーボードが効果的だ（作る手間もそれほどかからない）。ビデオ，ポスター，ナレーション付きのストーリーボードなども，やはり非常に効果がある。多くの場合は，これらを組み合わせると，異なる文脈に置かれた様々なオーディエンスにうまくコミュニケーションできるようになる。どの形式を選ぶにせよ，そのストーリーに含める要素は，洞察やエクスペリエンス原則に根ざしているべきだ。

ストーリーテリングで整合性を生み出す

ストーリーは，整合性と焦点をもたらすための重要なツールだ。顧客のストーリーを描いた素朴なスケッチが部署間のコーディネーションにとって重要なポイントを非常に効果的に伝えたケースを，私は何度も目撃してきた。要件やプログラムの計画では決して達成できないコミュニケーションだ。また，ストーリーは繰り返して共有しやすいため，顧客への共感を広め，持続させる効果もある。

[†4] H. Monarth, "The Irresistible Power of Storytelling as a Strategic Business Tool"（hbr.orgのデジタル版の記事，2014年3月11日発行，2014年9月25日にアクセス）．https://hbr.org/2014/03/the-irresistible-power-of-storytelling-as-a-strategic-business-tool

魅力的で効果的な未来のストーリーを作るために，次のガイドラインを考慮してほしい。

- **ストーリーを共創する**：すでに述べたとおり，ストーリーは部署横断的なチームで制作する（アイデアに優先順位を付けた後，同じ流れのなかで行うべきだ）。ここでの目標は，1つのエクスペリエンスが多数のチャネルとタッチポイントにわたってどのように調和するかを見せることにある。このため，コラボレーションを維持して，関係部署からサポートを得ることがきわめて重要だ（図9.2）。また，ストーリーを顧客に見せてフィードバックを受け，そのコンセプトを改良していくべきだ。

写真提供：RICHLAND LIBRARY

図 9.2　コラボレーションを通じて未来のストーリーを描くことで，組織内の信頼関係や意図への賛同が生まれる

- **幅広いストーリーを提供する**：未来のエクスペリエンスを1人の顧客の視点から示すだけでなく，異なる状況に置かれた人々の別の種類のストーリーも共有する必要がある。ただし，潜在的なシナリオを数十個も示すことが目標というわけではない。主なエクスペリエンスの幅広さを知ってもらい，顧客の様々なニーズや文脈に対応するためにチャネルやタッチポイントが持つべき柔軟性を理解してもらうために十分な数のストーリーを含めることだ。
- **感情を強調する**：未来の行動やインタラクションを示すだけでなく，感情的な文脈にも重点を置くべきだ。あなたが描くビジョンの人間的な側面を伝え，未来のエクスペリエンスが顧客の感情をどのように育んでいくかを反映したストーリーでなければならない。また，製品やサービスが顧客の感情にポジティブに影響する重要な瞬間とインタラクションを描く必要がある。
- **具体的に描き，ただし最も重要な部分の詳細に焦点を当てる**：未来のストーリーをほかの人に信じてもらう必要がある。それには，デザインリサーチで得たストーリーや洞察を使って，豊かに現実的に描くことだ。ただし，機能やタッチポイントをあまりにも詳細に描写しないようにすることも大切だ。ほかの人がデザインする余地を十分に残しながら，なおもこのビジョンで表現される全体的なシステムに

フィットするものを作ってもらえるようにする。
- **様々なソリューションが組み合わさって機能していることを示す**：複数のタッチポイントで構成される1つのシステムが未来の顧客がたどる順路を作ることを，ストーリーで示すようにする。一貫性のある継続的なエクスペリエンスが顧客と事業の両方にとってどのように価値をもたらすかを，コミュニケーションしなければならない。星と星をつないで星座ができることを見せる天文学者になったつもりで取り組んでみよう（図9.3）。

図9.3 主なチャネルやタッチポイントそれぞれに北極星を1つずつ設けるのではなく，星座を示して，顧客のジャーニーにかかわっているチャネルやタッチポイントを統合することを目指す

- **時間的なスパンに注意を払う**：ストーリーとは，意図がどのように顕在化して価値ある未来のエクスペリエンスになるかを示すものだ。しかし，未来とはどれだけ先のことなのだろうか。その答えは，あなたの置かれた状況によって異なる。向こう6か月間の最適化の取り組みの結果として実現するエクスペリエンスをほかの人に理解してもらおうとしているのかもしれない。あるいは，2，3年先のCXに向けた旅路に出ようとしているのかもしれない。後者の場合は，エクスペリエンスがどのように進化していくかをストーリーで示し，短期的な結果と中期的な結果を見せることができる（この章のセクション「進化の道筋を見極める」を参照）。
- **何がなぜ必要か，そのつながりを明確にする**：追加説明や注釈を付け加えて，なぜこれらのストーリーが重要なのか，それを実現するために何が必要になるかを理解できるようにする。そのための方法としては，エクスペリエンス原則を付記したり，対応している機会を瞬間別に示したりすることが挙げられる。また，その瞬間を実現するために必要な機能のリストを添えることもできる（図9.4）。さらに，様々なステークホルダーにとっての価値を，ストーリーごと，瞬間ごとに明示的に記載してもよいだろう。

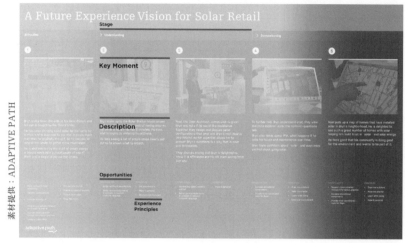

素材提供：ADAPTIVE PATH

図 9.4　この例では，小売りのジャーニーの重要な瞬間に機会とエクスペリエンス原則が関連付けられている

サービスブループリント

　未来のストーリーは全体的な CX の主な例を描写するが，ビジョンを完全に語るわけではない。意図を明確にし，行動可能にするには，人，プロセス，技術といった業務上の構成要素を新しく改良することでエンドトゥエンドのエクスペリエンスのアーキテクチャがどのように形成されるかを説明する必要がある。つまり，舞台裏のオーケストレーションを向上させることでどのように舞台上のエクスペリエンスをより確実に提供できるようになるか，それをストーリーで伝えることを意味する。

　第 3 章「エコシステムを探究する」で説明したサービスブループリントのメソッドが，この段階で役に立つ。発見のプロセスでブループリントを作成したのであれば，現在の業務のあり方に伴う問題点と機会がよく分かっているはずだ。そこで，未来の状態のサービスブループリントを使って，目標とする顧客のジャーニーの順路をより詳細にプロトタイプ化し，そのジャーニーを支えるのにどのような業務体制が必要になるかを示すことができる（図 9.5）。

Airbnb がストーリーで意図を定義

Airbnb は，戦略的な意図と実行に焦点をもたらすためにストーリーを使用している企業の最も代表的な例だ。共同設立者でデザインの学位を持つ Brian Chesky が，Walt Disney に感化され，イラストレーターの Nick Sung に依頼してストーリーボードを制作した。Airbnb の 3 つのジャーニー，すなわちゲスト，ホスト，そして新入社員がたどるジャーニーの主な瞬間を描いている。それぞれのパネルには，現在または未来に Airbnb が役割を果たすことのできる文脈と感情が示されている。これらは，単に美しいイメージ画ではなく，実用的なツールだ。

なぜストーリーボードを作る必要があったのか，疑問に思うかもしれない。Chesky は，急成長する会社のスタッフ全員に意図を理解してもらいたいと考えた。同社の意図とは，ホストとゲストの両方にとってすばらしいエンドトゥエンドの旅のエクスペリエンスを創造することだ[5]。このストーリーボードを作るという決定は，若いスタートアップにとって重要な意思決定だったと見られる。最高技術責任者の Nate Blecharczyk は，次のように説明している。

「このストーリーボードは，会社に息吹を吹き込んだ出来事でした。今では私たち全員が，目標とする CX のフレームを知っています。カスタマーサービス担当者からエグゼクティブチームまで全員が，この会社に入ると最初にこのストーリーボードを見せられます。製品と組織の意思決定において欠くことができません。何を優先すべきかを考える際は必ず，その製品やアイデアがどのフレームに役立つかを考えます。潜在的な機会について調べる際のリトマス試験であり，会社に焦点をもたらすメカニズムでもあります」[6]。

---

[5] Anthony Ha, "Brian Chesky Explains How Snow White Pointed the Way to Airbnb's Future," TechCrunch（2016 年 12 月 16 日にアクセス）. https://techcrunch.com/2012/07/18/airbnb-brian-chesky-snow-white/

[6] Nathan Blecharczyk, "Visualizing the Customer Experience" Sequoia（ウェブサイト）. https://www.sequoiacap.com/article/visualizing-customer-experience/

製品のためのエクスペリエンスブループリントを作成する

本書では「製品やサービスのエクスペリエンス」と説明することで，紹介する概念やツールがその名称にかかわらず幅広く応用できるものであることを示唆してきた。これは，サービスブループリントにも当てはまる。私がコンサルティングを提供したいくつかの組織では，このメソッドを「エクスペリエンスブループリント」と呼んできた。「サービス」という言葉がしっくり来ないという反応があったためだ。どちらにしても重要なのは，多数のタッチポイント，チャネル，その他の業務機能がどのようにオーケストレーションされてエンドトゥエンドのエクスペリエンスを実現するかをプロトタイプとして示すことだ。どのように呼ぶか（他のフレームワークとどのように組み合わせるか）は，使う人の判断で変えられる。

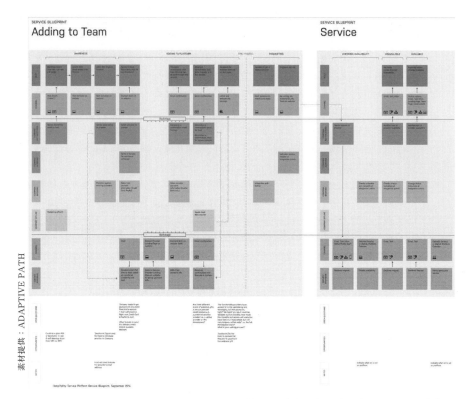

図 9.5　未来のサービスブループリントを作る

　サービスブループリントの実践方法を解説した文献は多数あり，今も増え続けている。次に紹介するのは，網羅的なハウツーのプロセスではない。サービスブループリントを作ったことがないという人には，まずそのメソッドを学習することをおすすめしたい[7]。基本を押さえたうえで，次のガイドラインに従って自分なりのブループリントを作成し，ビジョンの他の部分と合わせて調整してみてほしい。

- **正しい人たちを集める**：ブループリントとは，技術，プロセスデザイン，トレーニング，製品，マーケティングなどの様々な部署がどのように専門知識と時間と労力を寄与するかを俯瞰するものだ。このため，これらのステークホルダーに集まってもらって，付箋の作業に取りかかる必要がある。どうすれば意図したエクスペリエンスを実現できるかを探究しながら，様々なものを追加し，削除し，動かすことができる。全員で一緒に話し合うことで，各部署の選択がどのように連鎖反応を起こすかが分かるようになり，全体としてどう構成するのがベストかに議論の焦点を絞りやすくなる。

---

[7]　一例として次の文献はおすすめできる。Nick Remis and the Adaptive Path Team at Capital One, *Guide to Service Blueprinting*. 次の URL から無料でダウンロードできる。https://medium.com/capitalonedesign/download-our-guide-to-service-blueprinting-d70bb2717ddf

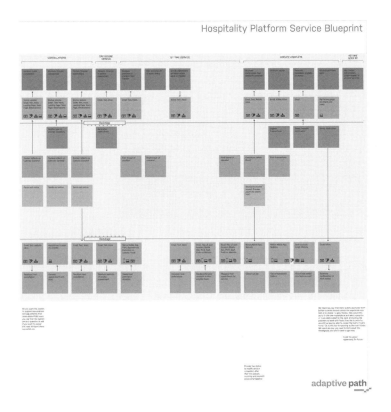

- **外から内へと進む**：業務上の効率がよいことや技術的にサポート可能なことからソリューション開発が始まることも多い。しかし，ブループリントは，このアプローチを覆すものだ。顧客がエンドトゥエンドのエクスペリエンスをうまくナビゲートする方法から始めて，その過程でインタラクションするタッチポイントとチャネルを詳細にしていくのがサービスブループリントだ。そこに含めるシナリオやエクスペリエンスは，アイデアやストーリーボードから引き出されるべきだ（図9.6）。

こうして表舞台の詳細が出揃ったところで，そのエクスペリエンスを可能にする業務上のソリューションを考えるよう，同僚に働きかける。このアクティビティ自体を「How Might We?」クエスションにすることもできる。「どうすれば意図したCXを実現するための業務体制を定義できるか」のような問いかけだ。これは，戦略的な意図を考える際の「課題」の概念に似ている。このケースでは，望ましい顧客の行動と結果が意図の役割を果たし，その意図を示されたチームメンバーが，それを達成するための業務上のソリューションを見つけるべく創意工夫することになる。

図 9.6 サービスブループリントの作成プロセスの手始めとして，ホワイトボードに付箋を貼ってみる

- **顧客がたどる主なジャーニーに集中する**：ブループリントに選ぶシナリオは，戦略の重要ポイントを補完し，かつ顧客と組織にとって未来がどのような状態かというストーリーを語るのに役立つシナリオであるべきだ。これはよく「ハッピーな順路」と呼ばれていて，これがビジョンに適切な肉付けをもたらす。ただし，あなたの置かれた状況次第で判断することが重要だ。目下の課題が顧客の信頼を回復すること，すなわちサービスリカバリーなのであれば，カスタマージャーニーがどこで問題を起こしているかを示し，さらに未来のどの地点で再びジャーニーに戻って前進し始めるかを詳細に示すとよいかもしれない。
- **ジャーニーのフレームワークを補完する**：具体的な未来のビジョンは，エンドトゥエンドのエクスペリエンスをデザインし進化させるうえで手がかりとなる共通のフレームワークを確立するものでなければならない。このためブループリントでは，リサーチで特定しアイディエーションで洗練させた段階や瞬間を明確に打ち出す必要がある。このアプローチの例を示したのが図 9.5 だ。
- **基本的なブループリントのフレームワークに縛られない**：少し調べてみるだけでも，サービスブループリントのフレームワークがいくつも見つかるだろう。これらのフレームワークには，サービスエビデンスが最初の行に置かれているもの，チャネルごとに行が設けられているもの，あるいは顧客の行動と現場のスタッフの行動の間にタッチポイントが置かれているもの（私たちが好んで使っている標準的なアプローチ）などがある。いろいろ実験してみて，あなたの組織にとってどれが最も有効かを見つけるべきだ。
- **大きな項目を目立たせる**：どんなビジョンにも，実行の重要性が高い項目と比較的低い項目，実行が困難な項目と比較的容易な項目が含まれているはずだ。そこで，重要なもの，困難なものをブループリントで目立たせるようにする。例えば，主なタッチポイントに星印を付けたり，努力の必要なプロセス変更を太枠で囲ったりする。シンプルな装飾を付けることで，ブループリントを読む人の理解を助けること

ができる。

- **業務上のロードマップに結び付ける**：業務体制のソリューションをプロトタイプ化する過程では，様々なプロセス，役割，技術を模索することになるだろう。既存のものもあれば，開発中のもの，まったく新しいものが含まれる。もしかすると，新しいCRM（顧客関係管理）ソリューションの導入が18か月後に予定されているかもしれない。店舗運営の部署で，現行の小売り担当の役割を2つの新しい役職に分ける計画が進んでいるかもしれない。このように予定されてはいるけれども確定ではない業務計画は，ブループリントに盛り込んでビジョンに結び付けたり，その計画がビジョンにとっていかに重要かを示したりすると有益だろう。

- **複数のチャネルのオプションを示す**：ブループリントには，顧客が好むチャネルでエクスペリエンスするタッチポイントを含めることができる。例えば，確認を受け取る際のチャネルには，テキストメッセージ，プッシュ通知，電話などがあるかもしれない。このようなタッチポイントのオプションを示し，それを実現するのにどのような技術とプロセスが必要かも定義するようにする。

- **主なメトリクスを示す**：ビジョンを策定する作業の一環として，どのような価値が創造されるのかを示し，かつパフォーマンス測定のための指標をどこに組み込めるかを示す必要がある。そこでブループリントに主要メトリクスを盛り込んで，エクスペリエンスや業務に及ぼす影響の測定場所を説明しておくとよいだろう。

- **他の制作物と組み合わせ，関連付ける**：四角を矢印でつないだ古典的なブループリントだけですべてを伝えようとする必要はない。ストーリーとブループリントを単純に組み合わせるだけでも，エクスペリエンスとそれを支える業務体制を非常に効果的にコミュニケーションできるようになる。また，未来の状態のタッチポイントインベントリーや進化マップといった他の制作物へのリンクをブループリントに埋め込むこともできる。

能力の説明

第2章「タッチポイントを確実に押さえる」で，固有の価値やエクスペリエンスを実現するタッチポイントのサブセットが機能であると定義した。これは，マーケティングの世界で使われている定義に近い（ただし，私たちは，機能を特定してデザインする際に人間中心のアプローチを取ることを推奨している）。しかし，エンドトゥエンドのエクスペリエンスには，機能よりもはるかに多くの可動部品が含まれている。そこで私たちは，ソリューションを構成する部品の上位集合を**能力**と呼んでいる。

能力とは，ジャーニーの任意の段階で特定の瞬間を可能にするために**組織ができなければならないこと**だ。これまで「機能」として理解してきたもののほとんどは「能力」と呼び直すことができる。例えば，顧客がプロフィール写真をアップロードする能力などだ。このように置き換える理由は，通常であれば「機能」と解釈されていないものを横並びに出せるようにするためだ。例えば，製品やサービスの販売前の段階でコールセ

ンターが持つべき最も重要な能力とは何だろうか。それは，営業担当者から次の担当者へシームレスに引き継ぐ能力かもしれない。これは通常は「機能」とは呼ばれず，「能力」と言えるものだ。サポートする瞬間のなかでプロフィール写真をアップロードすることと通話をシームレスに取り次ぐことを，同じようにとらえられるようになる。完全にデジタルな環境で働いているのであれば，機能を能力に置き換える必要はないかもしれないが，クロスチャネルや部署横断的な環境があるのであれば，能力とすることで，達成すべき様々なことをまとめられるようになる。能力は，エクスペリエンスをサポートする業務上の構成要素，例えばタッチポイント，チャネル，プロセス，役割などをすべて包含することができる。

ビジョンへと至ったこれまでのアクティビティやディスカッションで，多種多様な能力が会話に上がってきたはずだ。ここでは，これらをもっとフォーマルに定義する必要がある。能力を定義・記録する作業もコラボレーションで行うべきだ。その際には，次の点に注意してほしい。

- 能力を十分な詳細度で説明することで，組織内の誰が読んでも理解できるようにする。
- 能力をサポートするのに必要なチャネルを特定する。
- 特定した能力を，エクスペリエンスの具体的な段階に結び付ける。
- 能力を実現するうえで不足している主な要因を明らかにする。
- 能力の説明責任を明確にする。

この作業をコラボレーションで行う際には，おそらくコアチームが能力の草稿を最初に書くことになるだろう。それをたたき台として使用して，明確に説明されているかどうかをグループで検討し，抽象的な部分を極力取り払っていく。その後，能力に優先順位を付け，事業と顧客にとってのメリット，さらに実行可能性の情報も添える。図9.7が示しているのは，小さなカードを使って能力を定義し優先順位を付けるプロセスだ。優先順位は，すべての能力に付けることはできないかもしれないが，最も重要なものに重点を置いて，短期的に必要になる能力をより詳細に記録すべきだ。その後，進化マップ（この章のセクション「進化の道筋を見極める」を参照）を検討する段階で，能力の優先順位と順序をさらに議論する。

能力を特定して優先順位を付ける際には，それを未来のストーリーとブループリントにリンクさせて，それらの能力がどの瞬間にかかわっているかを示すべきだ。これにより，依存関係を明確にして十分に議論できるようになる。このような議論こそが，部署横断的なグループで集まることの重要性だ。そして，全員が集まった場で，それぞれの能力の説明責任を誰が負うかを決めていくことができる。

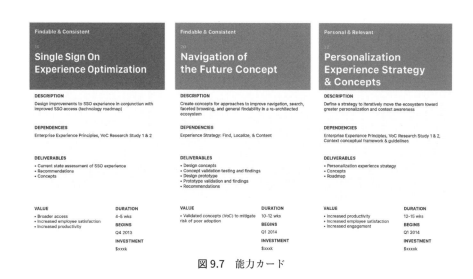

図9.7　能力カード

未来の状態のタッチポイントインベントリー

　顧客の行動をサポートしたり刺激したりするために作らなければならないタッチポイントも定義しておくと有益だろう。これらのタッチポイントのなかには，ストーリーやブループリントにすでに盛り込まれているものもあるかもしれないが，アイディエーションや優先順位の話し合いの際に提案されたタッチポイントなどは，含まれていない可能性がある。これらのよいアイデアを忘れてしまわないことだ！

　第2章でタッチポイントインベントリーのフレームワークを紹介した。主なタッチポイントをチャネル別，ジャーニーの段階別に総ざらいして整理する発見のアプローチについても説明した。この同じフレームワークを，未来の状態のタッチポイントでも使うことができる。ビジョンを策定する時点で，未来の顧客が必要とするタッチポイントをすべて把握できているわけではないかもしれない。しかし，分かっているタッチポイントで当初のインベントリーを作っておくべきだ。これにより，同僚が自分の管轄下にあるタッチポイントを定義し，デザインし，維持管理する責任を取ってくれるようになるだろう。アイディエーションとビジョンの取り組みに基づいて未来の状態のタッチポイントインベントリーを当面記録しておくためのアプローチは2つある。

- 簡略：このアプローチでは，現状のタッチポイントインベントリーを作成した際のフレームワークを利用するが，ジャーニーの段階を最新の定義に更新すること。チャネルの行には，将来活用するチャネルも反映させる。また，新しいタッチポイントを既存のタッチポイントと区別しておくと役に立つ。
- 詳細：未来のタッチポイントインベントリーを詳細に特定しておくこともできる。段階を個別の瞬間に分解して，そのタッチポイントが役割を果たすタイミングを詳細に記録することだ。この詳細なインベントリーでは，既存のタッチポイントに及

ぶであろう影響（再想像，変更など）も示すことができる。このタイプの記録の一例を示したのが図 9.8 だ。これよりもさらに詳細なインベントリーでは，タッチポイント間のつながりやデザインの方向性も盛り込むことができる。このように詳細なスプレッドシート（仕様と意図）を作成する場合は，一目で分かる簡略な段階とチャネルのフレームワークも用意して，そこからスプレッドシートを参照できるようにするとよい。

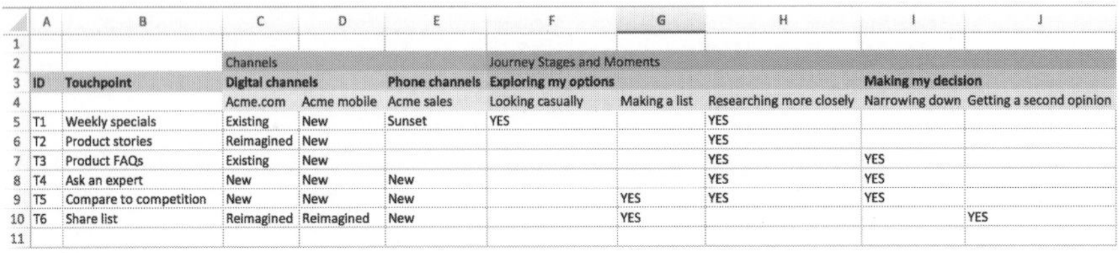

		Channels			Journey Stages and Moments				
ID	Touchpoint	Digital channels		Phone channels	Exploring my options			Making my decision	
		Acme.com	Acme mobile	Acme sales	Looking casually	Making a list	Researching more closely	Narrowing down	Getting a second opinion
T1	Weekly specials	Existing	New	Sunset	YES		YES		
T2	Product stories	Reimagined	New				YES		
T3	Product FAQs	Existing	New				YES	YES	
T4	Ask an expert	New	New	New			YES	YES	
T5	Compare to competition	New	New	New		YES	YES	YES	
T6	Share list	Reimagined	Reimagined	New		YES			YES

図 9.8 詳細なタッチポイントインベントリーの一部。それぞれのタッチポイント（同じ意図だが，チャネルによってデザインが異なる）を，ジャーニーの段階内のチャネルと瞬間に結び付けている

9.3　進路を決めて進んでいく

　大きな組織では，エンドトゥエンドのエクスペリエンスを最適化するに当たって，多数のグループが関与することになる。レガシーシステムに対応しながら，競合する優先事項の間で複雑な政治的駆け引きもしなければならないかもしれない。そこで，まずは小さなことから始めて，学習し，調整していく戦略を勧告すべきだ。ただし，多数の方面で行われる取り組みが最終的にどのように 1 つのホリスティック（俯瞰的・全体的）なエクスペリエンスになるかを，ガイダンスとして示す必要がある。

　これはバランス感覚が求められる仕事だ。例えば，オンライン注文から店頭での受け取りに至るエンドトゥエンドのエクスペリエンスを改良するためのビジョンを策定したとする。この新しいカスタマージャーニーを実現するには，複数のチャネルでタッチポイントを変更したり新規に作ったりする必要がある。業務推進部はプロセスをデザインしなければならず，マーケティング部は新しい販促物を制作しなければならない。教育研修部は従業員向けのトレーニングを開発する必要があるだろう。あなたが制作したストーリーやブループリントなどは，これらの努力に際して実行すべきことを示す具体的な未来のビジョンとなる。しかし，未知の制約に対応し，導入後もイテレーションで継続的に改善し，他の取り組みに対して情報を共有していくための柔軟性も必要だ。

　これらの力関係が働くことから，ビジョンに向けて意図的にステップを講じながらも，その過程で学習して調整する余地を残す方法を定義しなければならない。このガイダンスとなるのが，「進化マップ」だ。次に説明するとおり，進化マップは，確固たる製品ロードマップのベストプラクティスに似た点が多々あるが，製品とその機能よりも幅広い視野に立っている。製品，技術，業務推進といった個別のロードマップに情報を

もたらし，それぞれが同じ北極星に向かって整合できるようにするものだ（図9.9）。最も重要な点として，進化マップはエクスペリエンスを重視することで，顧客のニーズが常に中心に置かれるようにする。

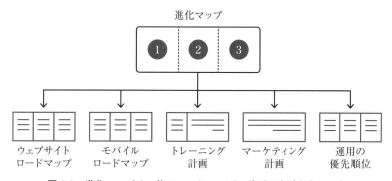

図 9.9　進化マップは，他のロードマップや計画に文脈をもたらす

進化の道筋を見極める

　ビジョンを策定する間，あなたと同僚は，膨大な数のアイデアと潜在的なソリューションを検討し，機会の優先順位を評価し，ストーリーを読み直し，実行可能性を確認する作業にかなりの時間を費やすだろう（図9.10）。しかし，どこかの時点で，戦略が明確になっていく。既知の制約に配慮しながらステークホルダーに価値をもたらし，なおも組織として実行できそうな方向性が見えてくる。この進路を示すのが進化マップだ。

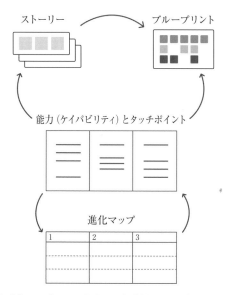

図 9.10　イテレーションを重ねることで，ビジョンを発展させ，時間をかけてエンドトゥエンドのエクスペリエンスを改善していくための道筋が見えてくる

ロードマップを策定した経験があれば，今すぐ行動するか，さらなる予算と時間の投資を得るべくサポートを構築するか，この2つの間で常に緊張関係があることはご存じだろう。短期の行動を定義すると（四半期や年度の業績サイクルに引っ張られることが多い），結実するまでにもっと時間のかかるソリューションへのコミットメントがないがしろにされることが往々にしてある。しかし，エクスペリエンスをオーケストレーションするには，このような組織的な「習い性」から脱却する必要がある。ここで策定するビジョンは，地平線を見るよう仕向けるものだ。進化マップは，その方向に向かって一緒に進むための行動のステップを定義する（図9.11）。

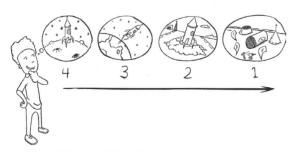

図9.11 進化マップは，今の状態から最終的な未来のビジョンに至るまで，チームがどのように移行していくかを示す

　ここでのポイントは，「ビジョンからの逆向き作業」だ。実践的に何を意味するかというと，最終的な状態（ストーリーとブループリントで説明されている）をまずビジョンとして定め，そのうえで，どうやってそこにまで進んでいくかを見極めることだ。このマインドセットは，ウォータールー大学のJohn B. Robinsonの研究を基にしている。環境の変化と公共政策の接点を研究した結果，「バックキャスティング」というアプローチを提唱して，望ましい未来を最初に定義したうえで，それを達成するための最も実際的な行動を見極めることを推奨した。Robinsonのメソッドは，未来の可能性を予測することから，望ましい未来をもたらすために必要な努力と投資を分析することへと，重点を移行させた[8]。そして，ソフトウェア・イノベーションを専門とするNormativeのCEO，Matthew Milanが，このメソッドの適用範囲を拡大して，情報アーキテクチャやユーザーエクスペリエンスに応用した[9]。

　製品やサービスのエクスペリエンスという文脈では，策定したビジョンが最終的な結果の例を示し，そこからバックキャスティングをすることになる。ただし，エクスペリエンスのオーケストレーションのためのバックキャスティングには，1つ違いがある。

---

[8] John B. Robinson, "Futures Under Glass—A Recipe for People Who Hate to Predict Futures," *Futures,* 22, no. 8 (1990): 820-842.

[9] Matthew Milanは，Robinsonの「ビッグ・バックキャスティング」を参考にこれを簡略化し，情報アーキテクチャのワークショップにまとめた。https://www.slideshare.net/mmilan/backcasting-101-final-public

伝統的なバックキャスティングでは，多くの場合，未来の状態の仮説を複数特定するが，ここでは，通常は1つのビジョンを示して，組織の能力を進化させていく。

> **エクスペリエンスのオーケストレーションのためのバックキャスティング**
>
>
> バックキャスティングではしばしば，未来の可能性を多数特定したうえで，その未来へと至る過程に存在する障害と機会を結び付けていく。しかし，エクスペリエンスをオーケストレーションする際は，通常は1つのビジョン（または1つのビジョンに基づく複数のストーリー）で，目指す未来のエクスペリエンスとそれをサポートするための能力を定義する。ここで使用するバックキャスティングは，ベースラインである現在の状態から徐々に進化して，より統一的な望ましい未来の状態へと至る過程をオーケストレーションするためにデザインされる。
>
> また，プロセスのもう少し早い段階で，未来の状態を定義するためにバックキャスティングを使うこともできる。この場合は，多数の未来の可能性のなかでどの道筋がより達成可能か，より競争力があるかを見ることになる。

これはイテレーションのプロセスであることをあらためて強調することが重要だ。未来のストーリー，ブループリント，能力を定義する間は，依然としてビジョンの上空を旋回飛行している状態にあり，組織はまだコミットメントを固めていない。しかし，考え得る進化の道筋をマップにし始めると，自然とビジョンが精鋭化していく。様々なオプションの実行可能性や影響が明確になっていくためだ。ただし，毎回のイテレーションでは，常に望ましい未来に基づいて分析し，意図を見失わないようにすることが重要だ。

進化の計画を立て始めると，競合からのプレッシャー，実行可能性，必要な労力，タイミング，依存関係など，ありとあらゆる変数がすぐに絡み付くようになる。これを避けるには，センスメイキングとビジョンのアクティビティを通じて形成されてきたジャーニーのフレームワークを頼りにすることだ。未来のストーリーを完成させるには数回のイテレーションが必要になるが，ジャーニーの段階と瞬間（およびそこに含まれる顧客のニーズ）が計画に一貫した構造をもたらし，エンドトゥエンドのエクスペリエンスの改良を調和させていく。

空の旅を例に考えてみよう。これはサービスのエクスペリエンスだが，旅客がどのように旅行を計画し，目的地に到達するかは，技術の進歩やセキュリティの強化などを受けて大きく変化してきた。しかし，これらの変化がある一方で，瞬間のアーキテクチャは比較的一貫している。目的地を選び，フライトを予約し，空港へ行き，チェックインするなどだ。あなたがこの旅行エクスペリエンスを改良する立場にあるのであれば，これらの瞬間を変化させるため，順序を考え直したり，入れ替えたりしてみるだろう。

ジャーニーのフレームワークが，製品やサービスのエクスペリエンスを進化させる本

の目次として機能する。未来のストーリーから逆向きに作業して、ジャーニーの段階と瞬間にいつどのように対応すべきか、様々なオプションを評価する。つまり、次のような問いかけをしていくことを意味する。

- ジャーニーのどの段階、どの瞬間に最初に対応するか。次は何か。
- 個別の瞬間は、ずっと変わらないのか、1回だけ変化するのか、それとも何回かに分けて徐々に進化していくのか。
- 新しい瞬間をいつ導入するか。または、既存の瞬間をいつ廃止するか。
- 主な機能をいつ導入するか。複数のフェーズで導入するのか。
- チャネル戦略がどのように進化するか。暫定的なソリューションとして何らかのチャネルを利用することができるか。
- 瞬間やタッチポイントを実現するために、新しいプラットフォーム、チャネル、役割といった大きなプロジェクトのどれにいつ取りかかるか。
- 主な依存関係にどのように対応するか。能力が開発されるまでの間に価値を提供するため、暫定的なソリューションが必要になるか。

段階と瞬間がどのように進化していくかを探究すると、様々なチャネルの役割、主なタッチポイント、そして能力が個別に、また調和しながらどのように変化していくかも、自ずと分析することになる。ここで下す決定のなかには、実装に際しての制約に影響されるものもあれば、依存関係、緊急度、価値などの理由で計画の後半に回されるものもあるだろう。

例えば、長期的なビジョンは、Lyftと提携してフライトを予約する時点で空港までの車も手配できるようにすることかもしれない。最適なソリューションは、いくつかのチャネルを変化させ、バックステージを統合し、担当者へのトレーニングも施すことだろう。しかし、これらすべてに短期的に取りかかることはできないため、手に負える範囲のステップを見極め、ただし確実に「空港までの車を手配する」瞬間に向けて進んでいくことが課題となる（図9.12）。もちろん、この瞬間に向けた計画は、その後の瞬間（「空港に向けて出発する」や「空港に到着する」）の進化にも影響する。

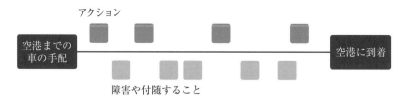

図9.12　空港への交通手段を予約する際のジャーニーをバックキャスティングする

進化マップを作成する間はエクスペリエンス原則を常に使用して、当初のソリューションや中間フェーズのソリューションをストレステストにかけていく必要がある。例えば、ホテルのサービスのビジョンとして、宿泊客のプロフィールに応じて室内のアメ

ニティをパーソナライズすることが含まれているとしよう。このソリューションは，現時点では技術的な理由から達成できない。しかし，エクスペリエンス原則の1つが「手袋のようにフィットする」ことであれば，短期的な進化のフェーズをこの原則に照らして考えてみると，ここにギャップがあることに気付くかもしれない。そこで同僚と一緒に次の課題を考えてみる。「どうすれば技術的な制約の範囲内で客室を手袋のようにフィットさせることができるか」。

瞬間だけでなくジャーニー全体の進化の過程をマップ化するのは，簡単な作業ではない。が，意図とフレームワークに密着することで，不可避な曖昧さにうまく対処できるようになる。最終的には，取るべき一連の行動が見えてきて，どのようなフェーズに整理すべきかも分かってくるはずだ。そこに達すれば，進化マップを文書として記録する準備ができたと言える。

進化の道筋をコミュニケーションする

進化マップのデザインには，いくつもの選択肢がある。どんな制作物にも当てはまることだが，組織の文化に合ったアプローチを選び，かつ印象に残るものにすることだ。一般的な形式としては，大きなキャンバス，一連のスライド，小冊子，およびこの3つの組み合わせがある。クリエイティブにやってみよう！

どの形式を選ぶにせよ，進化マップが未来のストーリー，ブループリント，能力といった他の制作物と合わさってうまく機能しなければならない。互いの資料へのリンクや参照をできるだけ付けて，これを読む人が大局的なアイデアを確実に理解しながらも詳細を簡単に見られるようにする。ビジョンと進化マップのパッケージで語るストーリーは，推薦された進路を進んでみようという意欲をほかの人に起こすものであるべきだ。また，具体的な未来のビジョンで全員が整合する状態も作り出さなければならない。

選択するマップの形式にかかわらず，次のガイドラインに従うことで，これから先の進路の各フェーズについての重要な情報を詳しく伝えられるようになるだろう。

- **テーマを持たせ，フェーズ別に整理する**：ロードマップと同様に，進化マップも個別のフェーズごとに整理し，そのフェーズに入る時点とそのフェーズを出る時点の規準を明確にすべきだ。各フェーズにテーマを持たせ，その意図をコミュニケーションする。例えば，最初の進化ではコンテンツ戦略の更新に重点を置く必要があるという結論になるかもしれない。業務インフラへの新規投資を必要としないためだ。であれば，この第1フェーズのテーマは，「顧客とのコミュニケーションを向上させる」と定義できる可能性がある。さらに，新しいインタラクションや価値を実現するためにデータ収集を改善できると判断するかもしれない。そこで，第2フェーズは「スマートになる」と定義する。
- **日付で縛らない**：各フェーズに第1四半期などのタイムスパンを付けようとしない

ことだ。進化マップでは，フェーズの順序を示し，その相対的な長さを示すべきだ。具体的な日付で縛るべきではない。タイミングや予算の詳細は，プログラム計画で詳細に決めるのが妥当だ。

● **価値と測定方法を説明する**：取り組みの結果としてエクスペリエンスがどのように改善し，様々なステークホルダーにとって測定可能な価値がどのようにもたらされるかを，すべてのフェーズで個別に示す。これは特に早期のフェーズで重要だ。事業上の結果や技術的な結果は，CX を通じて創造される価値よりも後に来ることが多いためだ。各フェーズで達成される価値を明確にしておくことで，顧客（および他のステークホルダー）にとっての価値が成功の規準の重要な一部であることを再確認できる。

● **段階と瞬間に結び付ける**：前述したとおり，進化マップとは，ジャーニーの段階と瞬間にいつ対応するかを個別に示すものであるべきだ。進化のフェーズの重点を明確に伝え，また個別の瞬間が進化していく過程も示す必要がある（図 9.13）。

● **機能，チャネル，タッチポイント，業務体制を示す**：チャネルの役割が各フェーズでどのように進化していくか，また主な機能とタッチポイントにどのような計画が立てられているかも示すべきだ。意図したエクスペリエンスをサポートするために各フェーズで起こる業務体制の変化，例えば技術，プロセス，人員配置の変更なども示すとよい。詳細な情報が必要な場合は，能力の定義や未来の状態のタッチポイントインベントリーを参照してもらうようにする。

● **管轄部署，説明責任，依存関係を定義する**：この計画を実行に移すには，多くの部署やグループが関与しなければならないだろう。そこで，進化マップの注釈として，各ステップに誰が関与するか，何が求められるか，重要な依存関係が何かを入

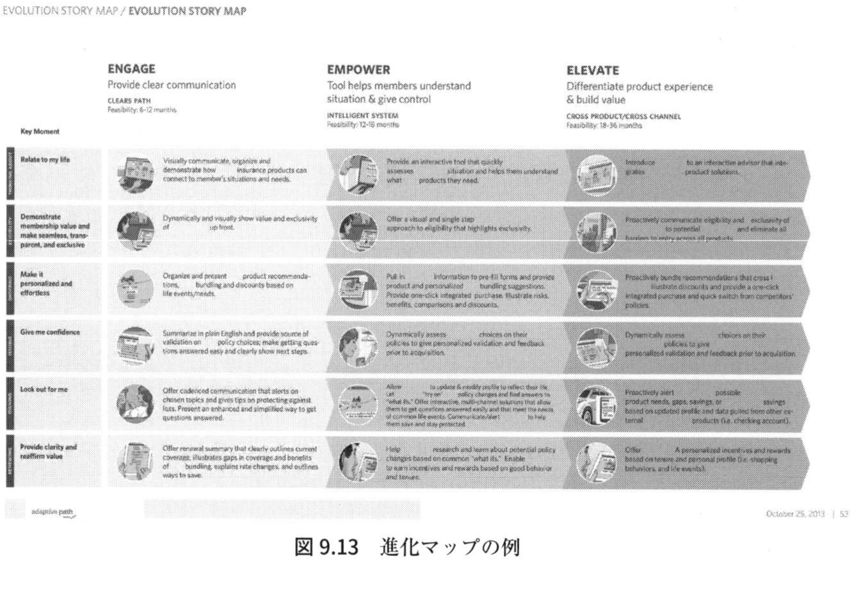

図 9.13　進化マップの例

れておく。

- **学習したいことを知っておく**：具体的な未来のビジョンと進化マップの底流にある精神は，状況の変化に順応しながら，なおも当初の意図を見失わないようにすることだ。このため，各フェーズで何を学びたいのかを明示しておく必要がある。それが確認できれば当初の進路を維持するが，反証されるのであれば進路変更するという姿勢を伝える。これにより，新しいエビデンスを受けて進化マップが進化できるようになる。

まとめ

- 多くの組織が，戦略的な意図を定義したうえで，従業員に自由裁量を与えてそれを達成させるという実践方法を取り入れてきた。エンドトゥエンドのエクスペリエンスのデザインにおいては，この意図に該当するものを，説得力のある具体的な未来のビジョンという手段でコミュニケーションする。
- 未来のストーリーは，目指すCXを描写することで，様々な瞬間，チャネル，タッチポイントが時間をかけ空間を変えてどのように価値を創造していくかを明確にする。
- サービスブループリント，タッチポイントインベントリー，能力の定義は，意図したとおりのエンドトゥエンドのエクスペリエンスを実現するうで必要な構成要素（とその接続部分）を記録する。
- 進化マップを定義する際は，バックキャスティングを活用して，各フェーズでもたらす価値を示しながら，同じ北極星を目指して整合できるようにする。
- プロセス全体を通じてコラボレーションを継続することで，ビジョンに対する部署横断的な賛同と，進化マップを進んでいこうとするコミットメントが生まれる。

第10章
瞬間をデザインする

10.1	オプションをプロトタイプで試す	237
10.2	プロトタイプ価値提案	242
10.3	すべてをまとめ上げる	244
まとめ		247

ビジョンと計画は，同じエンドトゥエンドのエクスペリエンスを目指してステークホルダーを整合させるうえで欠くことができない。これまでに作成したフレームワークが，実行に当たるチームに十分な文脈をもたらし，それぞれの仕事に取りかかれるようにするだろう。これらの制作物は，実現したい瞬間を定義してコミュニケーションするだけでなく，様々なタッチポイントとチャネルが果たす役割も説明している。また，エクスペリエンス原則は，目指すべき共通の目標と評価に際しての共通の規準をもたらす。

しかし，オーケストレーションのためのお膳立てをこれだけ行っても，実行が伴わなければまるで無意味だ。そこで早速行動に移して，未来を創っていこう。とはいえ，オーケストレーションされたプロセスで何かを作っていくとは，いったい何を意味するのだろうか。各部署がこれまでのやり方を踏襲して，要件を作成し，機能を定義し，それぞれの媒体に応じてコンテンツやユーザーインターフェースや印刷物を制作することを意味するのだろうか。そんなことはない！　これからは，同じ顧客の瞬間に向かって，全員がデザインと実行の責任を負う。

マクロインタラクションとマイクロインタラクション

瞬間とは，いわばマクロインタラクションだ。多数のインタラクションが集合的にエクスペリエンスの一部を形作っている。例えば，実店舗でレジ会計の列に並んで品物を購入するのはマクロインタラクションだ。一方，POS端末機でクレジットカードを使用するのはインタラクションだ。IC チップ付きのクレジットカードを差し込んで待っていると，音が鳴ってカードを取り出してよいことを知らせてくれるが，その音は，より詳細なレベルのインタラクションだ（Dan Saffer はこれを**マイクロインタラクション**と呼んだ）[†1]。このインタラクションの階層構造を覚えておくと，比較的大きな瞬間をサポートするタッチポイントと関連するインタラクションを定義する際に役立つ。

瞬間のデザインも，複数のイテレーションが必要になる。試行錯誤を繰り返して，それぞれのタッチポイントが単体でうまく機能するように改良し，また他のタッチポイントと調和して瞬間を実現するようにすべきだ。この章では，様々な形式のプロトタイプの使い方を解説し，オーケストレーションされたエクスペリエンスを構成する瞬間をデザインするための様々なアプローチを探究していく。これらの瞬間をデザインし開発する人たちをオーケストレーションするためのテクニックは，第 11 章「指揮棒を手にする」で取り上げる。

[†1] これは非常におすすめの一冊だ。Dan Saffer, *Microinteractions—Full Color Edition—Designing with Details* (Sebastapol, CA: O'Reilly, 2014)．［邦訳：『マイクロインタラクション—UI/UX デザインの神が宿る細部』，オライリー・ジャパン，2014］

10.1 オプションをプロトタイプで試す

　エンドトゥエンドのエクスペリエンスは非常に幅広いため，1つのプロトタイプでデザインソリューションを探究し検証できることはめったにない。プロトタイプのなかには，複数のタッチポイントがどのようにつながって顧客の進む順路を作り出すかをデザインするのに役立つものもあれば，ある瞬間に含まれたインタラクションに深く踏み込むものもある。カスタマーエクスペリエンス（CX，顧客体験）に特化するものもあれば，人，プロセス，技術が裏側でどのようにエクスペリエンスを実現するかに特化するものもある。ここでは，イテレーションの間に製品やサービスの異なる次元を試すのに役立つ様々な選択肢を紹介する。ただし，これらの次元には重なる部分もある。プロトタイピングの方向性を決めるうえで参考にしてほしい。

水平型か，垂直型か

　水平型プロトタイプとは，製品やサービスのエクスペリエンスの流れを幅広く示すもので，どこかの瞬間やインタラクションに深く踏み込むことはない（図10.1）。この種のプロトタイプは，様々な瞬間（タッチポイント）と機能が顧客のニーズをどのように効果的に満たし，全体的な価値提案を実現するかを見るのに役立つ。この種のプロトタイプをステークホルダー，顧客，現場の従業員に見せれば，個別のコンセプトを改良するうえで参考になる情報が得られるだけでなく，1つのシステムとしてどのように機能するかも検証できるだろう。

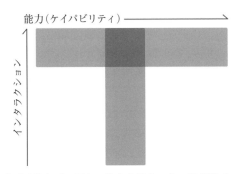

図10.1　水平型プロトタイプは能力（の幅広い集合を試す一方，垂直型プロトタイプは狭いシナリオに踏み込んでインタラクションや機能性を試す

　水平型プロトタイプは，ニーズや文脈に応じて多数の形式を取ることができる。紙のモックアップ，インタラクティブなデジタル開発，ストーリーボード，その他のアプローチが，瞬間を実現する機能とタッチポイントを表現する目的で使える。例えば，ホテルにチェックインする際の新しいエクスペリエンスをプロトタイプ化するのであれば，多数の文脈のジャーニーで複数の段階にわたる主な瞬間を示したストーリーボードを作れるかもしれない。または，紙のモックアップやデジタルのシミュレーションで顧

客がエクスペリエンスする具体的なタッチポイントを順序立てて示すこともできるかもしれない。もっと複雑なエクスペリエンスの場合は，ズームアウトしてサービス（または製品）全体を俯瞰するプロトタイプが必要だろう。これはサービスモデリングと呼ばれていて，その一形式がビジネス折り紙だ（第3章「エコシステムを探究する」を参照）。図10.2が示しているように，サービスモデリングは，幅広いエクスペリエンスの環境を設定するのに役立ち，ステークホルダーや顧客からフィードバックを集める間に一貫した方法で新しいアイデアを参照し，探究し，統合できるようにする。

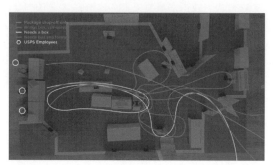

図10.2　サービスモデリングは，瞬間をデザインして接続するために使われる

> ### サービスモデリング
>
>
>
> サービスモデリングは，物理的な環境をプロトタイピングするのに最適なように見えるかもしれないが，デジタルなサービスのユースケースを現場の文脈のなかでプロトタイピングするのにも効果的だ。キオスクや専用端末のように，小売店，倉庫，銀行の店頭，医療施設，車内，販売店など，特定の場所でのみ使われるデジタルのチャネルは，物理的な模型から恩恵を受けることができる。機会を特定して，タッチポイントに情報をもたらすだろう。

水平型プロトタイプを作る場合は，どの形式を選ぶにせよ，エンドトゥエンドのエクスペリエンスの流れにフォーカスすることだ。この種のプロトタイピングは，部署横断的なチームで協力してデザインするのに役立つ。エクスペリエンスデザインのこの段階では，インタラクションやコンテンツの詳細はそれほど重要ではない。むしろ様々なチャネルとタッチポイントがどのように調和して長期的に顧客をサポートしていくかに注目すべきだ。水平型プロトタイプは，未来のジャーニーをどのようにエクスペリエンスするかを顧客に伝えるのに役立つ。

一方，特定の瞬間，チャネル，タッチポイントに深く踏み込みたい場合は，垂直型プロトタイプが，重要な詳細を試して改良するうえでの正しいレンズをもたらす。水平型プロトタイプでもそうだったが，垂直型プロトタイプではそれ以上に，チャネルやインタラクションの文脈によって最適な形式が異なってくる。例えば，モバイルのタッチ

ポイントで顧客がどこからでもホテルの部屋を見つけて予約できるようにするのであれば，おそらくはインタラクティブなプロトタイプでシミュレーションすることになるだろう。一方，フロントデスクでの会話であれば，顧客と従業員のロールプレイで検証できるかもしれない。どちらのケースでも，目標は，現実に近いプロトタイプでインタラクティブ性を再現して，特定のインタラクションを疑似エクスペリエンスできるようにすることだ。

　また，垂直型プロトタイプは，具体的な文脈で様々なタッチポイントがどのように瞬間を作るかを探究する際にも有益だ。例えば，病院で患者を迎える瞬間から医師が面会する瞬間をつなぐ新しい流れを構想したとする。このインタラクションの詳細をスムーズに運ぶために，病院の環境の物理的なプロトタイプ（キオスク，受付エリア，待合室など）を作って，キオスクのタッチポイントのデジタルなシミュレーションや対人インタラクションのロールプレイなども用意する。この種のプロトタイプは，幅広さの代わりに深さを追求するため，タッチポイント内およびタッチポイント間の詳細を改良できるようにする（図10.3）。

図10.3　「店内店」のコンセプトをイマーシブな物理的エクスペリエンスで進化させる

文脈的か，文脈的でないか

　プロトタイピングと聞くと多くの人は，ラボのような管理された環境で製品や様々なメディアのコミュニケーションを使ってテストすることをイメージする。このイメージ故に，ユーザビリティテストやフォーカスグループへとなびく傾向にある。しかし，ラボでの調査はリサーチャーにとっては便利だが，顧客はマジックミラー越しに観察できる部屋に住んでいるわけではない。そこで私たちがアドバイスしているのは，本来の環境のなかでプロトタイプをテストしてみることだ。

　プロトタイプはどんな環境でもテストできるが，文脈的プロトタイプとはきわめて意図的に，デザインがエクスペリエンスされる現場の文脈で検証するためのものだ。例え

ば，店内キオスクのデジタル的な側面をデザインしようとするチームが，（ラボではなく）実際に人の行き交う店舗の環境でプロトタイプを試して，デザインをストレステストにかける。このアプローチを取った好例が，デパート大手の Nordstrom がサングラス売り場でテストした iPad のプロトタイプだ。同社のイノベーションラボは，プロトタイプを考案して制作し，サングラス売り場の顧客と従業員を巻き込んでイテレーションを行った（この様子はプロセスビデオに録画された）[2]。このアプローチにより，現場ならではのフィードバックが得られ，わずか 1 週間で優れた結果を達成することができた。

　文脈的プロトタイプは，現実に近いものから粗野なものまで多岐にわたることができるが，ただし現場の状況に合ったデザインを理解して改良を加えるのに役立つレベルでなければならない。もちろん，様々なタッチポイントの文脈的プロトタイプを複数組み合わせることもできる。新しいデザインインターベンション（デザイン介入）が個別に，また集合として，どのように顧客のためになるかを検証するためだ。

技術的か，実験的か

　技術的プロトタイプは，製品やサービスが約束したことを実際にできるかどうかを確認する手段だ。伝統的な技術的プロトタイプとは，技術がきちんと機能するかどうかを調べるためのものだ。Fitbit ならば，手首に装着したセンサーで体の動きを検出できるかどうかを検証する。Google ならば，検索予測が本当に予測になっているかどうかを検証する。技術的プロトタイプは，デザインの他の側面で深入りしすぎる前に，製品やサービスがすべき重要なタスク，例えば検出や予測といったタスクが本当に可能であることを証明する。実現不可能なことを価値提案にしてしまっては大問題になるため，これは当然だ！

　プロダクトデザインでは，通常は技術者がこの種のプロトタイプの責任者となる。しかし最近では，コネクテッドデバイスや組み込み技術，新しいインタラクション方法（音声インターフェースなど）のエクスペリエンスデザインという観点が浮上していることから，デザイナーも技術的に何が可能かを知っていなければならない。このため，部署横断的なコラボレーションを実践して，優れたデザインを効率よく達成することが重要だ。ただし，これは技術に限定されるわけではない。デジタルのタッチポイントと物理的なタッチポイントの両方にわたるエクスペリエンスをサポートするためのデザインでは，幅広く実行可能性を検証することが焦点となり，技術はそのなかの一側面だ。

　医療や金融サービスのように顧客の個人情報やデータに基づくエクスペリエンスの場合は，疑似的なデータを使ってプロトタイプを試しても信憑性のあるフィードバックは得られないかもしれない。テストの参加者は，自分の情報ではないものに基づくエクスペリエンスに対してどのように反応すべきかが分からないだろう。このような場合の技

---

†2　このビデオは YouTube で見られる（本書の刊行時点）。www.youtube.com/watch?v=2NFH3VC6LNs

術的プロトタイプとは，Excel シートをつなぎ合わせて金融アプリケーションや推定される流れのエクスペリエンスをテストすることになるだろう。エクスペリエンスは限定的になるが，テスト参加者が自分の本当のデータを使えるため，そのデータを持つことが顧客にとって重要かどうかを検証できる。

　サービスのエクスペリエンスの場合は，技術的プロトタイプが業務体制の試験を意味するかもしれない。現実的な物理的エクスペリエンス（垂直型プロトタイプ）を作り，そこでフロントステージのエクスペリエンスを試すだけでなく，バックステージの要素がそのエクスペリエンスをどのようにサポートできるかを調べる。バックステージの業務体制がフロントステージのエクスペリエンスを十分に支えられることを確認するのが目的だ。

　実験的プロトタイプとは，製品やサービスがどのようにエクスペリエンスされるかを試験するためのものだ。この種のプロトタイプは，技術の観点からは機能的でないかもしれない。プロダクトデザインの世界では，俗に「オズの魔法使い」と呼ばれるプロトタイプだ。ユーザーにとっては現実に近いエクスペリエンスのように思えるかもしれないが，舞台裏のシステムはシミュレーションにすぎない。つまり，このプロトタイプは技術的には機能しないが，テスト参加者は現実さながらにエクスペリエンスして反応することができる。このアプローチは，人，プロセス，技術で構成されるシステムに最終的に組み込む予定の1個の技術（データベースや統合ポイントなど）をシミュレーションするのに使うことができる。

PalmPilot と実験的プロトタイプ

　Palm の設立者は，PalmPilot のプロトタイプを持ち歩いたことで知られている。木製のブロックに画面を表現したプリントアウトを貼り付けたもので，木製のペンも付属していた[†3]。このプロトタイプを会議中に取り出して，何かをメモするふりをすることもあった。カレンダーにミーティングの予定を書き込んだり，連絡先に情報を追加したりする動作を模倣することもあった。これは実験的プロトタイプだ。ただし，Palm は技術的プロトタイプも多数制作して，PalmPilot とコンピュータの間で簡単にデータを同期化できるかどうか，抵抗膜方式のタッチスクリーンとペンで正確にデータ入力できるかどうかなどを試験した（図10.4）。

[†3] PalmPilot の初期の実験的プロトタイプについては，次のサイトで詳しく説明されている。www.wired.com/1999/10/the-philosophy-of-the-handheld/

図10.4　Palmの技術的プロトタイプと実験的プロトタイプの例

インタラクティブか，ストーリーか

　プロトタイプという言葉から多くの人が連想するのは，ユーザーの前に置いてインタラクションをテストできる何らかのモノだろう。機能や特徴を備えたインターフェースだ。ボタン，レバー，その他のコントロールを備えた物理的な物体かもしれない。しかし，アイディエーションや北極星のビジョンの策定の間に制作してきたストーリー，ブループリント，モデルも，すべてプロトタイプだ。これらは，「How Might We?」クエスションに答えるために作ったものであり，検証してよりよいソリューションのための情報とすることができる。これらの制作物をプロトタイプとしてとらえるのは，主に社内で使用して，ステークホルダーに賛同してもらうことを目的とする場合だ。ただし，顧客やユーザーにストーリーボードなどの静的な制作物を見せて説明し，ニーズを満たしているかどうかを話し合うための材料とすることもできる。

10.2　プロトタイプ価値提案

　実際にデザインするものがデザインしなければならないものにどうつながっているかを，どのようにして知るのだろうか。これまでのオーケストレーションの努力で，あなたはデザインの決定をオリジナルの洞察に結び付けるトレーサビリティを作ってきたはずだ。ビジョンを策定した過程でも，瞬間が顧客や従業員や組織にもたらすべき価値を定義してきた。このビジョンの基本にあるエクスペリエンス原則は，機会を特徴付けるのに使われ，それらの機会は，ジャーニーをとらえたリサーチからの洞察に根ざしていた。

　この重要な経緯を，プロトタイプを制作して試験する過程でも見失ってはならない。すべてのタッチポイントに，存在理由があるべきだ。つまり，そのタッチポイントが1つまたは複数の瞬間で，なぜ，何を，どのようにサポートするかが明確でなければならない。プロトタイプを共有して検証する際には，これまでのプロセスに常に関与してこなかったステークホルダーも含めて，誰もがなぜこのソリューションが適切なのかを簡単に理解できるべきだ。そのための1つのアプローチが，図10.5のようなプロトタイプ価値提案だ。これまでの経緯を具体的に，かつ測定可能に示すことができる。

10.2 プロトタイプ価値提案 **243**

タッチポイント：

ステージ：　　　　　　　　　　　チャネル：

タッチポイントの描出

現在のステージ：

顧客の行動　　　　　　　顧客の思考　　　　　　　顧客の感情

Rail Europeの行動　　　　Rail Europeの思考　　　　Rail Europeの感情

文脈（コンテクスト）：

情報と洞察　　　　　　　　　　　挑戦

イノベーション／機会

成功判断規準とケイパビリティ

Rail Europeの事業にとっての成功判断規準　　このタッチポイントを支援する鍵となるケイパビリティ

鍵となるエクスペリエンス属性

配置1　　　　　　　　　　　　　配置2

図 10.5 プロトタイプ価値提案のワークシート（段階，機会，タイプ，エクスペリエンス原則で経緯を示す）

244　第 10 章　瞬間をデザインする

これまでに取り上げてきた次の概念が，ここで重要になる。

- **タッチポイントの役割**：タッチポイントを理解するようになると，それが果たしている役割別にいくつかのタイプに分けられることが見えてくる。そこで，1つまたは複数のタッチポイントをテストするためのプロトタイプを作る際に，そのタッチポイントが果たす役割を定義することが重要だ。ユーザーや顧客がインタラクションするプロトタイプなのであれば，これは「しなければならないこと」と見なされるため，ユーザビリティがきわめて重要だ。例えば，チェックアウトの際に請求先住所と配送先住所を入力するのは必須だ。また，エクスペリエンスを高めるためのタッチポイントなのであれば，満足感を高めているのか，過剰なまでに価値創造しているのかが，プロトタイプで分かるだろう。

- **エクスペリエンス原則**：この段階では，エクスペリエンス原則がデザインの判断や測定に役立つはずだ。これらの原則は，プロトタイプが対応しようとしている機会の文脈に特有だ。どのプロトタイプをどのように作るかを特定したうえで，エクスペリエンス原則のなかで特にどれが（通常は1つから3つ）この瞬間とそれをサポートしているタッチポイントにとって重要かを見極めるべきだ。

- **タッチポイントの経験則**：第2章で説明したように，特定のタッチポイントを定義できる固有の特性がある。タッチポイントのタイプを特定すると，そのタッチポイントにとってどの経験則が最も重要かを特定することができる。例えば，タッチポイントを強化する場合，楽しさを与えるということが最も重要な経験則である可能性がある。もし，タッチポイントが重要であると認識された場合，価値があって，関連性があることが，あなたが引き起こしたい感情であるかもしれない。

10.3　すべてをまとめ上げる

エクスペリエンスという舞台の上で，主役と脇役を演じるタッチポイントが，全体として調整されたシステムを作り上げるという比喩を，第2章で用いた。そして，空港でのチェックインというエクスペリエンスに関与するタッチポイントの例を考察した。ここでは，空港での別の瞬間を例にして，次の重要な質問に答えるうえでプロトタイピングがどのように役立つかを考えてみよう。その質問とは，「すべてが各自の役割をきちんと果たしているのか」だ。

最近では，入国審査の際に係員を介さずキオスクを使って自動的に手続きできる場所が増えている（図10.6）。入国審査の際に遂行されるタスクには，パスポートを読み取り，質問し，データを入力し，データベースを確認し，パスポートにスタンプを押す（場合によっては別の場所に案内して追加で質問する）などが含まれる。なかでも主要なタスクはデータ入力であるため，キオスクにすれば，このプロセスが効率よく便利になると思われる。しかし，現時点では係員でなければできないことがいくつかある。パス

ポートの顔写真と入国者の顔を見比べて確認するタスクなどだ。

　入国審査は1つの瞬間にすぎず，このジャーニーは何マイルも前，何日も前から始まっていて，この瞬間が終わった後も続いていく。この瞬間に特定される機会としては，一部の入国者の入国審査を「簡単」かつ「迅速」にして旅客と空港にメリットをもたらすこと，そして入国管理局へのメリットとして係員を削減して「安価」にすることが挙げられる。

図10.6　空港に置かれた入国審査の自動キオスク

　では，あなたのチームがこの新しいキオスクのインターフェースをデザインしていて，テストしたいタッチポイントがいくつもあると仮定しよう。ここではデジタルの流れをテストするわけだが，それでもなお物理環境に配慮することが重要だ。キオスクの位置や配置は，係員が対応する入国審査の列とは異なる。使い方を説明する情報も必要だ。さらにキオスクの物理的な要素として，顔写真を撮影するカメラ，パスポートや書類を読み取るセンサー，指紋を読み取るセンサー，レシートのプリンターがある。このように複雑な環境であるため，管理されたラボ環境で画面をテストするのは賢明でないように思える。

　では，この場合にどのプロトタイピングのアプローチを取るべきだろうか。

- セキュリティ環境へのアクセスに制約があるため，まずはストーリーボードを改良して，実物よりも小さな模型で水平型プロトタイプを作ってみることができるだろう。このアプローチは，新しいタッチポイントがより大きなジャーニーおよび入国審査という文脈にうまくフィットするかどうかを探究するのに役立つ。キオスクはどこに設置されるのだろうか。何台設置されるのだろうか。どのように配置されるのか。行列の作り方をどのようにユーザーに案内するのか。
- 次に，より垂直型に作業して，すべてのタッチポイントが画面の流れに合っているかどうかを調べることにする。ここでは，実物大のイマーシブなエクスペリエンスプロトタイプを使って，画面とスキャナの位置などを確認できるだろう。

- 技術的プロトタイプも使うことができる。顔認識ソフトウェアの信頼性の確認などだ。
- さらに，文脈的プロトタイプを制作して，入国審査の場所に置き，キオスクが現場の文脈でどのように使われるかについての実際のフィードバックを集めることもできるかもしれない。周囲に様々な案内表示があり，係員がいて，ロープで整理された行列がいくつもある状況で，ユーザーは何をすべきかが分かるだろうか。隣のキオスクを使っている人をのぞき見して，やり方を確認しているユーザーが多数観察されるかもしれない。手続きのどのポイントで，そうした行動が見られるだろうか。

このように様々なプロトタイプを使うことで，すべてのタッチポイントの流れと個別のタッチポイントでのインタラクションの両方をテストできるようになる。質問に回答し，指紋と書類をスキャンし，写真を撮影し，レシートを受け取るというタッチポイントがそれぞれ問題なく機能し，しかも1つのシステムとして機能して，ベストのエクスペリエンスを作らなければならない。カメラと画面を使って写真を撮るのは，必須のタッチポイントだ。また，順序に従うタッチポイントでもある。つまり，多数の操作を順番に行わなければならない（図10.7）。この必須のアクティビティを，できるだけ面倒に感じないようにデザインすることはできるだろうか。直観的な順序でスムーズに操作できるようにすることはできるだろうか。どうすれば機械に監視されているような気分をできるだけ生じさせないようにすることができるか。

図10.7　入国審査の自動キオスクで写真を撮る

また，エクスペリエンス原則も考えなければならない。「人間らしく対応する」や「オンラインショッピングのように簡単にする」といった原則が定められていれば，デザインの決定に影響し，デザインの評価の規準にもなるだろう。キオスクは，係員の前に立って疑いのまなざしを向けられるよりも好ましいエクスペリエンスのように思えるかもしれない。しかし，入国者が自分でしなければならないことが増えるのも事実だ。これをテストすれば，比較的細かいユーザビリティの問題点も特定されるだろう。とは

いえ，このように新しい瞬間の場合は，原則をどれだけ満たし，意図した価値提案をどれだけ実現できるかに基づいてプロトタイプを評価することが重要だ。この新しい瞬間を導入するのであれば，どのようなテストが価値の検証に役立つだろうか。プロセスがスピードアップすることなのか，それとも手続きの際に感じる居心地の悪さが減ることなのか。このような点を考えておくことで，顧客と事業にとって重要な点に確実に焦点を当てたプロトタイプを制作できるようになる。

まとめ

- 水平と垂直の両方を考える。ジャーニーのなかの幅広い順序と主な瞬間の有効性をテストするために，何をプロトタイピングする必要があるのだろうか。
- コラボレーションを継続する。エクスペリエンスのプロトタイピングは，それまでのアクティビティと同様に部署横断的な取り組みだ。主なステークホルダーを巻き込むべきだ。
- オーディエンスを知る。エンドユーザーで有効性を確認するためにプロトタイプを制作するのか，それとも社内に向けて実演して賛同を得るためにプロトタイプを制作するのかを考える。
- 価値提案につなげる。顧客のニーズという原点からテスト用のプロトタイプまでの発展の経緯を常に意識する。

第11章
指揮棒を手にする

11.1	文脈を理解する	251
11.2	変化をオーケストレーションする	254
11.3	自分から始める	265
11.4	ここから先へ前進させる	268

カスタマーエクスペリエンス（CX，顧客体験）が財務業績にとっていかに重要かを，多くのビジネスリーダーが認識するようになっている。社内を少し歩き回ってみるだけでも，顧客中心，VoC（ボイスオブカスタマー：顧客の声），NPS（ネットプロモータースコア）といった言葉を耳にするはずだ。すべてのエクスペリエンスをシンプルにシームレスにして顧客に喜びをもたらすといった文言を見かけるはずだ。また，デザイン思考をはじめとする人間中心のアプローチ，さらに顧客のタッチポイントを計画してデザインし導入するためのスキルセットへの投資が増えていることにも気付くかもしれない。

これらはすべてよいことだ（デザイナーの需要にとっても喜ばしいことだ！）。しかし，ほとんどの組織がなおも顧客のニーズを有効に理解できずにいるか，理解したとしてもそれをエンドトゥエンドのエクスペリエンスのデザインに落とし込む部分で悪戦苦闘している。その理由は，多数の障害があるからだ。私たちも次のような状況を見てきた。

- あらゆる専門領域の優秀な人材が今でも部署ごとの縦割りの体制で働いていて，魅力的なエクスペリエンスのビジョンを見ることができない，またはビジョンに貢献することができないでいる。
- 顧客リサーチが社内の専門部署や社外の専門会社に発注されていて，意思決定者や業務の実践者が真のニーズから離れたところにいる。
- 戦略や計画策定がおおむね個別のチャネル，製品，機能ごとに行われていて，顧客の結果に結び付けられていない。
- 実行に際してはイテレーションが行われるようになっているが，アジャイルは主に事業上・技術的なニーズに牽引されていて，人のニーズが主導しているわけではない。
- 組織はコラボレーションを活性化しようとしているが，従業員が共通の語彙と理念を持ち合わせていないため，顧客のニーズとエクスペリエンス，およびデザインが事業目標の達成において果たす役割について議論できずにいる。

私たちが本書で目指したのは，これらの課題に対応するためのマインドセットとメソッドを共有することだ。魔法の特効薬があるわけではない。エクスペリエンスをオーケストレーションするには，かなりの根気と努力，啓発されたリーダーシップ，それに多少の運が必要だ。とはいえ，これまでの章で紹介したアプローチを採用して個別のチームや組織全体がすばらしい前進を遂げた例も，私たちは見てきた。本書の読者の皆さんにも，ぜひ同じことを達成してほしい。そこで，最後のアドバイスとして，組織内でこの動きを推進していくうえで重要なポイントについて考えてみよう。

11.1 文脈を理解する

　自分のチームや組織でエクスペリエンスをオーケストレーションしていくための道のりはいくつもある。しかし，どの道のりも，最初は同じ場所から始まる。それが，あなたの置かれた文脈だ。比較的小さな会社で働いていて，タッチポイントの数も限られているかもしれない。あるいは，数千人という社員がいて，多数の事業部門と製品とサービスがあるかもしれない。ヒエラルキーが明確な組織もあれば，フラットな組織もある。地理的に広がっている組織もあれば，全員が同じ場所にいる組織もある。デザイングループの成熟度もまちまちだ。

　どんな状況にあるにせよ，製品やサービスのエクスペリエンスの現状を理解することは欠かせない。また，今後コラボレーションしていくであろう同僚たち，既存の計画，様々な部署の仕事のやり方も，詳細に把握することだ。これを始めるための方法をいくつか紹介しよう。

現状を記録する

　前述の理由から，あなたと同僚はおそらく，現在のエンドトゥエンドのエクスペリエンスに含まれている可動部品をすべて理解しているわけではないだろう。この状態では，誰にとっても仕事がしにくく，有効性を欠いてしまう。例えば，製品チームとマーケティングチームは，顧客の知識を高めるという同じ目標を持っているかもしれないが，互いの業務が見えていないため，重複する活動を行っていることに気付いていないかもしれない。最終的に顧客は，あまりにもオプションが多すぎる，情報が矛盾している，タッチポイントがつながらないといったペインポイントを感じるようになる。

　このような状況に対して，あなたはすぐにも影響力を及ぼせる。パートⅠ「共通の基礎」で紹介したアプローチが，物事の全体像を見られるようにするのに役立つ。これをどのように進めていくかを，次に簡単にまとめてみた。すべてのアプローチが即座に価値をもたらすだろう。しかも，必要な労力と費用はそれほど大きくない。また，共通の語彙，概念，フレームワークを確立して，後に積み重ねていくための土台になるだろう。

- **タッチポイントインベントリーを制作する**：部署横断的なチームを集めて，チャネル別，ジャーニーの段階別にタッチポイントを洗い出す（第2章「タッチポイントを確実に押さえる」）。それぞれのタッチポイントの目的と有効性に注目することだ。複数のジャーニーの段階やチャネルにわたってもっと有効にコラボレーションする方法を特定してみよう。
- **エクスペリエンス原則を集める**：様々な部署で業務の指針として使われている原則（やガイドライン）を収集する。同僚と協力して，共通の原則を確立する。これには，既存の原則を統合したり，新しい顧客リサーチを行ったりすることができる

（第6章「エクスペリエンス原則を定義する」）。

- **現行のペルソナとジャーニーを整理する**：関連性のある既存のペルソナとエクスペリエンスマップをすべて見つける（たくさんあるのに驚かされるだろう）。同僚と協力してこれらを合理化し，部署横断的な戦略と計画をサポートするための代表的な顧客のタイプとジャーニーのセットにまとめる。この過程では，知識の不足している部分も認識することになるだろう。それが新しいカスタマージャーニーのリサーチへとつながる（第5章「エクスペリエンスをマップ化する」）。
- **現状のブループリントを作る**：顧客にとって重要な順路（新規加入など）を選んで，現状のブループリントを作成する。これは部署横断的なチームで取り組まなければならない。また，ブループリントに注釈を付けて，未来のエクスペリエンスに影響し得る業務プロセスの変更予定などを書き込む（第3章「エコシステムを探究する」）。
- **数値を見る**：スコアカード，レポート，その他のデータを当たって，タッチポイントの幅広さと品質の理解に役立てる。それらの情報を基に，タッチポイントインベントリー，エクスペリエンスマップ，サービスブループリントを改良することができる。

サービスサファリを実践する

サービスサファリとは，サービスデザインでよく使われるメソッドで，サービスを直接エクスペリエンスしてみることを基本としている。同僚に依頼して，いくつかのエンドトゥエンドのエクスペリエンス（自社と競合他社）を探究し，チャネルとタッチポイントがどのようにつながっているか，どの瞬間が効果的か，効果的でないか，またエクスペリエンスの結果としてどのような気持ちになるかを記録してもらう。その結果を見て，パターンを特定し，改良できそうな機会を見つけることができる。

社内のステークホルダーを特定して関係を構築する

よりよいエンドトゥエンドのエクスペリエンスを実現できるかどうかは，組織内の然るべき人たちが共通の目標で整合できるかどうかにかかっている。とはいえ，然るべき人とはいったい誰なのか。エンドトゥエンドのエクスペリエンスやデザインといったことに価値を見出してもらえるのだろうか。コラボレーションに対してどれだけオープンになってもらえるのだろうか。前進するには，これらの質問に対する答えを見つける必要がある。信頼関係を築いてコラボレーションを実現するためだ。そのために，次のことを実行してみよう。

- **ステークホルダーマップを作る**：第3章で説明したステークホルダーマップは，エコシステムに含まれる人，役割，人間関係を視覚化するものだ。このメソッドを使って，組織内のステークホルダーを視覚化することができる。このマップにはお

そらく，チャネル責任者，プロダクトマネジャー，業務リーダー，マーケティングマネジャーなどが含まれるだろう。会社の組織図やディレクトリを活用して，この発見に着手することができる。

- **ロードマップを探し出す**：プログラムごとのロードマップにはしばしば，様々なプロジェクトやタスクの責任者が記載されている。これらの人の多くが，あなたの仕事にとって必要になる可能性が高い。例えば，マーケティングマネジャーが，顧客の新規加入に関係した複数のプロジェクトに参加していて，この部分のジャーニーにおけるマーケティング戦略を説明してくれるかもしれない。このように，ロードマップ（や四半期計画）を使いながらステークホルダーマップを拡充し，重要な人間関係を構築するための計画を練ることができる。

- **会いに行き，知り合いになる**：マップができたら，そこに記載されている人たちにできるだけ会いに行く。15 分ほどの面会で（コーヒーでも飲みながら），まずは名前と顔を一致させる。顧客のエンドトゥエンドのエクスペリエンスを高めるために社内の連携を改善したいという意図を説明する。このネットワークを維持して拡大していくために投資する。

- **目標と成功の規準について尋ねる**：ステークホルダーに会うときは，現在の目標とその成功がどのように測定されているかを直接尋ねることだ。例えば，モバイルアプリの製品責任者は，ユーザーアカウントを 2 倍に増やすという目標を課されているかもしれない。業務推進チームでは，コールセンターの通話対応時間の短縮が至上命令になっているかもしれない。これらの要因を理解することで，共通の目標と競合する優先事項を特定するのに役立つ。

- **感触をつかむ**：本書で提唱しているエクスペリエンスデザインやコラボレーションの価値を全員が理解するわけではない。それは紛れもない現実だ。そこで，ステークホルダーがあなたの意向に対してどれだけオープンかを探ってみるべきだ。そのためのよい方法が，まず相手の目標を聞いたうえで，具体的なオーケストレーションのメソッドがその目標達成にどのように役立つかを，例を示して説明することだ。

現行の業務手順を知る

誰にでもキャリアの出発点がある。あなたのこれまでの経験はインタラクションデザインで，ただしこれからは戦略の領域に進みたいと思っているのかもしれない。または，デジタルチャネルでキャリアを築いてきたが，他のチャネルにも影響力を広げたいと思っているのかもしれない。どこから始めたにせよ，今の時点で何を知っているにせよ，様々な部署がどのように考えてどのように業務を進めているかに詳しくなる必要がある。

具体的に何を意味するかというと，自分の組織内で製品やサービス，プロセス，タッチポイント，技術ソリューションなどがどのようにデザインされ，どのように作られて

いるかを知ることだ。その成果物とプロセスの両方を理解しなければならない。第2章で紹介したTarget店内のCVSを考えてみよう。例えば，次のようなことを学習できるはずだ。

- **人**：顧客とのインタラクションに関する共通の原則はあるのか。
- **ツール**：従業員のタスクと顧客の全体的なエクスペリエンスをサポートしているツールは，どのようにして作られているのか。
- **マーケティング**：マーケティング戦略はどのようなプロセスで定義されているか。各チャネルのタッチポイント開発の責任者は誰か。
- **ソフトウェアと技術**：ポイントごとのソリューション（レジの画面表示や新しいアプリケーション）はどのように開発されているか。どの程度の頻度でリリースされているか。ソフトウェアや技術プラットフォームの変更に対して承認を受けて実行するのに，どれだけ時間がかかるか。
- **物理環境**：売り場のレイアウトやデザインは誰の責任か。変更する際にどのようなプロセスが実践されているか。
- **プロセスとポリシー**：プロセスがどのように定義され，記録され，現場に導入されているか。誰がポリシーを定義しているのか。その変更に際してどのようなプロセスが実践されているか。

　これらの質問の答えを知れば知るほど，エンドトゥエンドのエクスペリエンスのデザインがしやすくなる。知識を基に，コラボレーターと専門的な話ができるようになる。彼らの仕事のやり方を理解し共感する能力があることを示し，信頼を獲得できるようになる。また，自分の本来の専門領域外のソリューションでも，価値と実行可能性をより効果的に分析できるようになる。例えば，デジタル製品のデザインと実装にかけてはすでに知り尽くしてきたかもしれないが，物理環境や従業員の役割を変更する際に業務推進チームが取るプロセスも理解できるようになる。最も重要な点として，このような知識を持つことで，部署横断的なチームでのデザインのプロセスをうまく率いていけるようになる。

　ほかの人の仕事の進め方についての知識は，経験と勉強の両方を通じて蓄積されていく。私たちからのアドバイスは，たくさん質問することだ。同僚の仕事に好奇心を抱いて，仕事についての見方を共有してくれる人を探すことだ。研鑽を積むほど，切れ味が鋭くなっていく（よい意味で！）。

11.2　変化をオーケストレーションする

　本書を通じて私たちは，「オーケストレーション」という言葉をあえて両義に使ってきた。1つには，複数の瞬間，タッチポイント，チャネルなどで構成される1つのシステムを全体的にデザインするという意味だ。しかし，オーケストレーションとは，同僚

とのコラボレーションのプロセスにも当てはまる。個人で演奏するのではなくハーモニーを作ることで，顧客のエクスペリエンスと組織の目標にメリットをもたらすことだ。

　先の章で，北極星を作るためのプロセスをオーケストレーションすることについて解説した。このセクションでは，その勢いを保持してオーケストレーションのマインドセットを実行し，さらにその後にまで浸透させるための4つのアプローチを紹介する。これらのアクティビティを，私たちは**エクスペリエンス・オーケストレーション**と呼んでいる。これらすべてを実践することで，様々なタッチポイント，プロセス，その他のソリューションの開発に当たる実行チームの間のコラボレーションを奨励し，可視性が高まるだろう。エクスペリエンス・オーケストレーションを1つの役職とすることもできるが，複数のリーダーやマネジャーが協力してCXのまとまりと継続性を高めることにコミットしてこそ効果が出る。

小さく始める

　ビジョンの策定が終わると，そこから困難な仕事が始まる。複数の方面で実行に取りかかり，競合する優先事項を管理しながらも，ビジョンを見失わないようにするという仕事だ。これがいかに困難かを過小評価してはならない。ビジョンをコミュニケーションし，信頼関係を構築し，すでに進行中の作業を整合させ，チャネル全体で新しい働き方を試していくには，相当な時間がかかる。また，マネジメントからも信頼を獲得し，この新しいパラダイムがよりよい結果につながるのだと思ってもらわなければならない。

　このため，まずは小さく始めることだ。次に挙げた方法を考えてみてほしい。以下のポイントのすべてに共通しているのは，CXの小さな部分を変更してビジョンに合わせていくことだ。その取り組みは，プロトタイプ，パイロット，小さな実験で達成できる。その結果としてどのソリューションが最も効果的かを学習できるだけでなく，チームの垣根を越える新しい働き方が形成されるだろう。これが，いずれ大きなプログラムに乗り出す際に重要な意味を持つ。

　ここから先の説明では，アプローチを具体的にするため，架空の訪問設置サービスを例にしていく。

橋渡しを作る

　エンドトゥエンドのエクスペリエンスは，個別のつながりによって支えられる。タッチポイントとタッチポイント，瞬間と瞬間，バックステージとフロントステージなどのつながりだ。あなたが策定する北極星のビジョンは，そのうち重要な部分の例を示すが，それを実際に作るには時間がかかる。そこで小さく始めるための手段として，新規に作れる橋渡しの部分を1つか2つ特定してみよう。よくあるアプローチを示したのが図11.1だ。

個人宅に家電を設置するサービスのデザインを部署横断的なチームで改良しようとしているとしよう。これまでの取り組みで、コールセンター、オンライン、および訪問先での顧客とのインタラクションをパーソナライズするというビジョンを掲げた。この北極星に向かって前進するため、チームはまず、設置に際しての顧客の希望を記録する部分と、設置サービスの開始前にパーソナライズされた計画を確認する部分に橋渡しを作ることにした。また、コールセンターと訪問先という2つのチャネル間のつながりのみに当面の対象を絞り込んだ（他のチャネルは後のフェーズで対応する可能性がある）。

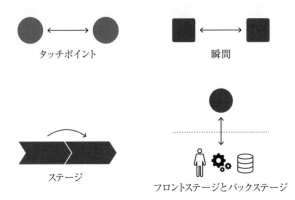

図11.1　1つか2つのつながりを作ることで、新しいアプローチをテストし自信を付けられるようになる

複数のチャネルのタッチポイントに一貫性を持たせる

　場合によっては、多数のチャネルで提供されている主なタッチポイントの一貫性を高めることから着手するとよいかもしれない。この場合は、変更することで顧客と事業にとっての測定可能な価値が明らかに出ると思われるタッチポイントを選ぶようにする。この種の取り組みは、チャネル全体にわたってタッチポイントの共通のアーキテクチャを作るメリットを示すのにも役立つ。

　設置サービスの例では、デザインリサーチの結果として、顧客に知らされるステータスのメッセージが複数のチャネルで食い違っていて分かりにくいことが報告された。そこでチームは、この「ステータスを確認する」というタッチポイントを改善することにする。メッセージの文言に共通の規準を定義し、タイミングや頻度も統一する。さらに、各チャネルの責任者と協力して、この変更をテキストメッセージ、プッシュ通知、メール、自動音声通話に導入する。

レバレッジポイントを利用する

　エンドトゥエンドのエクスペリエンスをマップ化すると、顧客の不満がとりわけ集中している個所が見えてくることも多い。幸いにも、これまでの取り組みで完全なジャーニーの文脈が把握できていて、長期的に改善していくためのビジョンもでき上がっている。そうであれば、その最も問題の多いポイントに最初に取り組むのがよい戦略だ（図

11.2)。顧客の胸に残る感情を変え，エクスペリエンスの全体的な印象を高められるからだ[†1]。これに際して重要なのは，エクスペリエンス原則と長期的なビジョンに整合させることだ。

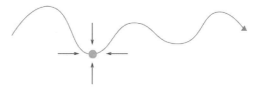

図 11.2　エクスペリエンスの問題個所から始めると，顧客の不満を和らげ，記憶に残る全体的な印象を向上させることができる

設置サービスの例に戻ると，コールセンターに寄せられる不満とエクスペリエンスマップのリサーチの結果として，設置する機器とサービスを選ぶ瞬間が分かりにくく，不満の原因になっていることが分かった。この感情がその後のエクスペリエンスにも響いていて，設置後に買ったことを後悔するケースすらあった。そこでチームは，この瞬間を改善することにする。エクスペリエンス原則とビジョンを参考にしながら，オンラインとコールセンターのコンセプトを開発してテストした。

瞬間を追加する，または順序を変更する

顧客のたどる順路がプロセスのデザインによって決められていることはよくある。結果として，社内の業務手順としては都合がよくても，顧客のニーズとは異なる順序になっているかもしれない。また，既存の瞬間やタッチポイントが，そもそも顧客のニーズに対応していないこともある。このような場合は，顧客のたどる順路に含まれている瞬間の順序を変えたり，新しい瞬間を置いたりする実験をしてみることだ（図11.3）。

図 11.3　瞬間の順序を変えてみる

[†1] Daniel Kahneman の研究とピークエンドの法則を参照してほしい。http://www.vwl.tuwien.ac.at/hanappi/TEI/momentsfull.pdf

設置サービスのチームは、サービスブループリントの形式でプロトタイプを制作して、設置のエクスペリエンスに含まれているすべての瞬間を再想像したコンセプトを提案した。これは大きな取り組みで、新しい技術、タッチポイント、役割、プロセスが必要になる。しかし、小さく始めるために、最初のターゲットとして設置担当者が到着する前の瞬間だけをとらえ、ここでフォローアップを入れることにした。一市場で行った限定的なパイロットに基づいて、設置後の瞬間の順序を変え、またアポイントメントの前に新しい瞬間（とそれをサポートするタッチポイント）を追加した。このプロジェクトでは、2か月以内にテストして導入できること、という制約にも配慮した。

バックステージを手動で動かす

　エンドトゥエンドのエクスペリエンスを大幅に向上させるには投資が必要になり、それができるかどうか、いつできるかが制約を課すことも多い。新しいプラットフォーム、人員の確保、ビジネスプロセスのデザイン変更には時間と費用がかかる。また、他のプロジェクトの優先順位を下げるといったトレードオフも必要かもしれない。事業上の重要性を打ち出し、また学習してビジョンを改良していくためにも、まずはバックステージを手動で動かすパイロットから始めてみるとよいかもしれない。このアプローチでは、製品やサービスの主な機能と価値提案をテストするが、現行の業務体制の範囲内でこれを達成するようにする。

　設置サービスの例では、高度な顧客関係管理プラットフォームを使ってデータを蓄積し、様々なチャネルのインタラクションをパーソナライズすることを構想しているかもしれない。しかし、この投資には疑問もあり、短期的に開発される見通しはない。そこでチームは、デジタル、コールセンター、設置チームと協力して、限定的なパイロットをしてみることにした（図11.4）。デジタルチームは、簡単なウェブのフォームを作成して、ジャーニーの早期の段階で顧客とインタラクションできるようにする。そのデータを新しいシステムに保存するのではなく、コールセンターの担当者にメールで送信す

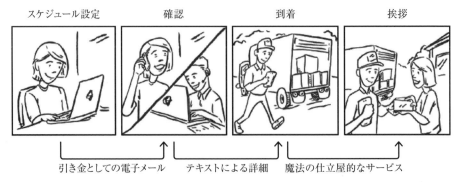

図11.4　バックステージを手動で動かすことで、業務に大きな変更を加えるための理論武装や承認に時間をかけずに新しいエクスペリエンスを試せるようになる

る。コールセンターの担当者は，この情報を見ながら顧客にフォローアップの電話をかけ，ジョブ記録をノートに書く。設置担当者は，これまでどおりジョブ記録を見て，今後のアポイントメントの予定を立てる。最後に，設置担当者がこの新しい情報に基づいて，訪問先でのサービスをパーソナライズする。

ラフカットを作る

　設置サービスの例に戻ろう。このチームは，パイロットでいくらか前進を遂げた後，エンドトゥエンドのエクスペリエンスのデザインを改良するための予算を割り当てられた。このプロジェクトには，デジタル製品，技術，業務推進，カスタマーサービス，現場サービス，法務，マーケティングなど，多数のチームの関与が必要になる。ソリューションの定義と導入の方法は，部署によって異なる。デジタル製品チームと技術チームはアジャイルを実践しているが，他の部署は今もウォーターフォールを使っている。マーケティングチームは，制作業務を代理店に外注している。プログラム管理チームは，各プロジェクトのステータスを把握しているが，これらが合わさってエンドトゥエンドのエクスペリエンスを改善するのかどうかを確認しているわけではない。

　これはよくあることだ。このような状況では，品質のよいエンドトゥエンドのエクスペリエンスを実現するために，スマートかつ効果的なコラボレーションが必要になる。あなた（または他のチームメンバー）が実行チームに絶えず文脈とフィードバックを提供し，また実行チームの話を聞いて，新しい障害が見つかるたびにデザインを調整していかなければならない。具体的な未来のビジョンが，向かうべき方向性を全員に浸透させるための材料となるだろう。エクスペリエンス原則は，ソリューションを考案し成果を評価する際の共通の言語をもたらす。しかし，これらのツールを配布するだけでは，全員の足並みを揃えていくという点で限界がある。考慮すべき情報や注意点があまりにも多いためだ。

　実行チームが分散している環境で，それでも関係者を巻き込みコラボレーションしていくうえで，映画製作の手法が参考になる。映画は1本の線として展開する芸術だが，それぞれのシーンが完成作品と同じ順序で撮影されることはめったにない。そのほうが費用も時間も節約できるためだ。しかし，このアプローチは，演出や演技に一貫性を持たせ，ショットやシーンの継続性を確保するという点では難しさをもたらす。そこで撮影後，編集プロセスの早期にラフカットを作って，作品全体の感触をつかみ，ベストのショットとその順序を見る。アニメーションでは，ラフカットを定期的に作って，各シーンのステータスとストーリーの流れを確認する。シーンのなかには完成しているものもあれば，一時的な絵と音が当てはめられているものもある。映画の各部がどれだけ完成しているかにかかわらず，つなげてストーリーにしてみることで，一貫性，継続性，流れの問題を特定できるようになる。

映画とエクスペリエンス

エクスペリエンス・オーケストレーションをアドバイスしてきたこれまでの仕事で，私は映画製作の技法から多数のヒントを得てきた。映画製作は，複雑なエクスペリエンスのデザインと同様にチームスポーツだ。プロデューサーや監督がビジョンと予算と必要なリソースを統括する一方，専門特化した多数の役割が完成品に寄与する。脚本執筆から，衣装，セットデザイン，照明，音響，さらには撮影クルーの食事を担当するシェフまで，数百人がかかわることもある。映画のプロダクションは，野営地を引き払う軍隊のごとく，カオスのなかにも整然としたところがある。その過程では数千という意思決定が下されて，それがクリエイティブの勝利や大ヒット作品を生み出すこともあれば，とんでもない駄作や大外れに終わることもある。

複数のチャネルとタッチポイントにわたるエクスペリエンスをデザインする仕事にも同じ難しさがあり，映画製作のアプローチが大いに参考になる。ストーリーボードを使って，コンセプトを描写したりエクスペリエンスを事前に視覚化したりする。ラフカットを作って，進行中の作業を全員が見られるようにし，適宜調整してもらう。継続性を確認して，一貫性のない瞬間を特定する。これらのメソッドを実践する結果として，意図した全体的なエクスペリエンスを全員が理解し，自分の取り組んでいる部分がどこで顕在化するかを知るようになるだろう。

エンドトゥエンドのエクスペリエンスのラフカットを作ることは，コラボレーターで集まって顧客に提供する結果を確認するうえで非常に有効な手段だ。映画製作と同じようにエクスペリエンスのラフカットも，進行中や完了済みの作業成果を顧客がエクスペリエンスする順序で並べてみる。実行プロセスの全期間にわたってこれを定期的に行い，さらにリリース後もメトリクスを確認し将来のイテレーションを計画するために実践すべきだ。

このラフカットを実践するためのアプローチを，一例として以下に紹介する。ここでは，顧客のために作りたい瞬間をすでにストーリーボードで視覚化しているものと想定している。ストーリーボードがない場合は，単純なシナリオのステップ（付箋に書き出したもの）やサービスブループリントなどを使って顧客のたどる順路のアウトラインを示すことができる（注：これは対面式のアプローチだが，同じ部屋に集まることができない場合はバーチャルなセッションとして実践することもできる）。

- ストーリーボードを壁に貼る。
- 最新の業務成果を持ってくるようチームに依頼する。モックアップ，要件，スケッチ，スクリーンショット，プロセスデザインなど，進捗状況を示すものであれば何でもかまわない。また，タッチポイントインベントリーも用意しておくと便利だろう。各瞬間のすべての部分をとらえているかどうかを確認できる。

- 全員で集まったところで，エンドトゥエンドのエクスペリエンスを一緒に見てみる。それぞれの瞬間で，意図を確認し，また前後の瞬間とどうつながるかを見る。
- 全員が持ち寄った制作物を瞬間別に検討してディスカッションする。設置サービスの例では，モバイル製品チームが設置サービスをリクエストする画面の最新のスケッチを共有し，事業部門のアーキテクチャ担当者がデータモデルを共有するかもしれない。エクスペリエンス原則を参照しながら，アドバイスやフィードバックを引き出すようにすべきだ。
- 場合によっては，提出された制作物をきっかけに，実働プロトタイプや詳細なデザインの評価が始まるかもしれない。
- このようなレビューを行う場合は，参加者が付箋にフィードバックと質問を書き出すべきだ（図11.5）。これにより当面のポイントを整理しておき，後でじっくり話し合えるようになる。

図11.5　ラフカットの確認

- すべての参加者が，カスタマージャーニーの一貫性と継続性を高められそうな部分に注目すべきだ。この機会は，説明の文言かもしれないし，インタラクションのアプローチかもしれない。また，業務プロセスとCXの間の緊張関係が見つかることもある。
- 最後に，意思決定と今後の行動を確認し，また集まることを約束する（ほとんどのプロジェクトでは，このミーティングを2, 3週おきに開催するのが適度なリズムだ）。

ラフカットを見ながら会話を交わすことで，チームワークを強化し，問題点を明るみに出し，トレードオフを確認する効果がある。これが究極的に，よりよいエンドトゥエンドのエクスペリエンスへとつながっていく。

ジャーニーのフレームワークを頼りにする

社内で業務がどのように定義され，整理され，分担されているかを観察すると，たいていは興味深いパターンが見えてくるものだ。特にエクスペリエンスのオーケストレーションにとって難しい障害となるパターンには，次の3つがある。

- **ファネルが分断されている**：認知向上，顧客開拓，加入手続き，サービス提供といった機能別に部署が編成されている。業務は独自に進められているが，他の部署に影響を及ぼして自分の依存関係を優先してもらおうとする動きが見られる。
- **司令官が何人もいる**：各機能の責任者（司令官）のフェデレーション体制によって製品が管理されていて，その人たちがCXに関してばらばらなビジョンを抱いている。プロダクトマネジャーが7，8人もいて，ほとんど連携しておらず，同じ製品エクスペリエンスの異なる部分を司っているケースを，私たちは何度となく見てきた。
- **業務手順が主導している**：バリューストリームマッピングや様々なシックスシグマのアプローチで行われるビジネスプロセスのデザインが，顧客（および従業員）と組織のインタラクションのあり方を決めてしまっている。この結果，業務手順のアーキテクチャによって製品やサービスのデザインが制約されている。

これらのすべてのケースに共通するのが，CXの様々な段階，瞬間，順路となっていくものの責任が分散していることだ。各部署が目標を達成するための計画を策定していて，その目標とはブランドの認知度を向上させること，コールセンターの苦情を減らすこと，使用回数を増やすことなどで，通常は全体的なカスタマージャーニーが共通の目標にはなっていない。この分裂状態は，CXにも表れる。要は，エンドトゥエンドのエクスペリエンスに何人も舵取りがいて，ただ1人の船長がいる状態ではない。

一部の組織では，これが変わり始めている。欧米では「ジャーニーマネジャー」や「製品ジャーニーマネジャー」といった役職が作られている。その職務内容はまだ標準化されていないが，チャネルや技術，またファネルの段階などではなく，カスタマージャーニーを中心にして戦略を定義し業務を整理していこうとする意図は共通している[2]。こうした役割が広まり，チームが構成されていくにつれ，カスタマージャーニーの管理のあり方に人間中心デザインが影響するようになってほしいと私たちは考えている。

この役割が存在しない場合は，あなたと同僚で協力してエンドトゥエンドのエクスペリエンスを見据え，コラボレーションしていく必要があるだろう。ジャーニーの段階は，部署横断的なコミュニケーション，コーディネーション，優先順位の決定，（最終的に）戦略の策定などを整理するためのフレームワークとして使うことができる。具体的には次のステップを実践してみてほしい。

---

[2] このトレンドの背後にある価値は，次の文献で詳細に分析されている。David C. Edelman and Marc Singer, "Competing on Customer Journeys," *Harvard Business Review*, November 2015, https://hbr.org/2015/11/competing-on-customer-journeys ［邦訳：『カスタマージャーニーを構築する4つの能力—「顧客体験」はプロダクトに優る』，DIAMONDハーバード・ビジネス・レビュー，2016年6月号，ダイヤモンド社，2016］

- **プロジェクトをジャーニーのフレームワークに結び付ける**：手始めとしておすすめしたいのは，進行中のプロジェクトや今後予定されているプロジェクトでエンドトゥエンドのエクスペリエンスに影響するものがあれば，それらを見えるようにすることだ。これらを把握するには，ステークホルダーと話したり，ロードマップを確認したりするほか，ワークショップを利用することもできる。そして，発見したことをコミュニケーションする際にジャーニーのフレームワークを活用して，どのプロジェクトがどの段階や瞬間に関係しているかを示す。図 11.6 は，このアプローチをストーリーボードで実践した例だ[†3]。
- **コラボレーションの機会を模索する**：現行の業務とカスタマージャーニーの関係を視覚化すると，同じ段階や瞬間にかかわっているプロジェクトをつなぐ機会が見えてくるだろう。例えば，加入手続きの部分に取り組んでいるプロジェクトがいくつかあり，それぞれに異なる意図があるかもしれない。ここをとらえてワークショップを開催し，洞察を共有できる可能性がある。また，共通のジャーニーのフレームワークに基づく実験や正式なプロジェクトを立ち上げられる可能性もある。
- **一緒に優先順位を付け，計画を立てる**：戦略を策定するとは，限りあるリソースのなかで賢明なトレードオフを見つけることだ。エンドトゥエンドのエクスペリエンスのための戦略を策定するのであれば，ジャーニーのフレームワークを使用して，優先事項についての部署横断的な議論を進めていくことができる。図 11.7 は，タッチポイントインベントリーに似たマトリックスを使用してトレードオフを視覚化した例だ。

図 11.6　プログラムとイニシアチブを瞬間に結び付けたマップ

[†3] この例は，Adaptive Path の Maria Cordell および Bryn Bowman のプロジェクトチームの成果物を参考にしている。

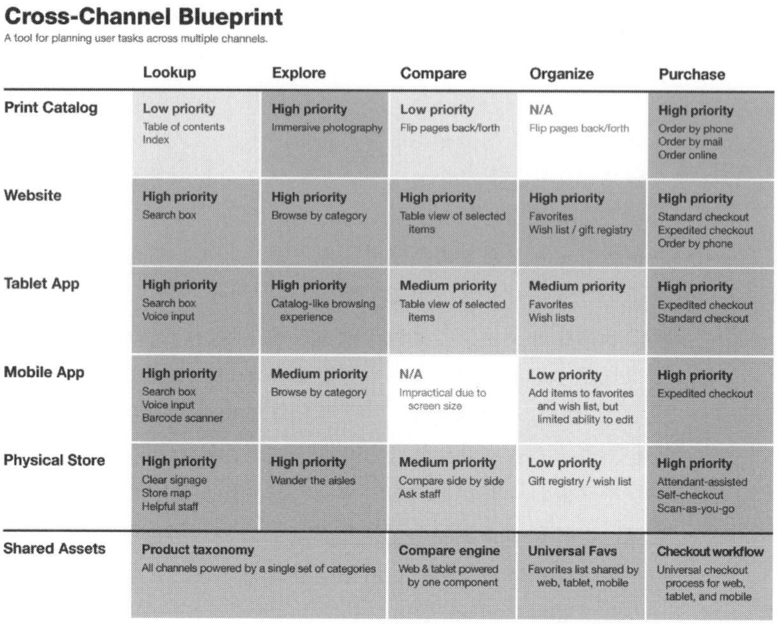

Cross-Channel Blueprint
A tool for planning user tasks across multiple channels.

	Lookup	Explore	Compare	Organize	Purchase
Print Catalog	Low priority Table of contents Index	High priority Immersive photography	Low priority Flip pages back/forth	N/A Flip pages back/forth	High priority Order by phone Order by mail Order online
Website	High priority Search box	High priority Browse by category	High priority Table view of selected items	High priority Favorites Wish list / gift registry	High priority Standard checkout Expedited checkout Order by phone
Tablet App	High priority Search box Voice input	High priority Catalog-like browsing experience	Medium priority Table view of selected items	Medium priority Favorites Wish lists	High priority Expedited checkout Standard checkout
Mobile App	High priority Search box Voice input Barcode scanner	Medium priority Browse by category	N/A Impractical due to screen size	Low priority Add items to favorites and wish list, but limited ability to edit	High priority Expedited checkout
Physical Store	High priority Clear signage Store map Helpful staff	High priority Wander the aisles	Medium priority Compare side by side Ask staff	Low priority Gift registry / wish list	High priority Attendant-assisted Self-checkout Scan-as-you-go
Shared Assets	Product taxonomy All channels powered by a single set of categories		Compare engine Web & tablet powered by one component	Universal Favs Favorites list shared by web, tablet, mobile	Checkout workflow Universal checkout process for web, tablet, and mobile

図表提供：TYLER TATE, HTTP://TYLERTATE.COM/BLOG/UX/2012/02/21/CROSS-CHANNEL-JA-BLUEPRINT.HTML. ライセンス提供：HTTPS://CREATIVECOMMONS.ORG/LICENSES/BY-SA/3.0/DEED.EN

図 11.7 複数のチャネルとジャーニーの段階にわたる優先事項を視覚化したコミュニケーション資料の例

変化を起こす

　組織は，習慣の生き物だ。あなたと志をともにする同僚は，問題の定義の仕方や仕事の進め方といった点でほかの人たちが習慣を打破できるよう助けていかなければならない。この変化は，毎回インタラクションするたびに，プロジェクトを進めるたびに起こっていく。一所懸命に努力すること，自分の情熱で周囲を感化すること，結果を出すことで，よりよい方法を示していく。

　そして，結果が出始めたら，できるだけ広くコミュニケーションすることだ。ストーリーを語る。ほかの人を招待して参加してもらう。メンターになって，ほかの人が指揮棒を手にするのを促す。リーダーや他のインフルエンサーがこの活動に賛同するにつれ，起こしたい変化が勢いを増していくだろう。

　このジャーニーを始めるに当たり，次の3つのアプローチを考えてほしい。

- **ストーリーを共有する**：新しいアプローチは，批判されることも多い。学術的すぎる，費用がかかりすぎる，冗長すぎるなどの理由だ。この種の抵抗の一因は，未知のものを恐れる気持ちにある。そこで，エクスペリエンスのオーケストレーションの例を作って共有し，このプロセスの不可解さを取り除くことだ。ケーススタディ，プレゼンテーション，イベントなどを使うことができるだろう。例えば，プロジェクトが終わった段階で，部署横断的なチームのメンバーがそれぞれ同僚を招いて，どのように作業を進め，どのように結果を出したかを発表することができる。

- **ほかの人に手ほどきする**：大規模な変化を起こすには，ほかの人にも働き方を変えてもらう必要がある。これは，インフォーマルまたはフォーマルなトレーニングを開催して，主な概念とメソッドを紹介することから始められる。誰をこのトレーニングに招待してエクスペリエンス・オーケストレーションの伝道者になってもらうかは，戦略的に考えることが重要だ。自分のアジェンダや個人的なブランドに利用するためではなく，組織の文化を変えられるチャンスにモチベーションを感じてもらう必要がある。

- **ツールを作る**：もう1つの効果的な方法が，ツールキットを作成して配布し，ほかの人が新しいメソッドを使えるようにすることだ。Adaptive Pathはこのアプローチを使って，Capital Oneの全社にサービスデザインの考え方を広めた。サービスブループリントの作り方のガイドや補完的なツールを提供したことで，数百人という従業員に到達することができ，それぞれのプロジェクトでサービスブループリントを試してもらえるようになった[4]。

- **コミュニティオブプラクティス（CoP）を構築する**：直接的に体験した人が増えれば，その人たちが信奉者となって，この新しい方法を自分のチームや将来のプロジェクトで活用していくだろう。この興奮や関心を維持していくことが重要だ。そこで，体験談やベストプラクティスを共有できる場としてCoPを結成するとよい。Slackのチャネルを作ったり，カフェテリアで定期的にランチ会を開いたりするといった簡単な方法が，新しいやり方を広く浸透させるための推進力を生み出すだろう。

11.3 自分から始める

　あなたも同僚も，最初は普段の仕事以上のことをして，組織に影響を及ぼすことで，新しい働き方を採用してもらう必要があるかもしれない。しかし，最終的には新しい役割が作られて，デザインのオーケストレーションを推進していくようにならなければならない。私たちは，これまでにかかわった組織でこれらの新しい役割が作られるのを見てきたし，その定義を手伝ってきた。ジャーニーエクスペリエンス・デザイナー，クロスチャネルアーキテクト，エンドトゥエンドエクスペリエンス・デザイナー，サービスデザイナーといった肩書きが，少しずつ一般的になりつつある。エクスペリエンスのオーケストレーションという曖昧な領域に踏み込んでいくために，組織はこの種の役割を必要とするようになっている。この未開の領域に踏み込んでいくに当たって私たちがアドバイスしているのは，あなたの果たす新しい役割の価値が理解されるようになった時点で，恐れず新しい役割に名称を付けることだ。

　エクスペリエンスのオーケストレーションにおいて大きな役割を果たすべく自分の地位を固めていくには，概念やツールの技術的な知識以上のものが必要になる。すでにお

---

[4] Adaptive Pathの『*Guide to Service Blueprinting*』はオンラインでダウンロードできる。https://medium.com/capitalonedesign/download-our-guide-to-service-blueprinting-d70bb2717ddf

気付きかもしれないが，この作業の多くに含まれるのが，社内外の両方の様々なバックグラウンドを持った人たちとコラボレーションし，そのグループを誘導していく仕事だ。このようなソフトスキルが，優れた実践家やリーダーを偉大なる実践家やリーダーへと高める要因となる。組織が今までよりもフラットになり，マトリックス化し，（必然的に）コラボレーティブになっていくにつれて，このソフトスキルはますます重要になるだろう。

そこで，時間をかけて開発していってほしい5つの主要スキルを手短に説明する。

- **共感**：共感は，ファッショナブルなトレンドなどではなく，21世紀を生きるうえで欠かせないスキルだ。Indi Young は，共感について取り上げたすばらしい著書で，共感には組織を抜本的に変える力があり，その変化は人々が互いの話を聞き，共感する能力を開発することで起こっていくと説明した[5]。あなた自身が共感する力を高めることで，本書のメソッドを実践する能力もはるかに高まるだろう。

- **ファシリテーション**：デザインのプロセスを通じてほかの人をファシリテーションしていくには，自信とスキルが必要だ。本やクラス，メンターを探して，自分のファシリテーションのスキルを振り返り，進化させていくべきだ。ほかの人を巻き込み，発言を引き出し，集団で合意を形成していくことがうまい人を見つけたら，その手法を観察して盗み，また自分なりのスタイルも見つけていく。この役割は奉仕のようなものと思ってアプローチするとよい。

- **即興**：エクスペリエンスをオーケストレーションしようとすると，思わぬ障害に出くわすことが多々ある。基本的なフレームワークでは，あなたの置かれた文脈には合わないかもしれない。計画を入念に立ててワークショップに臨んでも，目標を達成するのに正しいアプローチではなかったことが分かることもある。これらの瞬間は，壁ではなくハードルと受け止めることだ。歩きながら考える機転，現状を快く受け入れる度量を付けたいと思うのであれば，即興演技のクラスを取ってみるとよいかもしれない。質のよいクラスでは，今の状態にもっと注意を払うことを教えてくれるだろう。人の話を聞いて共感するスキル，障害に出くわすたびにクリエイティブに克服するスキルも高まるはずだ。

- **ストーリーテリング**：本書では，ほかの人に情報やインスピレーションを提供するうえでストーリーが非常に効果的であることを説いてきた。ストーリーは，ほかの人のエクスペリエンスを理解し，それを改良しようとする際に役立つ。ストーリーテリングは，今日の組織で重用されるスキルだ。戦略的な洞察から人間的な文脈を取り払うビッグデータや他のアプローチに対し，重要なカウンターバランスをもたらす。自分が語ったストーリーの有効性を振り返ることを習慣にし，新しい方法も

---

[5]　この本をぜひ読んでほしい。Indi Young, *Practical Empathy*(New York: Rosenfeld Media, 2015).［参考：『メンタルモデル—ユーザーへの共感から生まれる UX デザイン戦略（"Mental Models: Aligning Design Strategy with Human Behavior"）』，インディ・ヤング著，丸善出版，2014]

追加してレパートリーを増やしていくことだ。ストーリーテリングについての書籍は多数ある。クラスを取ってもよい。最も重要なのは，あらゆるメディアでストーリーをエクスペリエンスして，その効果を高めているテクニックを考えてみることだ。

- **視覚的コミュニケーション**：「語らず，見せる」とは，言い古されたことだが真実だ。これには，コンセプトをスケッチで描く，リサーチの参加者と一緒にモデルを共創する，また様々な制作物でコンセプトを視覚的にコミュニケーションすることなどが含まれる。線をまっすぐに引くのもおぼつかないという人も，イラストは大得意という人も，視覚的コミュニケーションのスキルを意識して磨くべきだ。対面やオンラインでスケッチを学習することができる。コンセプトをすばやく表現するのに役立つ自分なりのスタイルを見つけてみよう。また，人前で絵を描く恐怖心も克服する必要がある。視覚的コミュニケーションの重要さを訴えて，絵を描くのがうまい人（戦略的なデザイン作業には参加していないことも多い）を自分のプロジェクトに取り込むことだ。

見知らぬ人に共感する力を開発する

　私は常にあらゆる形態のストーリーテリングにヒントを探して，自分の仕事に役立てている。Brandon Doman の「*Strangers Project*」（見知らぬ人たちのプロジェクト）は，インスピレーションを得た素材の1つだ（図11.8）。理解と共感を開発するための芸術エクスペリエンスの一環として，多くの人に個人的なストーリーを共有してもらうよう呼びかけた。今では私もこれに似た形式を使って，顧客のストーリー（とそれを集めるための定性的リサーチの方法）をオープンに紹介し，印象的にコミュニケーションしている。

写真提供：BRANDON DOMAN, THE STRANGERS PROJECT. HTTP://STRANGERSPROJECT.COM

図11.8 ストーリーを選び，共有する

11.4 ここから先へ前進させる

今から30年前，10歳だった兄が，鳥についてのレポートを書こうとしていた。3か月も前に出された宿題だったが，期日があくる日に迫っていた。私たちはボリナスの別荘に来ていて，兄はキッチンのテーブルで泣きそうになっていた。無数のバインダーの紙と鉛筆，それにまだ開いてもいない鳥についての本に囲まれて，目前の課題の重圧に押しつぶされていた。すると，父が来て，隣に座り，兄の肩を抱いて，こう言った。「1羽ずつだよ。とにかく，1羽ずつやればいい」。

——Anne Lamott

『*Bird by Bird—Some Instructions on Writing and Life*』[6]
（邦題『ひとつずつ，ひとつずつ「書く」ことで人は癒される』）

私たちは，オーケストレーションのマインドセットを信じている。エクスペリエンスであれ，タッチポイントであれ，人であれ，オーケストレーションすることで，組織にとって，またその対象者にとって，よりよい結果が作られる。プロセスや習慣や文化を変えていくのは，途方もないタスクのように思えるかもしれない。私たちも，これは長期戦だと思っている。しかし，1つずつ，瞬間，ジャーニー，イニシアチブに取り組んでいくことで，あなたと同僚の目指す変化が作られていく。

指揮棒を手にしよう。ほかの人と奏でてみよう。美しい音楽を一緒に作ってみようじゃないか。

---

[6] Anne Lamott, *Bird by Bird—Some Instructions on Writing and Life* (New York: Anchor Books, 1995), 18-19.

謝　辞

著者 2 人が特別にお礼を言いたい人たち

忍耐と手引き：Lou Rosenfeld, Marta Justak

知識，友情，寛容，すばらしい著作（そのほとんどを本書で紹介した）：Jamin Hegeman, Brandon Schauer, Maria Cordell, Amber Reed, Iran Narges, Todd Wilkens, Paula Wellings, Tracey Varnell, Julia Moisand Egéa, Henning Fischer, Nick Remis, Ayla Newhouse, Jessica Striebich, Chris Wronski, Evi K. Hui, Toi Valentine, Nick Crampton, Katie Walker Wilson, Bryn Bowman

事例を共有するための助力：Brandon Schauer, Lucy-Marie Hagues, Melanie Huggins

優れた著作と示唆に富んだまえがき：Marc Rettig

すばらしいイラスト：Nick Madden

貴重なフィードバック，批評，サポート：Samantha Starmer, Jess McMullin, Andy Polaine

Chris が個人的にお礼を言いたい人たち

　Todd Wilkens, Brandon Schauer, Alex Berg, Patrick Quattlebaum のメンターシップとパートナーシップにより，デザイナーとして成長することができた。

Patrick が個人的にお礼を言いたい人たち

　Jamin Hegeman, Brandon Schauer, Stephen Taylor, Andrew Hinton, Maria Cordell,（そしてもちろん）Chris Risdon から，インスピレーションとパートナーシップをいただいた。デザイナーとして私が成長できたのは，皆さん全員とのすばらしいコラボレーションがあったからだ。

　また，クライアント，デザイナー，これまでのキャリアのなかで一緒に仕事をした多くの人たちにお礼を申し上げたい。信頼していただき，一緒に遊んでみようという姿勢を示していただいたことに感謝している。

　最後に，妻，母，父，Quattlebaum, Hankins, Dunaway の家族たち。みんなの愛情とサポートのおかげで，夜間も週末も祝日も返上して本書を執筆することができた。

監訳者あとがき

本書は，Chris Risdon と Patrick Quattlebaum による "Orchestrating Experiences: Collaborative Design for Complexity," Rosenfeld Media, 2018（図 a.1）の全邦訳です。

図 a.1　本書の原書版 "Orchestrating Experiences: Collaborative Design for Complexity," Rosenfeld Media, 2018

著者の紹介

著者の Chris Risdon（クリス・リズドン）と Patrick Quattlebaum（パトリック・クワットルバウム）は，UX（User Experience）や CX（Customer Experience）といったエクスペリエンスデザイン領域のリード企業であった Adaptive Path 社（現在は，米国・金融サービス業の Capital One Financial Corporation の一部門である Capital One Labs）のデザイン責任者とマネージングディレクターといった立場で活躍してきました。

その後，Chris は，カリフォルニア芸術大学（the California College of the Arts）で教鞭をとる傍ら，P2P カーシェアリング会社の Getaround 社のデザイン責任者を務めた後に，米 IBM での勤務を経て，現在では eBay のシニアスタッフのデザイナーとして活躍中です。

また，Patrick は，デザイナー兼経営コンサルタントとして活躍する傍ら，自らの会社である studioPQ の創業を経て，Harmonic Design というサービスデザインのコンサルタント会社の共同設立者兼 CEO となっています。

本書の紹介

本書の原書版タイトルは「Orchestrating Experiences」，サブタイトルは「Collaborative Design for Complexity」です。その翻訳に際して，タイトルについては，その意図を忠実に反映することを意識して，「Orchestrating Experience（エクスペリエンスをオーケストレーションする）」＝「エクスペリエンス・オーケストレーション」としました。

そして，サブタイトルの「Collaborative Design for Complexity」については，本来，そのままを訳出した場合の「複雑性のための協働デザイン」や「複雑さのための共同デザイン」に対し，「Complexity」を「複雑な環境」と大きくとらえたうえで，「Collaborative Design」をデザインマネジメントの観点と協働をオーケストレーションする観点から「共創デザイン」と表現しました。それに加えて，本書が丁寧に解説しているメソッドとワークショップの構成を，読者の皆さんにタイトルでも訴えるべく，「複雑な環境下における共創デザインのためのメソッドとワークショップ」と改題しています。

本書の構成や内容については，著者たち自らが冒頭で「本書の使い方」，「本書の内容」，「併用できるリソース」，「よくある質問（FAQ）」という形式で簡潔に説明していますが，ここでは本書の「全体の構成」を図解にしてみました（図 a.2）。この図を見ても分かるとおり，本書は 3 つのパートのなかで 11 の章に及ぶメソッドの解説と 6 つの WORKSHOP とによって構成されています。

パート I では「共通の基礎」として，本書全体を支える基礎的な事項を解説。「チャネル」（第 1 章），「タッチポイント」（第 2 章），「エコシステム」（第 3 章），「ジャーニー」（第 4 章）といった，本書全体にわたって出てくる重要な概念とその背景を理解したうえで，2 つの WORKSHOP の「タッチポイントインベントリー」と「ランドスケープ整合」を具体的に身につけていきます。

パート II では「洞察と可能性」として，「エクスペリエンスのマップ化」（第 5 章），「エクスペリエンス原則の定義」（第 6 章），「機会の特定」（第 7 章）などの組織活動のための方法を学んだうえで，各章に対応した 3 つの WORKSHOP として「エクスペリエンスマッピング」，「エクスペリエンス原則の改良」，「機会の特定と優先順位の決定」の実践です。

最後のパート III では「ビジョンと行動」として，「アイデアの生成と評価」（第 8 章），「未来ビジョンの打ち出し」（第 9 章），「瞬間のデザイン」（第 10 章），「指揮棒（の振り下ろし！）」（第 11 章）といった，オーケストレーションの詳細と極意を習得しながら，最後の WORKSHOP では「アイデアからストーリーへ」を体得します。

図 a.2 本書の構成図

ぜひともこの構成図を，本書全体を読者の皆さんがオーケストレーションしていく際の「楽譜」の1つとしてご活用ください。

本書のライトモチーフと通奏低音

著者たちが，複雑な環境下に置かれる様々な組織やチームを変革に導く，といった難しい内容を，本書のような体系的なメソッドとしてまとめ上げることができた背景には，彼らがともに所属していた Adaptive Path での時間と空間，経験とコミュニケーションとがあります。2001 年 3 月に創業した同社は，2014 年に米国金融大手の Capital One に買収された後も，その一部門としての活動が続いています。しかし，何と言っても Adaptive Path の特徴とその勢いとは，ウェブサイトといった新たなメディアの黎明期から，数々のクライアントとの間での実践を通じて築き上げられた数々の新たなソリューションやツール・メソッドこそにあって，それは「エクスペリエンス（体験価値・経験価値）」の領域において，世界の市場を牽引していたと言っても過言ではありません。

例えば、そのことの象徴的なアプローチとして「ジャーニーマップ」を挙げることができます。この「ジャーニーマップ」はいわば本書のライトモチーフ（主要な動機）の1つと言っても過言ではありません。そもそも、エクスペリエンスを可視化して体系的に示していくこの手法は、当時のデザイン会社やコンサルティング会社では、皆それぞれの工夫を凝らした表現で試みられていました。そのことから、この「ジャーニーマップ」の表記自体も本書で使われる「ジャーニー」や「カスタマージャーニー」をはじめとして、「エクスペリエンスマップ（Experience Map）」や「UXマップ（UX Map）」など、様々な名称と様々なマップデザインが世の中に散乱しています。

かく言うデザインコンサルティング業でもあるSociomedia（2001年3月創業）においても、クライアントへの課題解決の流れのなかから、2000年代の半ばから顧客・ユーザーの体験を核とした体系的な図解を「UX Map」と命名して活用してきました。その特徴には、ユーザーのエクスペリエンスの表現の前提として「ペルソナ法」を基盤としたうえで、ユーザーのジャーニーの上下に「Maker（製品やサービスの提供者）」と「User（製品やサービスの利用者）」とを配置して、両者を統合的にとらえながら現況の姿とあるべき姿との描出を試みるものだったのです（図a.3）。当時、このジャーニーマップが、ユーザーや顧客のエクスペリエンスを「ジャーニー（旅路）」としてとらえること自体や、そのジャーニーの数々の接点とユーザーの感情曲線とを表現することに重点が置かれているなかにあって、ジャーニーを介した提供者サイド（Maker）との接点の改善を同時に試みるアプローチは、ユニークなものとしてとらえられました。

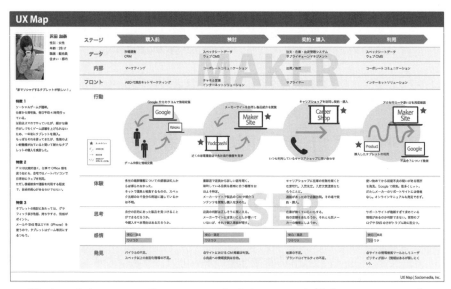

図a.3　ソシオメディアのジャーニーマップであるUXマップ（出典：Sociomedia Inc.）

そのようななか、世界の「ジャーニーマップ」の発信源の1つであったAdaptive Pathからも、数々のクライアントとの間でのマップのアウトプット群が世に出回り、

それらを参考にしてアレンジを加えた他社の手によるマップがあふれ返っていたのが当時の実情だったのです。ただし，その時に出回っていたマップも，エクスペリエンスの各接点とユーザー・顧客の「感情や心情」の「描出と理解」のほうを重視したものでした。ところが，本書においては，当時に出回っていた原図そのものとその前後のストーリーとを数多く紹介しながら（それ自体が貴重な記録資料としての価値もあります），第4章「ジャーニーについて考える」では，本書のエクスペリエンスに対して，ジャーニーを核としたライトモチーフでもある「鳥瞰図」が紹介されています（図a.4）。ここでは，ジャーニーの諸接点を「企業や組織を取り巻く方向」と，「ユーザー・顧客が体験するマイクロレベルの接点の方向」へと展開する考え方が示されているのです。こういった鳥瞰図やその考え方の広がりからは，彼らがAdaptive Pathでともに働いた関係者たちの叡智が，まるで通奏低音のように響いています。

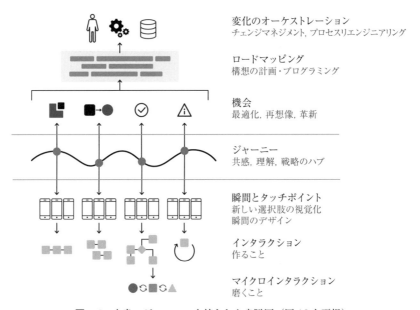

図a.4　本書のジャーニーを核とした鳥瞰図（図4.2を再掲）

なお，その低音のパートには，Adaptive Pathでともに研鑽を積んできた数々のリーダーたちの取り組みがあります。そのリーダーたちとは，同社の代表を務め，エクスペリエンスを体系化したリーダーであるJesse James Garrett（『THE ELEMENTS OF USER EXPERIENCE─5段階モデルで考えるUXデザイン』（初版2005年刊・第2版2022年刊，原書は初版2005年刊・第2版2011年刊）の著者，2005年に初来日）や，共同代表を務めたPeter Merholzとデザインディレクターの Brandon Schauer（『Subject To Change─予測不可能な世界で最高の製品とサービスを作る』（2008年刊，原書は2008年刊）や『デザイン組織のつくりかた─デザイン思考を駆動させるインハウスチームの構築＆運用ガイド』（2017年刊，原書は2016年刊）の共著者），そして，同社でインタラクションデザインを

担当した Dan Saffer（マイクロインタラクションの提唱者，『インタラクションデザインの教科書』（2008 年刊，原書は 2007 年刊），『マイクロインタラクション—UI/UX デザインの神が宿る細部』（2014 年刊，原書は 2013 年刊）の著者，2008 年に初来日）などの存在です。ぜひとも，それぞれの著書や活動内容も参照してください。

Marc Rettig（本書「まえがき」執筆者）へのインタビュー

　ところで，本書に対して「まえがき」（viii, ix ページ）を寄せているソーシャルデザイナーの Marc Rettig（マーク・レティグ）は，監訳者とも旧知の仲にあります。そこで，本書の翻訳出版に際して，Marc から本書を取り巻く諸テーマに関するお話を「独占」でうかがう機会を得ました。ここでは，テーマの核心やその先の未来，市場における価値，本書を含むデザインマネジメント・シリーズ（実践編）の 3 冊への見解などを，ぜひとも皆さんとも共有したいと考えました。本書や本シリーズを読み解いていくためのヒントの 1 つとして，ぜひとも耳を傾けてみてください（なお，本書の「まえがき」そのものも，本書の導入ガイドとして高い評判を得ていることから，併せて目を通されることをおすすめします）。

● **篠原稔和**（以下，篠原）：こんにちは。Marc が本書に「まえがき」を書いていたことを書籍を手に取ってから知り，大変に驚きました。そこで著者たちから「まえがき」を書くことを依頼された時の経緯や，その時の心境を教えていただけますか？

● **Marc Retting**（以下，Marc）：まずは今回，このような機会をくださったことに感謝いたします。なぜなら，篠原さんとお話できることは，いつもとても嬉しいことなのです。

　そこで，本書の「まえがき」についてですが。著者から直接に頼まれたことがきっかけとなって，書くに至りました。そして，それはとても光栄なことだったのですが，……。Chris や Patrick とは，カンファレンスでお会いしたことはあったかもしれないのですが，実のところ，彼らのことはよくは知らなかったのです。

　このことは，私たちが互いに自分の存在がほかの人に与えている影響を意識することなく，世界を渡り歩いていることの一例と言えるのかもしれません。そして，こういった出来事が，私たちが知らなかった「つながり」について呼び起こしてくれるというのは，なんてすばらしいことでしょうか。まさに彼らの書籍は，私に「驚き」と「喜び」を与えてくれたのでした。その当時の私は，デザインやクリエイティビティ，そして，社会変革（ソーシャルトランスフォーメーション）の基礎としての「人間の複雑さ」について研究していました。

● **篠原**：本書の『エクスペリエンス・オーケストレーション（Orchestrating Experiences）』といったタイトルを見たとき，どのような感想を持たれましたか？

● **Marc**：私は，書籍のタイトルを見て，2 つのことを考えました。1 つ目は，「オーケ

ストレーション」という言葉が，本書で説明されている内容に，まさにふさわしく，かつ斬新で役立つ言葉である，ということです。と同時に，「オーケストレーション」という言葉には，真理を言い当てた「2つのこと」が含まれています。

1. 仕事というものは「コントロール（制御）」はできないということ。製品やサービスの創造と提供とにおいて，「コントロール（制御）」するということは不適切なアプローチです。それはなぜでしょうか。まず，製品やサービスの世界での寿命は複雑で創発的だからです。そのため，人々が私たちのデザインとどのようにかかわるかを予測することなどはできません。次に，この仕事には非常に多くの人々，分野，プロセスがかかわっています。すべての猫たちをコントロール（制御）された秩序を持って歩かせることなどほぼ不可能です。私たちの仕事には，リーダーシップとコラボレーションの両方の観点からの「謙虚さ」が求められています。

2. 人々が自分の才能を自分よりも大きなストーリーに合わせようとしたとき，すばらしいものが生まれます。シンフォニー（交響楽団）で聴く音楽をコントロール（制御）できる人はいません。ダンスパフォーマンスで何を見るかについても，誰もコントロール（制御）できません。そもそも音楽やダンスには「楽譜」が存在しています。しかし，楽譜のなかの音符やステップを機械的に遂行したとしても，退屈な結果にしかならないのです。人々が練習したスキルを楽曲や作品の大きなストーリーに結び付けることによって，すばらしいパフォーマンスが生まれます。それは「建造物」ではなく，「パフォーマンス」なのです。彼らは目的，心，感情，魂を合わせることによって音符を演奏します。彼らは音楽の市民であり，ダンスの市民なのです。そして，どのアーティストも，パフォーマンスそのものが観客に変化をもたらすのと同様に，自分自身にも変化をもたらしている，とも言えるでしょう。

　こういったことから，書籍のタイトルにある「オーケストレーション」という言葉に，私は感銘を受けました。これは，サービスとインタラクションデザインの分野への，まさに言葉による貢献と言えるのではないでしょうか。

● 篠原：書籍のタイトルから考えたことの2つ目は何ですか？

● Marc：こういった喜びとは別に，「オーケストレーション」については，もう1つ思い浮かぶことがありました。世の中には「コントロール（制御）」できないものがあって，そういったものは「オーケストレーション」しかできない，ということに気付くのが大事ですが，それだけでは十分ではありません。実は，一部のものごとには，「オーケストレーションできないこと」もあるということなのです。それが2つ目に考えたことでした。そういったものごとには，独自の生命があります。一部のものごとは，音楽家のグループのようには指揮することすらできません。庭のように「手入れ」をすることしかできない，ということなのです。

　私は，「協調的な創造性」ということについて，3つの比喩を思い浮かべています。1

つ目の比喩は,「ビルダー（造り手）」です。必要なものを指定してからそれを構築できる建築家兼大工のような人です。こういった人たちは,「決定」,「計画」,「実行」という制御モデルで成り立っています。誰もが設計図に従うのです。人生のいくつかの状況では,このモデルが適していると言えるでしょう。しかし,このアプローチをより複雑な状況,つまり「生き物」に適用しようとすると,よくない結果に陥ります。時には,害を及ぼす可能性すらあるのです。

2つ目の比喩は,「オーケストレーター」です。これは,大きな可能性をめぐって人々との間で「リソースを結集すること」を意味しています。そして,実践し,粘り強く取り組み,強力なものを出現させていくのです。「コントロール（制御）」よりも「コーディネーション（調整）」が求められます。「感知」,「理解」,「反復」をするモデルです。しかし,それでも,事前に定められた結果（アウトカム）への実装が求められます。ビジョンと創造力とは,依然として「オーケストラ」と「オーケストレーター」たちに中心化しています。

この際,リーダーは識別力を働かせなければなりません。私たちが直面している状況とは,何かを特定化して構築できるものなのでしょうか,それともオーケストレーションが求められるものでしょうか。ほとんどの状況には,その両方が関係しています。しかし,状況が人と人との関係性によって成り立っている場合には,別の「何か」が必要になってくるのです。例えば,「子育て」について考えてみましょう。地域の健康状態の改善,都市や大規模な組織のガバナンス（統治）,これらのことは,構築したりコントロールしたりはできません。オーケストレーションすることもできません。つまり,そういった人々全員に対して「正しいこと」を一緒に実行させることなどできないのです。

こういった状況には,3つ目の比喩であり,第3のモデルである「ガーデナー（庭師）」が必要なのです。ガーデナーは,成長するものをコントロールする力がない,ということを理解しています。庭にあるすべてのものは,その性質に従って成長しています（誰かが言ったように,「ガーデナーがバラを作ったことなどない」のです）。庭にあるすべてのものはプロセスから成り立っています。庭とそこにあるすべてのものは,常に次のバージョンへと移り変わります。中心となるビジョンはなく,創造力は庭全体に分散しているのです。ガーデナーは,これらのプロセスに参加し,それぞれのものたちが繁栄するための条件を育み,全体の生命を守るためにこそ働いています。

そうなのです！ 『エクスペリエンス・オーケストレーション』はすばらしい本なのです。本書が教えてくれているものこそが,まさに私たちの求めていることに違いありません。そして,本書が説明してくれるワークのその向こう側には,別の地平,別の「実践の集合体」が横たわっているのかもしれないのです。そうした時,本書に続く書籍のタイトルとしては,『エクスペリエンス・ガーデニング（Gardening Experiences）』になるのではないでしょうか。

● 篠原：本書の内容面についてのご見解をうかがわせてください。特に，時代のトレンドにどのように合致しているか，などのご意見をいただけますか。

● Marc：私自身の仕事が変化するにつれて，経営やデザインの「現在のトレンド」とのつながりは徐々に薄れてきました。本書のメッセージが「企業の世界が創造的な仕事をする方法の幅広いトレンドを反映していれば」と願っているところです。

　例えば，最近では，新しい空港ターミナルを建設している人々と仕事をしています。また，地域コミュニティや非営利団体での仕事も増えてきました。これらのチームはすべて，「オーケストレーション」という言葉に共鳴するに違いありません。また，オーケストレーションとは非常に難しいことだ，ということにも全員が同意するでしょう。なぜなら，技術的な専門知識を活かすことにほとんど時間を費やさないリーダーたちもいます。その代わりに，彼らは人々をまとめ上げることに日々の時間を費やしているのです。耳を傾け，関係を築き，チーム間の橋渡しをしています。時には，誤解や対立を解決してもいます。必要なすべての専門家が協力するためのプロセスと方法を考案している，と言えるでしょう。

　もちろん，リーダーたちのカレンダーは常に会議で埋まっています。今，私が見ていることでの以前との大きな違いは，トップダウンによる管理が減り，エコシステムへの参加が増えたことです。

　私自身は，現在，12人の上級管理職のチームとも仕事をしています。この1年間で，彼らは多くの同僚が組織を去るのを目の当たりにしてきました。去った同僚たちの後任には新しい人材が採用されます。なぜでしょうか。それは，CEOがオーケストレーションの文化を構築しているから，ということができるのです。「私たちは非常に難しいことを行っています。それは多くの人々，つまりコミュニティ全体に影響を与えているのです。そして，それを迅速に実行しなければなりません。それを達成する唯一の方法は，全員が一致団結して協力することしかないのです。それがいやで，今日ここにいない人たちもいるにはいます。まさに，組織全体を1つの同期した努力に引き込むことこそが，私たちリーダーとしての仕事なのです。」

　『エクスペリエンス・オーケストレーション』は，このチームが引き受けた仕事よりも狭い範囲の仕事を扱っています。しかし，あなたがこういった「時代のトレンドとどのように合致しているか」といった質問をくれたとき，私はそのCEOとチームのことを思い出しました。彼らは，本書が間違いなくトレンドに当てはまることを示す証明であり，そういったことは彼らだけに当てはまるものでもないことも理解しました。

● 篠原：私は，現在，「デザインマネジメント」に関する書籍シリーズを日本で紹介する仕事に携わっています。そして，本書は，『センス＆レスポンド―傾聴と創造による成功する組織の共創メカニズム（Sense and Respond）』，『カオス・マネジメント―デザインによるデジタルガバナンスの理論と実践（Managing Chaos）』に続く，デザインマネジメント実践編（第2シリーズ）の第3弾に当たるのです（図a.5）。こういった3冊を

図 a.5　デザインマネジメント・シリーズにおける本書の位置付け

シリーズとして紹介してきていることに，どのようなご感想をお持ちでしょうか？

● **Marc**：これらの書籍群は，読者を旧来のエンジニアリングやマーケティングによる古い経営観の「その先」へと誘っています。これらは，熟考によるマネジメントや純粋な専門知識によるマネジメントから脱却していく傾向を反映しています。これらのアプローチは，複雑な社会のなかを生き抜いていくうえで，とても適切なものばかりです。「感知して反応する（Sense & Respond）」といった能力は，すべての生き物の特質でもあります（大企業にいまだに存在する厳格な権力階層を除いては，です……。それは冗談です！　冗談とはいえ，私たちは徐々に「死んだ」経営モデルを捨て去ろうとしているのも事実です。そのモデルとは「外の世界によっては変えられたくない」といったものです）。

　これら3冊の書籍群は，互いに手を取り合っています。1冊は，行動する前に常に耳を傾け，観察することを教えてくれます。それは，私たちの「傾聴と創造」をサイクルとリズムで織り込んでいく，ということなのです。こうしたリズムの力を説明するのは簡単ですが，それをマネージするのはとても難しい。ですから，私たちは『センス＆レスポンド』という書籍に感謝すべきでしょう。

　『エクスペリエンス・オーケストレーション』は，複雑な状況のなかで創造するということが，多くの人々の努力をオーケストレーションすることに向かわせる，といったことを教えてくれています。つまり，本書は，私たちの共通の目的のために，サイクルとリズムのなかを共創していけるということを示唆しているのです。

『カオス・マネジメント』については，オーケストレーションというよりも，ジャズのようなものだと指摘しています。ジャズの即興演奏では「感知と反応」が同時に起こっているのです。まさに常態的に！

つまり，3冊の書籍はそれぞれ異なる機能と目標に焦点を当てています。しかし，個々の書籍が推奨するアプローチはすべて調和（ハーモナイズ）しているのです。

篠原さん，あなたとあなたのチームは，この3冊の書籍を翻訳出版することで読者にすばらしい贈り物をしました。私たちは皆，私が「生きたプロセス（living processes）」と呼ぶものを受け入れるための指針を必要としています。そして，今こそ「TODOリスト」からは視線を外して，私たちが実現しようとしている「ストーリーを思い起こすためのリマインダー」が必要な時を迎えているのです。

● 篠原：Marc さん，貴重なメッセージをありがとうございました。

謝辞

最後に，本書の出版に際しては，数多くの皆さんのご支援を頂戴しました。

特に，本プロジェクトに賛同したうえで，編集の労を取ってくださっている東京電機大学出版局の吉田拓歩さん，この「あとがき」をご一緒してくださった Marc Rettig さん，そして，「Designs for Transformation」を掲げて活動をともにするソシオメディア株式会社の上野学さん，スタッフの皆さん，全体を通じてご尽力をくださった鈴木智草さん，嵯峨園子さん，石田麻衣子さんに心から感謝いたします。

2024年7月吉日

ソシオメディア株式会社 代表取締役

篠原稔和

索　引

[数字]

1対1の聞き取り調査 36

[A]

A. R. Braun 192

Adaptive Path .... x，61，263，265，271

ADAPTIVEPATH 133

AEIOU メソッド 33

Airbnb ....151，163，219

AI チャットボット 1

Alexa ....35，46

Amazon ....5，6，7，35，46，161

Amazon Dash ....25，161

Amazon Kindle 46

Amazon Marketplace 52

Amazon Music 46

Anne Lamott 268

Anthony Ulwick 164

Apple ....35，52

AWS（Amazon Web Services）........................161

Ayla Newhouse 61

[B]

Bain & Company 88

Brandon Doman 267

Brandon Schauer ....156，275

Brian Chesky 151

Bryn Bowman 263

[C]

C. J. Limb 192

C. K. Prahalad 210

Capital One 265

Capital One Financial Corporation 271

Capital One Financial Services 68

Capital One Labs 271

Centre for Citizen Experience 67

Charles Eames 154

Chris Risdon 271

Colin M. Fisher 192

Cop ....ix，265

CRM 20

CRM ソリューション 223

CRM プラットフォーム 82

Customer Experience 271

CVS Pharmacy ....14，30，32

CX .... ii，vii，x，1，20，58，78，132，237，250，271

[D]

Dan Saffer ....236，276

Daniel Kahneman ....80，257

David C. Edelman 262

David Gray 199

[E]

eBay 271

Echo ....46，161

Experience Map 274

[F]

FaceTime 108

Fit Associates ix

Fitbit 240

Fred Reichheld 88

[G]

Gardening Experiences.............................278
Gary Hamel..210
Getaround..271
GK VanPatter...162
Google AdWords...5
Google Hangouts......................................108

[H]

Harmonic Design.....................................272
Harrison Monarth....................................215
HCD（Human Centered Design）...............vii
HCD のアプローチ.......................................20
HomePlus...57，160
「How Might We?」クエスション...................162
Humantific..162

[I]

IBM..271
IKEA...9
Impact Effort Matrix...............................199
Indi Young...266
iPad..240

[J]

J. Wiley...184
James F. Moore..51
Jamin Hegeman..192
Jess McMullin...67
Jesse James Garrett.................................275
Jessi Hempel..160
Joe Gebbia...151
John Kolko...112

[K]

Kindle..161

[L]

living processes.......................................281
Lowe's Home Improvement...................5，58
Lyft..230

[M]

Marc Rettig...ix，276
Marc Singer...262
Maria Cordell......................................61，263
Matthew Milan...228
McKinsey & Company..............................155
Morgan Brown...151
MoSCow メソッド......................................163

[N]

Nate Blecharczyk.....................................219
Netflix...5，6
Nick Remis..220
Nick Sung..219
Nordstrom..240
Normative..228
NPS...152，250
NPS スコアカード...91
NPS 調査..88

[O]

O. Goldenberg...184

[P]

Palm..241
PalmPilot...241
Patrick Quattlebaum................................271
Peter Merholz..275
Pinterest..58
Prime...161
Prime Video...46

[R]

Rail Europe..31，113
Rail Europe International.........................157
Richland Library..56
Robinson のメソッド.................................228
Rosalind Edwards....................................106

[S]

Samsung..52

Sarah Elsie Baker..................................106
Satmetrix..................................88
Sears..................................6
Siri..................................35
SMART 目標..................................211
State Farm..................................15
Steve Portigal..................................105
「*Strangers Project*」..................................267
studioPQ..................................272
SVA Design for Social Innovation..................................ix
Sydney J. Parnes..................................162

[T]
Target..................................14, 30, 32
Teresa M. Amabile..................................192
the Adaptive Path..................................220
the California College of the Arts..................................271
The Home Depot..................................58
The Operations Process..................................211
Twitter..................................5

[U]
U.S. Army..................................211
Uber..................................74, 160, 163
Uber Eats..................................74, 164
UPS..................................5, 6
USAA..................................25
User Experience..................................271
UX..................................vii, x, 78, 271
UX Map..................................274
UX デザイン..................................vii
UX マップ..................................274

[V]
VoC..................................82, 98, 250
VoC レポート..................................88

[W]
Whole Foods..................................7

[Y]
YouTube..................................5

[Z]
Zappo..................................25

[あ]
アーティファクト..................................55
アイデアの探求..................................182
アイディエーションキット..................................141, 195
アクター..................................53, 54
アフィニティマッピング..................................137
アフォーダンス..................................15
あらゆる詳細を盛り込んだインベントリー..................................37

生きたプロセス..................................281
一人称の記録による調査..................................111
一貫性..................................256
一緒に奏でる..................................134
イテレーション..................................46, 60, 104, 129, 146, 152, 229
意図..................................210
意図の表明文..................................91
イネーブラー..................................2, 12, 13, 16, 102
意味形成..................................1, 65, 104
インタラクションデザイン..................................vii
インタラクション..................................11, 57
インベントリー..................................13

映画制作..................................260
影響度・労力マトリックス..................................199
エージェント..................................54
エクスペリエンス・オーケストレーション..................................255, 260
エクスペリエンス・ガーデニング..................................278
エクスペリエンス原則..................................93, 132, 244, 251
エクスペリエンス原則スコアカード..................................141
エクスペリエンスストーリーボード..................................140
エクスペリエンスデザイン..................................271
エクスペリエンスのアーキテクチャ..................................iv
エクスペリエンスのエコシステム..................................50, 52
エクスペリエンスのオーケストレーション..................................50, 78
エクスペリエンスマッピング..................................121

エクスペリエンスマップ..................93，96，274
エクスペリエンスマップの注釈.........................165
エコシステム..51，90
エコシステム機会...166
エコシステムマップ........................xi，60，64，103
エスノグラフィック観察......................................33
エンドトゥエンドエクスペリエンス・デザイナー.............265
エンドトゥエンドのエクスペリエンス.....................255
エンドトゥエンドのエクスペリエンスの基礎単位........87

オーケストラ...16
オーケストレーション......................xi，251，254
オーケストレーションのマインドセット...................268
オーケストレーター..x，xi
オープンマインド..87
オムニチャネル...9
音声インターフェース...35
音声自動応答システム..................................1，35

[か]
ガーデナー..278
楽譜..16
カスタマーエクスペリエンス
　　..............ii，x，1，20，58，78，132，237，250
カスタマージャーニー.............................ii，78，274
仮説を立てる...103
価値の整合性...152
カメラマン...42
カルフォルニア芸術大学.....................................271
考えること...89
関係管理...82
感情..83
簡素なインベントリー..37
カンバンボード..211

機会..150，151
機会カード..165
機会スコアリング...164
機会マップ..140，166
技術的プロトタイプ...246
共価値..154

共感...xi，266
共感と理解のハブ...84
強制誘発..64，65
協調的な創造性...277
共同デザイン..96
共同ファシリテーター...201

クリエイティビティ...xi
クリス・リズドン..271
クリックスルー率...26
クロスチャネルアーキテクト................................265

景観..63
結果主導のイノベーション.................................164

交響楽団...277
構造..183
行動..89
顧客インタラクション..2
顧客関係管理..20
顧客関係管理ソリューション..............................223
顧客関係管理プラットフォーム.............................82
顧客体験........ii，x，1，20，58，78，132，237，250
顧客中心..250
顧客中心のアプローチ...63
顧客中心のエコシステム......................................63
顧客中心マーケティング......................................82
顧客の声...82，118，250
顧客のストーリー...267
顧客リサーチ..28
コミュニケーションチャネル....................................4
コミュニティオブプラクティス...................ix，265
コラボレーション....................................xi，1，96

[さ]
サービス折り紙...68
サービス期待ギャップ...156
サービスサファリ...252
サービスストーミング...192
サービスデザイナー...265
サービスデザイン.........................vii，x，20，78

サービスブループリント .... 36，66，214，218
サービスモデリング 238
再想像 158
サンフランシスコ地震 56
視覚化 96
視覚的コミュニケーション 267
指揮者 16
事業のエコシステム 51
事後質問 110
シックスシグマ 262
実行可能性 198
実践コミュニティ ix
質問マップ 114
ジャーニー .... 28，87，274
ジャーニーエクスペリエンス・デザイナー 265
ジャーニーのDNA 86
ジャーニーの視覚化 110
ジャーニーのフレームワーク 262
ジャーニーマネジャー 262
社会変革 276
ジャズのアンサンブル 135
収穫逓減の法則 106
瞬間 .... 12，28，236
焦点 183
情報 12
情報アーキテクチャ 228
ショッピングカート離脱率 26
進化マップ .... 226，228，231
人工物 .... 53，55
シンフォニー 277
進路 226
親和性マッピング 137

垂直型プロトタイプ .... 238，239
垂直から水平への変化 100
水平型プロトタイプ .... 238，245
水平思考 162
ズームのレベル .... 63，99
スクリーナー 106
ステークホルダー 54
ステークホルダーマップ 65

ステートメントオブインテント 91
ストーリー制作 .... 189，207
ストーリーテリング .... 96，215，266
ストーリーボード .... 190，207，215，260
ストレステスト 146
スリー・ホライズンモデル 155
すること 89

成功要因 .... 2，12，13，16，102
生成的リサーチ 93
生態系 51
製品ジャーニーマネジャー 262
製品バックログ 91
セールスファネル 88
センスメイキング .... 1，65，104
戦略的な意図 210

相互排他的なカテゴリー 138
ソーシャルトランスフォーメーション 276
組織戦略 .... 85，86
即興 266
即興の演技 215
ソリューションの共創 109

[た]
タッチポイント .... iv，20，28
タッチポイントインベントリー
    .... xi，29，31，37，41，103，214，225，251
タッチポイントの経験則 244
タッチポイントの役割 244
縦向きのオーナー思考 4
段階 28

小さく始める 255
チェックインカウンター 24
チャネル 4
調和 281

通奏低音 273
造り手 278

定量的リサーチ 112
デザインインターベンション 166
デザイン介入 166
デザイン原則 133
デザイン思考 82
デザインメソッド vi
デザイン問題 vi
デジタルチャンネル 7
デジタルトランスフォーメーション 9
展示会 114, 128
テンプレート 191

同行 110
洞察 96
トレーシングペーパー 110
ドローン配達 161

[な]
庭師 278
人間中心デザイン .... vii, x
人間中心デザインのアプローチ 20
人間中心のフレームワーク 186
認識 89

ネットプロモータースコア 88, 152, 250

能力の説明 223

[は]
バーチャルスーパー 59
バーチャルリアリティ 7
ハーモナイズ 281
ハーモニー 28
場所 56
橋渡しを作る 255
バックキャスティング 228, 229
バックステージ 258
パトリック・クワットルバウム 271
バリューストリームマッピング 211, 262

ピークエンドの法則 80, 257

ビジネス折り紙 67
ビジュアルブレーンストーミング 187, 205
ビジョンストーリーボード xi
日立 67
ビルダー 278
ファシリテーション 266
ファシリテーター 42
ファシリテーター補佐 42
ファネル 262
フェイストゥフェイスの調査 107
フォーカスグループ 239
俯瞰的・全体的なエクスペリエンス 213, 226
俯瞰的・全体的なストーリーテリング 215
部署横断的な人間関係 100
部署間のコーディネーション 86
フリップチャート 43
フレネミー関係 52
プロセスエンジニア 101
プロセスデザイナー 101
プロダクトデザイン 240, 241
プロダクトマネジャー 43, 72, 101, 253, 262
プロトジャーニー 68
プロトタイピング xi
プロトタイプ 237
プロトタイプ価値提案 242
文脈 12, 91
文脈・瞬間での調査 110

米陸軍のフィールドガイド 211
ペインポイント 86, 157
ペルソナ 53, 84

ボイスオブカスタマー 250
北極星 213
ポップコーン・スタイル 188
ボディストーミング 192, 206
ボトムアップのアプローチ 136
ホリスティックなエクスペリエンス 213, 226
ホリスティックなストーリーテリング 215

[ま]

マーク・トゥウェイン 94
マーケティング 78
マイクロインタラクション 85, 236
マインドセット 13
マクロインタラクション 236
マッサージセラピスト 20
丸シールの投票 163
未来のビジョン 213
未来を描いたストーリー 214

メトリクス 223
メンタルモデル 133

目録 13
モデル化 62
森を見て，木を作る xii

[や]

役割 55

ユーザーエクスペリエンス ....vii，x，78
ユーザビリティ 246

ユーザビリティテスト 239
優先順位 198
優先順位の決定 262

要因 55
横向きのサーバント思考 4

[ら]

ライトモチーフ 273
ラフカット ....259，261
ランドスケープ 63
ランドスケープ整合 70

リーン vii
リーンマネジメント 210
リサーチ xi
リフレーミング 52
リレーションマネジメント 82

レバレッジポイント 256

ロードマップ 253
ロールプレイヤー ....4，24

● 著者略歴

Chris Risdon（クリス・リスドン）
　P2Pカーシェアサービスの Getaround でデザイン責任者を務めている（2018年時点）。以前は Capital One Labs のデザイン責任者，およびエクスペリエンスデザイン・コンサルティング会社の草分けである Adaptive Path でデザイン責任者を務めた。デザインの新しいメソッドを導入し進化させてきただけでなく，これまでに数千人というデザイナーやデザイナー志望の学生を教えてきた。サヴァンナ芸術工科大学の芸術学修士を有し，カリフォルニア芸術大学で客員教授として次世代のデザイナーにインタラクションデザインとサービスデザインを指導している。X（旧 Twitter）: @chrisrisdon

Patrick Quattlebaum（パトリック・クワットルバウム）
　デザイナーであり，経営コンサルタントであり，studioPQ の設立者でもある（2018年時点）。様々な組織をクライアントとして，サービスエクスペリエンスとそれをサポートする業務体制のデザインにコラボレーションのアプローチを採用し実験できるよう支援している。デザイン分野のリーダーシップとして多数の役職を経験してきた。Adaptive Path のマネージングディレクター，Capital One のサービスデザイン責任者などが含まれる。また，デザインの指導にも熱心で，北米とヨーロッパで数千人というデザイナーに教えてきた。ジョージア工科大学の情報デザイン・技術学修士を有している。X（旧 Twitter）: @ptquattlebaum および @studiopq

● 監訳者紹介
篠原　稔和（しのはら としかず）
　ソシオメディア株式会社の代表取締役，および NPO 法人人間中心設計推進機構（HCD-Net）の理事長，国立大学法人豊橋技術科学大学の客員教授を歴任。また，行政分野において，総務省の技術統括アドバイザー，豊橋市のデジタル化推進アドバイザーなどを務めている。これまでに「情報デザイン」や「ユーザーエクスペリエンス」にかかわる数多くの著書や翻訳書を紹介しながら，大企業・中小企業から政府・自治体に至るまでの実務におけるソリューション活動に従事。現在，「デザインマネジメント」の重要性を多角的に探求するための「デザインマネジメント・シリーズ」を展開している。自著に「人間中心のデザインマネジメント」を詳説した『人間中心設計におけるマネジメント』（近代科学社，2022年）がある。

● 訳者紹介
ソシオメディア株式会社　https://www.sociomedia.co.jp
　2001年創業の「Designs for Transformation」を標榜するデザインコンサルティング会社。「デザインマネジメント」を扱う「エクスペリエンス・ストラテジー」をはじめ，「デザイン・リサーチ」，「ヒューマン・インターフェース」といった3つのテーマを柱にソリューション活動を行っている。また，海外文献の紹介から国内外の識者・実践者を招聘したイベント開催まで，幅広く活動を展開している。現在，「調査」と「デザイン・開発」との溝を埋めるためのオリジナル・アプローチである「OOUI（オブジェクト指向 UI）」が注目を集めている。

【デザインマネジメントシリーズ】

エクスペリエンス・オーケストレーション
複雑な環境下における共創デザインのためのメソッドとワークショップ

2024 年 9 月 30 日　第 1 版 1 刷発行　　　　　　　ISBN 978-4-501-63540-4 C3034

著　者　クリス・リスドン，パトリック・クワットルバウム
監訳者　篠原稔和
訳　者　ソシオメディア株式会社
　　　　© Shinohara Toshikazu, Sociomedia, Inc. 2024

発行所　学校法人 東京電機大学　　　　〒120-8551　東京都足立区千住旭町 5 番
　　　　東京電機大学出版局　　　　　　Tel. 03-5284-5386（営業）03-5284-5385（編集）
　　　　　　　　　　　　　　　　　　　Fax. 03-5284-5387 振替口座 00160-5-71715
　　　　　　　　　　　　　　　　　　　https://www.tdupress.jp/

JCOPY ＜（一社）出版者著作権管理機構　委託出版物＞
本書の全部または一部を無断で複写複製（コピーおよび電子化を含む）することは，著作権法
上での例外を除いて禁じられています。本書からの複製を希望される場合は，そのつど事前に
（一社）出版者著作権管理機構の許諾を得てください。また，本書を代行業者等の第三者に依頼
してスキャンやデジタル化をすることはたとえ個人や家庭内での利用であっても，いっさい認
められておりません。
［連絡先］Tel. 03-5244-5088，Fax. 03-5244-5089，E-mail：info@jcopy.or.jp

編集協力：(株)ベガプレス　　組版：伊藤健　　印刷・製本：三美印刷(株)
装丁：鎌田正志
落丁・乱丁本はお取り替えいたします。　　　　　　　　　　　　　Printed in Japan